本书受北京工商大学传媒与设计学院学科建设（19008
是教育部人文社会科学研究规划基金"中美经贸摩擦中的话语博弈
（19YJAZH092）、国家社科基金重大项目"中俄媒体交流、战略
权的构建研究"（16ZDA217）的重要成

兴衰与嬗变
国际话语权构建的历史之维

刘 娟／著

四川大学出版社
SICHUAN UNIVERSITY PRESS

图书在版编目（CIP）数据

兴衰与嬗变：国际话语权构建的历史之维 / 刘娟著. — 成都：四川大学出版社，2023.4
（博士文库）
ISBN 978-7-5690-6090-4

Ⅰ.①兴… Ⅱ.①刘… Ⅲ.①传播学－研究 Ⅳ.①G206

中国国家版本馆 CIP 数据核字（2023）第 069124 号

书　　名：	兴衰与嬗变：国际话语权构建的历史之维
	Xingshuai yu Shanbian: Guoji Huayuquan Goujian de Lishi zhi Wei
著　　者：	刘　娟
丛 书 名：	博士文库

丛书策划：张宏辉　欧风偃
选题策划：罗永平
责任编辑：罗永平
责任校对：张伊伊
装帧设计：墨创文化
责任印制：王　炜

出版发行：四川大学出版社有限责任公司
　　地址：成都市一环路南一段 24 号（610065）
　　电话：（028）85408311（发行部）、85400276（总编室）
　　电子邮箱：scupress@vip.163.com
　　网址：https://press.scu.edu.cn
印前制作：四川胜翔数码印务设计有限公司
印刷装订：成都市新都华兴印务有限公司

成品尺寸：170 mm×240 mm
印　　张：11.75
字　　数：227 千字

版　　次：2023 年 10 月 第 1 版
印　　次：2023 年 10 月 第 1 次印刷
定　　价：58.00 元

本社图书如有印装质量问题，请联系发行部调换

◆版权所有◆侵权必究

目 录

1 绪 论 …………………………………………………………（ 1 ）
  1.1 研究缘起 ………………………………………………（ 1 ）
  1.2 相关研究梳理 …………………………………………（ 2 ）
  1.3 研究问题 ………………………………………………（16）
  1.4 研究思路与研究方法 …………………………………（17）

2 作为研究的出发点：理论阐释 …………………………………（20）
  2.1 国际话语权构建的相关理论资源 ……………………（20）
  2.2 本研究的理论依据和概念界定 ………………………（30）
  2.3 历史资本主义和国际话语权 …………………………（35）

3 崛起与扩张：早期资本主义世界及其国际话语权 ……………（42）
  3.1 资本主义世界崛起之前——以宗教话语权争夺为中心 …（42）
  3.2 意大利城市国家国际话语权的初步崛起 ……………（44）
  3.3 文艺复兴与意大利城市国家国际话语权的崛起 ……（52）
  3.4 第一国际话语权——热那亚国际话语权时期 ………（55）
  3.5 第二国际话语权——葡西荷国际话语权时期 ………（63）
  3.6 国际话语权与自主创新、联盟关系和战略性资源掌控之间的辩证
       关系 …………………………………………………………（75）

4 工业帝国时期：英国国际话语权的构建 ………………………（82）
  4.1 第三国际话语权——英国国际话语权时期 …………（82）
  4.2 工业革命与英国国际话语权的全球布局 ……………（92）
  4.3 国际金融制度和英国国际话语权的辩证关系 ………（93）
  4.4 战略性资源话语权的掌控与英国国际话语权 ………（95）
  4.5 文化与传媒——英国国际话语权的构建 ……………（98）

5 全球霸权时期：美国国际话语权的构建 ………………………（107）
  5.1 第四国际话语权——美国国际话语霸权时期 ………（107）

1

- 5.2 体系条件与美国国际话语权 ………………………………… (109)
- 5.3 美国国际话语权构建路径 …………………………………… (112)
- 5.4 比较视野下的美国国际话语权 ……………………………… (129)
- 5.5 美国特有的国际话语权生成路径 …………………………… (131)
- 5.6 美国国际话语权的分散 ……………………………………… (133)
- 6 国际话语权兴衰嬗变的内在逻辑 ………………………………… (137)
  - 6.1 国际话语权兴衰嬗变的历史脉络 …………………………… (137)
  - 6.2 国际话语权兴衰史中权力、制度与话语的辩证关系 ……… (140)
  - 6.3 世界霸权、历史际遇与国际话语权 ………………………… (144)
  - 6.4 现代国际话语权体系的根源及其启示 ……………………… (148)
- 7 结 论 ………………………………………………………………… (153)
  - 7.1 研究结论 ……………………………………………………… (153)
  - 7.2 研究创新与不足 ……………………………………………… (157)
- 参考文献 ……………………………………………………………… (159)

性危机（crisis of authority）的表征，也是美国国际话语霸权秩序巩固和扩张的产物。虽然美国正面临越来越多的挑战和压力，但自由主义国际话语格局的深层逻辑已被世界各国广泛接受，这一话语秩序实际上"易于加入，难以推翻"，并且国际权力结构中长期存在的不平等性和等级差异是难以克服的，这为新的等级差异和不平等的出现创造了条件（戴维·赫尔德、安东尼·麦克格鲁、戴维·戈尔德布莱特等，2001：15）。

我国关于国际话语权研究成果十分丰富，但还没有更深入厘清国际话语权是如何产生、流动和变迁的。话语流动也是一种信息的传播，因此，本书将国际话语权研究置于新闻传播领域，从信息传播的微观视角，结合历史制度等宏观视角，以此形成中观视角去审视资本主义国家国际话语权的变迁轨迹，思考其有着怎样的生成路径和存续逻辑，以回答上述问题。做此考量，是因为长期以来对国际话语权的研究始终囿于新闻传播领域，无法从根本上回答如何构建国际话语权的问题。即使有的研究回答了这一问题，其答案也只是适合某一具体问题，或者适合某一特殊时期，而不具有延续性、稳定性和规律性。因此有必要将国际话语权问题置于宏观的历史演变中，总结和分析国际话语权在变迁过程中所体现出的特征及规律。

1.2 相关研究梳理

1.2.1 与权力和制度有关的研究

1.2.1.1 权力

在现实主义学者眼里，权力是人对他人思想和行为的控制力量，包含建立和维持人对人控制的一切东西，这种控制可以是实际暴力控制，也可以是思想控制（汉斯·摩根索，2006：24，47），并且权力的内容和使用方式由政治环境与文化环境决定。在国际政治和国际关系学者对权力概念进行界定之前，社会学者和部分哲学家已经对权力展开了探讨。在弗里德里希·尼采（Friedrich Wilhelm Nietzsche）看来，权力与意志相关，构成了权力意志（will to power），是征服力，是战胜力，是支配其他力的力量，是征服生命欲望的东西，并且只能在对抗中表现出来，它要寻找与自己对抗的东西（弗里德里希·尼采，2007）。米歇尔·福柯（Michel Foucault）延续尼采的权力意志，将权力界定为关系，关系构成了权力的本质，并且福柯将权力的控制逻辑和规训逻

1 绪　论

1.1 研究缘起

国际传播是存在于国际舞台上的国际交流活动，其牵涉的不仅仅是信息和话语的传播，也是人类生产体系在全球范围内所进行的调配行为。在过去的几个世纪里，国际传播领域里的一些基本内容似乎以资本主义的方式发生了变化，这不仅体现在西方话语的扩张强度和扩张范围层面，还体现在以电子通信技术为基础的话语权秩序重构和国际制度革新层面。尤其是自1914年以来国际话语权领域发生的变化，显示出资本主义国家的国际话语权在全世界范围内进一步扩大。在这个进程中，不仅产生新的不均衡问题，还加大了既有的差距。上述变化和问题一直受到学界广泛关注，是当下构建国际话语权需要探讨的重要议题。目前，学界流行的观点是，资本主义国家构建和主导的国际秩序或许正处于一个决定性的历史转折点，中国迎来了新的契机。

本书将关注资本主义国家国际话语权体系的长期变化，以此来分析国际话语权领域变化背后所隐藏的本质性要素和普遍性规律。当下，国际格局处于一个决定性的转折关头，具有资本主义全球化的特点——实质为资本主义生产体系的全球调配和资本主义逻辑的全球渗透。过去，这些长时间的持续变化，总是以资本主义世界经济和政治秩序在新的和扩大的基础上的重建而告终。

随着全球化时代的到来，美国主导的西方国际话语秩序受到了诸多新兴国家的挑战，其扩张和重建方式也发生了改变。一方面，美国政府以单边主义挣脱国际制度和国际规范，使得全球秩序陷入不确定状态；另一方面，美国正在经受多极权力兴起而带来的质疑和挑战，金砖五国等新兴国家的话语权诉求正在上升。笔者认为，当下国际话语秩序变革的背后实际上是权力、权利和利益重新调整与分配的过程，其本质是美国构建起的自由主义国际权力体系的权威辑纳入话语中，将话语权作为行使权力的替代或补充形式，在这里话语被理解为知识和语言的组合（米歇尔·福柯，2000：132）。福柯认为权力是大家在既定语境中给予复杂策略性状态的一种称呼，是一个永恒的、重复的、惯性的和自生的力量关系链条，产生于行为对行为的过程中，而非天生就具备的力量，也非一种结构和一种制度。这种权力关系是整合紧张的、异质的、失衡的和不稳定的力量关系的不同策略，不是获得、占有、取得或分享某个东西，而是在动态关系和行为对行为的运作中存在，是力量关系的分配、整理和统合的结果。

作为最早界定"权力"一词的思想家，罗伯特·罗素（Robert Lawson）在《权力论：一个新的社会分析》一书中从社会学层面将权力界定为能量和有意努力的产物，并且认为所有的权力形态都源于舆论，"在一切社会事务中，舆论是最终的权力"（伯特兰·罗素，1989：1—23）。马克斯·韦伯则认为，权力不仅具备一定的强制支配属性，还是社会关系中的一个行为体能够不顾阻力执行自己意愿的可能性（Max Weber，1947：152）。汉斯·摩根索（Hans Morgenthau）则认为权力是"人对他人的思想、意志和行动的控制力量"（汉斯·摩根索，2006：47）。

除了社会学领域的学者关心社会秩序和社会结构中的权力，国际关系和国际政治领域的学者也将权力观念用于分析国际政治实践。在某种意义上，国际政治范畴内的权力类似于支配性、控制性，甚至是具有压迫性的力量。列奥·施特劳斯在《霍布斯的政治哲学》中提到一种力量受制于另一种力量，意思是说一种力量对另一种力量有指挥权，体现为服从、命令等（Leo Straus，1996：100）。列奥·施特劳斯所分析的指挥权、命令权在现实主义学者这里主要体现为武力和军事等物质性内容，并且保障国家安全的军事权力被界定为国家权力斗争的核心。结构现实主义学者肯尼思·华尔兹（Kenneth N. Waltz）认为，在政治领域权力必须根据能力的分配来加以界定，它是实现国家利益的途径而非目标（肯尼思·华尔兹，2003：259）。而进攻性现实主义者约翰·米尔斯海默（John Mearsheimer）认为权力作为国际政治的核心，其以国家拥有的物质能力为基础，主要体现为军事权力和潜在权力两种形式，其中潜在权力可以体现为国家财富、技术、资金、人口规模等（约翰·米尔斯海默，2003：79）。

与现实主义者相比，理想主义者继承胡果·格劳秀斯（Hugo Grotius）和伊曼努尔·康德（Immanuel Kant）的外事哲学传统，将世界舆论视为维持世界秩序的强大武器（张旭，2005）。郝思悌（K. J. Holsti）认为权力可以从几个方面来看：它是一种手段，以资源为基础；它也可以是一种关系与一种过程，并且它至少是可以粗略地予以度量的。因此，他把权力分为三个不同的分析要素：影响其他国家的行动（过程、关系）；用以成功地发挥影响力的资源；对行动的反应（郝思悌，1988：200-202）。

最新对权力进行研究的是新自由制度主义者，这些学者提出与"硬权力"相对的"软权力"（soft power）概念。约瑟夫·奈（Joseph Nye）将强制性权力与吸引性权力区分开来，认为权力是实现预期目标的能力，并将其划分为硬权力和软权力。硬权力是通过威胁等来迫使他人做不想做的事情，而软权力是非物质因素产生的吸引力和认同力，即依靠思想力、感召力、信仰力和吸引力来为权力增值。后来又有一些美国学者提出基于硬权力和软权力融合的"巧实力"（smart power）概念。显然，话语权作为一种权力（power），不同于权利（right），是一种属于软权力的力量，约瑟夫·奈认为沟通、国际制度有时会比战争更能发挥作用，也更为有效（约瑟夫·奈，2015：34，100）。

上述学者对权力的研究，体现出权力的力量性、控制性和关系性等属性，而在政治学研究领域，学者们将权力视为旨在获取利益的能力、贯彻意志的力量，这一力量是控制力和影响力，也可以是吸引力（吴贤军，2017：16）。笔者认可约瑟夫·奈对权力的理解，权力是实现预期目标的能力，也是思想、文化、价值观念的影响力和吸引力。

不过，在全球网络社会和全球治理语境下需要重新界定权力。网络是一组组互连节点，拥有相对独立的权力中心，在金融贸易、跨国生产、社会管理、文化活动、物流行业、大众传媒等多个领域发挥作用（曼纽尔·卡斯特，2009）。因此，在这样的语境下，权力不再是单极化的力量，而是多极的、网络式的，是控制性、生产性、制度性和结构性的影响力的组合，此构成了本书讨论诸多问题的外在客观环境。

1.2.1.2 制度

"制度"一词在英文中对应着 regime 和 institution 这两个单词。regime 通常意指缺乏合法性的政府或政权，还指涉管理体制和管理制度。而 institution，即体制一词，在中国古已有之。《诗谱·周颂》中曾有："然《鲁颂》之文，尤类《小雅》，比之《商颂》，体制又异。"体制在中国古代指说明文题材，但是古人也用"体制"一词来说明社会结构及其运行规则，《宋书·孝武本纪》孝建元年诏："丞郎列曹，局司有在……可更明体制，咸责厥成，纠核勤惰，严施赏罚。"（成永付，2007：4）只是到了近代，体制才被明确地用以说明一定的社会机构、机制、制度或组织结构。

1975 年约翰·鲁杰（John Ruggie）将"机制"一词引入国际政治，并将其界定为由多个国家共同接受的一系列预期、规章、计划、规则和承诺等（罗伯特·基欧汉，2006：68）。1982年斯坦福大学教授斯蒂芬·克莱斯纳（Stephen Krasner）对regime进行了清晰的界定：regime是在某一特定国际关系领域内，将多个国际行为体的期望汇聚在一起的一系列暗示的或明确的原则（principles）、规范（norms）、规则（rules）和决策程序（decision-making procedures）（S. Krasner，1983：2）。原则是关乎事实、公正和因果关系的信念，也是抽象的、稳定的和综合的原理与准则；规范是根据权利和义务界定的行为标准；规则是关乎行为的具体禁令或特别规定，具有明确的指示性和律令性；决策程序是做出和执行共同选择时所通用的步骤和实践顺序。肯尼思·谢普索尔（Kenneth A. Shepsle）认为，制度是关于合作结构的协议，以降低国际社会行为体之间的机会主义、交易成本和其他形式的"损耗"。

Institution，从英文原意来讲既包括国家的重大制度和根本的制度法规，还包括普通的机制、具体的规范、详细的规定、细节安排和行为决策程序等。Institution被应用于国际政治的研究晚于regime，实际上正是对regime及其定义的批评和反思，才导致institution的产生。诸多学者认为克莱斯纳对regime的界定范畴过于模糊和庞杂，尤其是规范、程序和规则等词本就极为抽象，被克莱斯纳混杂在一起，各个概念之间的界限更加模糊，更加难以把握、辨析和理解。1984年罗伯特·基欧汉（Robert O. Keohane）在《霸权之后：世界政治经济的合作与纷争》一书中借用institution替代regime，并把自己的研究称为新自由主义制度学派（neoliberal institutionalism）（朱玉龙，2001）。

基欧汉将institution界定为"规定行为角色，制约行动，以及塑造期望的一系列持久和相互关联的正式与非正式的原则"。这种国际制度有三种形式：一是正式的政府间国际组织和国际间非政府组织，如联合国和国际红十字会；二是国际体制（基欧汉所说的国际体制相当于克莱斯纳的regime，但它的意义更简洁，即具有明确规则的制度，这些规则为各国政府同意且涉及国际关系中特定的一组问题），如布雷顿国际货币体系和国际海洋法公约；三是国际惯例，如传统的外交豁免和互惠原则（任东来，2000）。由此看来，基欧汉的国际institution比克莱斯纳的国际regime的内容还要广泛，它包括国际组织、国际体制和国际惯例三大组成部分。因此在新自由制度主义这里，制度是社会建构的规范和角色的有组织模式，也是有利于行为体的某种限制，这些约束和限制体现、保留并赋予不同个体和群体不同的权力资源（Robert E. Goodin，1998：19—20）。

克莱斯纳强调国家实力的变迁决定了国际 regime 的兴衰变迁，regime 的存在和形成是大国，特别是霸权国家维持和供应的结果，此被称为"国际 regime 的供应论"（任东来，2000）。克莱斯纳认为国际 regime 是"隐含的或清楚的原则、标准、规制和决策程序，围绕着它们，各行动主体的期望在国际关系的某一个给定问题上集中在一起"（S. Krasner，1983：2）。这种对 institution 和 regime 的界定仍囿于新现实主义——重视国际权力结构的框架中，基欧汉对以肯尼思·华尔兹（Kenneth N. Waltz）为代表的新现实主义展开了坚定的批评，认为从国际权力结构出发，不能充分解释复杂的国际现象，国际制度是国家之间相互依赖、互相依存的产物，产生于国际社会的共同合作需求，国际政治正因为相互依赖的加剧而出现了深刻的变化，这是一种制度需求论。regime 和 institution 两者没有本质区别，同属于国际政治和国际活动中用以指导行为和实践的规则，这些规则和规范通过程序和组织结构来执行。规则提供法律责任框架，促进国际信息流动，减少国际/跨文化合作的交易成本，为无政府国际状态提供某种程度的可预见性。制度的外延包括非正式制约、正式制约和实施机制三部分。正式制约即正式规范和正式规则，涵盖各种规则和合约；非正式规则则包含着习俗、道德规范、惯例等；实施机制则关乎程序和流程等（鲁鹏，2008：249）。

　　国际 regime 和国际 institution 这两个概念引入中国，被学者们翻译、使用和借鉴是 20 世纪 90 年代的事情，用以指国际制度、国际机制、国际规则、国际体制等。但是这些词汇所讨论与描述的都是一个事物，即国际制度，因此"制度"一词到现在仍是包含机制、规则、体制、规范、惯例等多要素的综合体。与此同时，国际制度不仅仅是临时的或专门达成的协议、体制和规范，相反，它们还可以被认为是国际体系的基本经济和权力结构与最终国际格局之间的"干预变量"（戴维·赫尔德、安东尼·麦克格鲁、戴维·戈尔德布莱特等，2001：71）。

1.2.2　关于话语和话语权的研究

1.2.2.1　话语

　　话语（discourse）由拉丁语 discursus 发展而来，原为"四处奔跑"之意（郑东升，刘晓杰，2008）。对话语的研究，最早源于 20 世纪 60 年代美国社会语言学者，他们从社会视角进行语言行为研究，以此探索语言与社会主体和社会各领域的关系。现代语言学之父弗迪南·德·索绪尔（Ferdinand de Saussure）从语言和言语两个方面来理解话语，话语是在具体语境中实际使用的语言，和"言语"相似。派克（Pike）认为话语是社会文化语境下互动过程的产物。在1952年的一篇名为"Discourse Analysis"论文当中，哈里斯（Z. Harris）将话语界定为连接的言语（speech）。社会语言学家迈克·斯塔布尔斯（Michael Stubbs）将"话语"界定为"句子或分句之上的语言"，关注话语及其所处的社会语境和社会文本（吴瑛，2011）。

在批判语言学者这里，语言作为一种社会符号系统不仅是交流沟通的工具，也是控制的工具（廖益清，2000）。梵·迪克（José van Dijck）将话语视为语言的使用形式，包括三个维度：语言的具体使用、思想传递和社会情境中的交流，并将话语划分为说服性话语（persuasive discourse，如广告和宣传）、指令性话语（directive discourse，如命令、威胁、规则、法律、建议等）、叙事性话语（narrative discourse，即民间社会的文化话语）和规定性话语（prescriptive discourse，如学术话语）等类型（Teun A. van Dijk，1989：27－28，转引自张焕萍，2015：6）。诺曼·费尔克拉夫（Norman Fairclough）认为话语是一种社会实践形式，是对主题和目标等的谈论方式，包括书面语言和口头语言等，认为生活方式和文化习惯形塑着话语，但是话语反过来也会影响着人们的生活方式和文化习惯，并将话语分为政府组织（国际和国内）、非政府组织、国际媒体、学术界和民间社会五个范畴（诺曼·费尔克拉夫，2003：59－60）。在上述批判语言学者视野里，话语反映着、建构着社会结构和社会过程，通过意义体系和符号体系表征世界、解释世界和构建世界。

20世纪80年代后，话语研究的范围不断扩大，与其他学科的交叉性研究不断涌现，90年代以来，批判话语分析兴起，而国际关系学"语言学转向"也从80年代开始分为两条研究路径。第一条路径是以索绪尔为代表的结构主义语言学路径，索绪尔认为话语是活生生的语言世界，是对语言的使用（屠友祥，2014）。索绪尔从语言和言语、能指和所指层面的结构主义语言学角度来研究话语。在索绪尔这里，语言是一个结构化的符号体系，而言语是语言的具体运用（F. de Saussure，1983：14－15）。第二条路径是以雅克·德里达（Jacques Derrida）为代表的后结构主义路径，他认为90年代以来，"话语"研究在诸如文学、历史学、国际政治等多个领域展开，但此时的研究均突破了语言学界限，将其纳入历史、社会和文化的维度中：在文化人类学的分析中，话语是语言、文化和社会关系的连接，文化即为话语；在社会学分析中，话语则呈现为社会结构和社会交流过程中的互动与对话（吴瑛，2010）。随后话语研究逐渐被诸多领域的学者纳入其分析范畴内，并处于多学科的交叉地带（吴瑛，2011），但是话语作为一种权力形式，从来没有离开过国际关系领域（刘永涛，2014：39）。

总而言之，话语研究有两种路径或视角：一是宏观视角，强调话语是作为一种符号系统或意义结构，对行为体行为和思想有建构作用；二是微观视角，强调话语是一定语境下的文本，强调话语的行动性和主体创造意义（杨林坡，2017：11）。由此，本书所探讨的话语也包括两个层面：一是宏观视角下的意义结构、价值观念、思想，对国际行为体有着建构性作用；二是微观视角下国际话语行为体之间的互动和话语行动。具体而言，话语（discourse）不是单纯地指涉人类所发出的声音和语言单位，而是一种陈述体系、意义结构和文化符号系统。

1.2.2.2 话语权

从历史的角度进行梳理，关于话语权研究的基础理论与研究路径是清晰可见的。有关话语权的研究主要源于国际政治学、新闻传播学、语言学和社会学领域。

不过，真正且首次将"话语权"作为独立概念提出的是米歇尔·福柯（Michel Foucault），福柯认为话语（discourse）是通过描述来提炼某个整体的因果逻辑，并将话语与权力嫁接，认为人们通过话语获得权力，而话语为权力服务。不过在福柯看来，话语不仅仅指向语言学层面（口头语言或书面语言），还指向实践、思想、真理、信仰和知识等层面。福柯从微观权力论角度阐述"话语权"，即从社会生活的底层和细微处出发，将权力看成是无主体的、弥散的、多元的、非中心化的和网络化的知识（话语）生产权力，权力反过来又可以形塑话语（陶然，2011）。在福柯这里，话语作为言说或书写之物，通过排斥、禁律、区别和歧视等方式具有威力，产生话语的力量。

此外，安东尼奥·葛兰西（Antonio Gramsci）的领导权理论、尤尔根·哈贝马斯（Jürgen Habermas）的话语民主理论、让·鲍德里亚（Jean Baudrillard）的"仿像"理论、皮埃尔·布尔迪厄（Pierre Bourdieu）的"语言象征性权力观"，都为话语权研究提供了思想基础（吴瑛，2011）。例如，布尔迪厄出于对索绪尔语言观（结构主义）的不认同，从更为复杂的国家权力和制度层面提出"语言象征性权力观"，认为语言具有一种规范的潜能，国家的语言政策构成了特定制度与机制的表层，并且语言的效力依赖于制度条件（institution）（张意，2005：89-121），但是并未分析制度条件的社会特性；布尔迪厄运用符号权力（symbolic power）来解释语言的支配和被支配的等级制度（张意，2005：119），并且认为语言关系体现为符号权力的关系，通过这种关系，双方的力量关系会以一种变形的形式表现出来，这些研究为国际话语权研究奠定了理论基础。

那么,话语权力实际上为说服其他行为体去按照言说主体的意愿采取行动,从而构建起一个符合权力支配者利益的世界秩序。其不仅仅是说话和发声的权利,也是通过说话和发声实现说服力、影响力和控制力的过程,追求所言说内容的被认同和被认可。这种影响力和控制力,既可以是硬的支配权,也可以是葛兰西的文化领导权,体现为信息传播的影响力和控制力。媒体在话语权的形成过程中形成了媒体话语权,媒体话语权是国际话语权的重要组成部分,但不是唯一的组成部分。

综上所述,国际政治中有关权力的文献解释了话语权是如何形成的,语言学的研究从微观层面探寻细密的言语活动如何指涉出流动的意义,其在国际社会领域主要体现为媒体话语及其博弈。社会语言学家重视语言和社会的互相建构关系,批评语言学家着力批判话语中的意识形态属性,国际政治领域的话语研究从结构主义语言学和后结构主义语言学路径切入,为透过内政外交过程的舆论和政治话语研究国际关系提供了一定的借鉴。无论是国际政治领域的研究,还是社会语言学领域的研究,都为本书的话语权分析奠定了一定的理论基础。但是,关于话语权的变迁轨迹、构建路径、存续逻辑等重要问题并未得到深入研究。

1.2.3 媒体话语权研究

鉴于上述有关话语权的文献总结中对话语权的权力技术、变迁轨迹、构建路径、存续逻辑等问题的缺席,新闻传播学者以信息传播和媒体话语为基础,尝试分析国际媒体话语博弈策略及其变迁轨迹、动因、存续基础,进而完善国际话语权研究。

话语权是一种信息传播主体潜在的现实影响力。迪安纳·拉迪东安(Diana Lady Dongan)认为对信息的处理和控制是当今各国获取权力和实现征服的重要武器之一(张新华,1998)。苏珊·斯特兰奇(Susan Strange)将当今世界中的权力结构分为四种:金融结构、安全结构、生产结构和知识结构,而信息革命带来的知识结构会对其他结构造成一定程度的冲击(苏珊·斯特兰奇,1990)。

从新闻传播视角来看,话语是一种关于语言交流和信息互动的媒体实践活动,它借助不同的符号形式,依托媒体平台展开信息交流。话语权的生产是一种信息传播的过程和信息关系存在(在制度范畴内,话语是一种制度,制度性话语权的生产是一种制度构建和制度关系的存在)。媒体话语权作为一种信息传播过程和信息关系的存在,具体表现为媒体传播话语、建构现实、界定他者、生产意义和知识的能力(张焕萍,2015:40)。

作为一种存在于信息传播过程和信息网络中的媒体话语权，常处于国内和国际、国际之间的动态互动中，其话语实践、话语体系、国际背景、传播模式等会因势而变，因此媒体话语权不仅是一个需要放置在国际话语权格局、国际权力网络中的议题，也是一个需要用动态变迁的眼光去审视、更新和研究的话题。媒体话语权的生成和构建主要是话语主体经过权力网络之后，在获得传播对象的认同或产生影响以后，才具备了"权力"维度和效度，因此在传播学范畴中传播什么信息、怎样传播，对国际话语权的讨论至关重要。

显然，既有研究中对于传播、话语与媒体的认识存在一定的不足，传播和媒体要素被简化为技术要素，话语被简化为信息，忽视了制度、规范、规则、文化和意义等要素，媒体话语权生成路径被简化为"议程设置""传播能力建设"和"框架效果"等。除了对话语权背后权力的质疑，在话语权的具体实践中也存在诸多争议。尽管学者普遍认同国际话语权借助媒体话语来实现，但是媒体话语权并不对等于国际话语权，更不等同于制度性话语权。此外，媒体话语权的权力语境性与全球无政府状态相冲突。在无政府状态下，自由主义多元话语及意识形态使得世界各国之间缺乏集体认同，而媒体话语权是以民族国家为基础，或以文化区域为边界的权力诉求，很难拟合无政府状态下的割裂。各国如果缺乏集体认同，就会缺乏有效考虑和有义务遵照某个国家国际话语权下制度、规范、体系的自觉性和主动性。

话语本身存在一定的开放性，这种开放性与权力的现实性之间存在弱连接，因此我们继续将媒体话语权的构建作为国际话语权构建的主要路径是不够的。在国际社会，法律框架的规范、条约、合约只适用于多国之间重叠的利益，制度的普适性和灵活性也会受到国家利益、文化语境和历史传统等多重要素的稀释，使得国际话语权的构建面临集体承认和实施的困境，而这些是媒体话语权所无法回答和解决的问题。因此，笔者将在跳脱出既有研究框架和既有路径依赖的基础上，从历史角度和中观国际话语权实践中探寻国际话语权构建背后的一般性规律，思考国际话语权构建问题。

1.2.4 国际话语权研究

目前国际话语权的研究分为以下几个维度。

1.2.4.1 国际话语权的科学内涵

第一，权力关系论。权力关系论认为权力界定国际行为体的利益分配，而且将影响力的获取视为国际话语权的目标，其范围覆盖国际社会生活的各个方面，并且这一影响力获取和实现目标的过程反映着国家之间的权力结构与利益关系（赵长峰、吕军，2018）。也有学者认为，国际话语权即通过话语来获得某种控制力、吸引力或者影响力，其与军事、经济等物质性权力一样，本质上都属于权力范畴（张志洲，2017；赵长峰、吕军，2018）。基于此，权力关系论构成了国际话语权的根本内涵。

第二，国家利益论。国家利益论将国家利益坐落在国际话语权活动的中心，体现为在国际事务中围绕国家利益，评判是非曲直、裁决评议、界定性质、提出意见和发表看法的权利（赵长峰、吕军，2018）。拥有国际话语权，意味着拥有发言权和说话权，能够按照自己的利益来设置议题、引导国际舆论走向（李伟、曾令勋，2013；陶士贵、陈建宇，2016；梁凯音，2015；张忠军，2012；黄屹鑫，2019；左凤荣、刘勇，2020）。国家利益说实质上是权利争夺说，此视野强调国际话语权在多个国际领域内为国家利益和国家权利奔走与争取，立足于制度要求和事项安排，即国际话语权是指以国家利益为核心，就国际事务发表意见的权利，获取国际信息、参与国际事务并言说的权利。总体而言，国家利益论视角下的国际话语权是一种权利，是一国在国际舞台上进行言说和表达的机会与资格。

第三，软实力说。这一学说认为国际话语权是国家软实力（说服力、渗透力和吸引力）的组成部分，是理念的吸引力，国际话语权已经成为文化软实力建设中的战略制高点（郭品，2012；邱凌，2009；李伟、曾令勋，2013）。这一类观点注重从理念和价值观来思考国际话语权的内涵和构建路径，并认为国际话语权的实质是软实力（乔夏阳、鲁宽民，2010）。

第四，媒体传播说。这一学说认为国际话语权要立足于新闻传播领域，通过媒体的国际传播实践，并将影响国际社会舆论的能力等同于国际话语权，类似于舆论引导力和信息主导权，因此有学者提出国际话语权构建即通过成为国际媒体的意见领袖和议程设置者，掌控国际舆论走向，影响国际主流媒体来实现（吴世文、朱剑虹，2011）。这种对国际话语权的认知强调了媒体的国际议程设置能力、国际舆论掌控能力、制定国际规范和规则的能力等。此外，还将媒介传播衍射到公共外交等领域，认为国际话语权反映的是一国进行公共外交和对外交流的能力（郭可，2004）。

国际话语权的研究之所以如此丰富，原因不仅在于国家现实层面的需要，还在于将话语权与国际考量结合起来以后需要从人际交流层面转移到国际层面，其所牵涉因素复杂，所以国际话语权的含义丰富，既可以按照话语表达主体划分为非政府组织的话语权、政府组织的话语权、企业的话语权、媒体的话语权、个人的话语权等，又可以按照内容划分为非意识形态（具体事实）话语权和意识形态（价值理念）的话语权，还可以划分为知识国际话语权、制度国际话语权和组织国际话语权等。

正如福柯将权力放置在关系中，话语权也是在复杂网络中存在，既可以体现为一国在国际关系网络中"说话"的权利（即具备说话的资格和机会，此乃话语权的前提），也可以是一国在国际社会中"说话"的影响力，这种影响力离不开话语的认同程度。在这个层面而言，国际话语权是观念的影响力、国际知识的生产力和创造力，是解决国际问题、引领国际社会发展、规范国际秩序的知识能力，因此我们可以把一国的国际话语权进一步划分为软权力、结构性（关系性）权力、生产性权力等多个层面。作为软权力的话语权借助文化制度、价值观念等的感召力和吸引力，形成塑造国际规则和影响国际议程的能力；作为结构性权力，话语权可以理解为一种知识结构，即决定什么被发现、什么被接受和被存储、如何进行交流等社会模式，在这种结构中拥有有用且正确的知识、信息、数据，有能力获取、存储、托管和控制这些知识、信息、数据的便具备了结构性权力；作为生产性权力，它是意义（meaning）和含义（implication）的生产、融合、感受和转换的过程。这些关于话语权的划分，为本书的分析奠定了基础。

1.2.4.2 国际话语权构建的必要性和机遇

国际话语权作为一种与国家利益密切相关的话语权，国内学界目前将其必要性归纳为：彰显中国特色社会主义世界意义的需要（陈金龙，2016）；维护国家形象的内在需求（万春利，2017；王啸，2010）；实现中国梦的必然需求（张新平、庄宏韬，2017；方兰欣，2016）；中国和平崛起的核心问题（张志洲，2012）；提升中国国际地位的需要（陈金龙，2016）；开展中国特色大国外交的重要课题和重要任务（杨洁勉，2016）。

学者总结国际话语权提升的机遇为：国际形势的变化提供了历史契机（方兰欣，2016）、我国综合国力的增强提供了物质基础（张维为，2016）、优秀传统文化提供了影响力和感召力（张志洲，2012；毛跃，2013）、中国模式提供了软实力支撑（何兰，2009；张志洲，2012）。

1.2.4.3 国际话语权构建的现实挑战和解决路径

尽管目前中国构建国际话语权已经具备了诸多技术便利性，积累了一定经验，取得了一定成就，但是挑战和困难仍在，对此学者们从几个方面进行了分析：一是中西文化差异影响了我国国际话语权的提升（李煜，2010）；二是软实力和硬实力发展不均衡，制约了我国国际话语权的提升（张殿军，2011）；

三是我国自身话语建设能力不足（张志洲，2017）。

面对这种情况，学者们提出了以下解决路径：

第一，增强中国硬实力，包括经济、军事等实力，维护经济持续稳定发展进步（张殿军，2011；左凤荣，2016；张国祚，2009；方兰欣，2016）；第二，增强中国软实力，主要是理论建设、文化建设、集体认同、中国理念和话语因素等（韩庆祥，2018；王越、王涛，2013）；第三，讲好中国故事，提升中国国际话语权（赵庆寺，2017；俞新天，2016；柴尚金，2012；张志洲，2016，2017；张新平、庄宏韬，2017）。

上述研究为我国国际话语权研究提供了全方位的解读，奠定了一定的基础。但是关于国际话语权的生成路径，即如何构建起真正意义上的国际话语权这一本体性问题，没有回答清楚，并且宏观研究和微观研究脱节严重，停留在国际关系宏观层面和话语交流表层现象的研究较多，在本质层面和中观层面进行的研究较少。

1.2.5 关于制度性话语权研究的学界认知

当前，中国学术界关于制度性话语权的研究有三个主要方向：第一，强调话语功用性的新闻传播学方向，主张通过讲好中国故事，传播好中国声音，提升中国话语影响力和吸引力，以此来解决我国在国际社会的话语赤字问题，并且重视话语的有效性以及威力，认为这是一种话语的权利和权力（李来房，2020；苏长和，2022；张峰林、唐琼，2019）；第二，建构主义方向，认为制度性话语权在于对国际制度建构和改革的能力，以此确保我国在国际社会的话语权地位和话语影响力，是国际政治权力关系的现实体现和具体体现，本质是制度安排和构建的问题，这更多的是制度性权力（吴晓杰，2019；陈正良、周婕、李包庚，2014）；第三，要素分析的政治学方向，制度性话语权不仅仅是在国际社会发表意见和得到关注的权利，也不仅仅是通过参与国际制度建构和改革从而将这种权利以制度的方式确定下来，而是强调为制度性权力的构建和话语权的制度性存续提供保障，即为发表观点的权利以及参与国际制度建构提供保障，从而使得话语权产生制度性权力（陈伟光、王燕，2016a，2016b，2019）。

总结来看，新闻传播学和国际政治范畴内对国际话语权的研究形成了制度性话语权研究的主要脉络。以传播学为视角的研究，主要是从媒体传播的角度（话语主体、话语平台、话语渠道、话语内容、话语技巧等）进行，并定位在通过话语影响国际受众，构建良好的国家形象等层面。话语本质上是思想的交流和信息的传播，这是从传播学角度研究制度性话语权的理论依据，强调通过使用互动技术、多媒体形式、多种语言，设置国际议程，讲述中国故事，从而提升中国传播力，塑造良好的国家形象，构建一国在国际社会的话语影响力。以政治学为视角的研究，主要是从政治角度分析当下我国构建制度性话语权面临的国际秩序和话语权结构，指出全球治理新语境召唤中国参与国际制度重建和改革以此获取制度性话语权。在对比中西话语权的基础上，指出我国构建国际话语权的现状，分析这种话语权现状对我国的不利影响。此外，还有从国际政治视角，分析国家增强制度性话语权的必要性和紧迫性，再结合建构主义视角和制度主义视角给出构建制度性话语权的建议等，其中存在的一个鲜明趋势是将话语与制度相结合。

概言之，学界倾向于将制度性话语权理解为制度性权力和话语性权力两个维度，并以此为出发点将制度性话语权界定为国际行为体通过话语在传播观念、动员倡议、设置议程、规范制定、规则塑造等维度的主导权和影响力，这种权力最能体现国际行为体的利益诉求和价值观念（王向阳，2019；陈伟光、王燕，2016a，2016b，2019；王明国，2017），其实是把制度性话语权等同于制度性权力。而本书所界定的制度性话语权远非国际行为体通过话语平台、话语内容或话语言说等多种方式而产生的制度性权力，而是囊括制度性权力、强制性权力（权力的支配力）、生产性权力（话语的生产力，思想的传播）和结构性权力（权力的关系性存在，知识结构、关系、认同和互动等）多个维度的影响力和吸引力，这是比媒体话语权更高、更为根本的国际话语权。

笔者分析我国构建制度性话语权的现状，发现我国自提出构建制度性话语权以来做出的成就有：文化价值观念的贡献，主要体现为中国方案和中国模式的全球意识与理念的提出，例如人类命运共同体、和谐世界、新世界主义等理念；话语平台的构建，例如孔子学院和各大媒体驻外分支机构；在现有的国际制度体系及国际框架内，积极构建属于自己的话语组织和平台，例如上海合作组织的建立、朝核六方会谈。

但与此同时也存在一些问题。首先，是合法性问题，面对国际话语权霸权带来的"软制衡""软威胁"的困境，需要从根本上去除我国制度性话语权的合法性危机。在面临文化差异、语言差异的条件下，我国话语权要想实现制度性存在，面临一定的挑战（孙莹，2011）。其次，虽然在话语平台和国际机制平台上出现身影的次数增多、频率提高，但仅仅是"身影"，而非声音，更未形成话语权的制度性存在。需要参与现有国际制度建设，同时加强在国际制度框架内进行制度建构的发言权、影响力、设置力，形成有利的制度、规范和规则等导向，从而使得国家的政策、话语和行为被国际社会认同。但是要获得言说的权利和具备议程设置能力，首先要解决的是在国际制度网络中的代表席位和资格问题，对此需要了解和梳理目前国际社会存在的机制、平台。

学者们给出构建制度性话语权的不同路径。第一，从机制入手，融入既有国际制度和机制中进行改革与创新，或者搭建新的机制平台和构建新的国际制度，增强对国际机制的议程设置能力，但是到底要如何进行，学界并没有详细阐述（梁怀新，2017；王明国，2017；章远，2016；王向阳，2019）；第二，提供国际公共产品（梁怀新，2017）；第三，更新话语体系，构建去殖民化的话语体系（罗岗，2019；韩庆祥，2018）；第四，理念提供，提供中国模式、中国方案和人类命运共同体等全球性价值理念（孙敬鑫，2016；郭璇，2017）；第五，增强媒体话语权，增强自身的国际制度传播能力，主要是提升话语质量，进行内容的创新性、包容性和说服力，优化话语表述策略，丰富话语权资源（邢广程，2015）；第六，从不同主体入手，学界要加强理论研究，政府要有意愿，企业和非政府组织要积极加入（吴贤军，2015）。

1.2.6 既有研究述评

1.2.6.1 本体性问题研究的薄弱和模糊

既有的国际话语权和制度性话语权研究，将话语权的构建路径概括为提升话语能力、机制创设、进行议程设置和提升框架构建能力，并将议程设置和媒体框架作为国际话语权的生成路径，但是议程设置和框架使用也只是媒体话语权的策略，属于传播学效果论范畴，能否全面代表国际话语权的生成路径尚且存疑。或许国际话语权的生成路径和逻辑应该有自己的内在性。探寻国际话语权自身的生成逻辑和构建路径，需要探索国际话语权为何来和如何来的问题，为何来的问题关乎一国的国际战略和所处国际语境（生成语境），如何来的问题关乎生成路径和生成逻辑，但是既有的权力、话语、话语权、国际话语权、制度性话语权的研究，对国际话语权内在性生成路径语焉不详，回避了这一本体问题。

1.2.6.2 研究角度的两极化

在以往相关的研究中，由于取向过于实用或文本选择在事件性质或时间段上局限大，使得国际话语权的研究成为某一事件或某一时间段内的话语权专门研究，难以宏观地总结出普适性的话语权生成路径和存续规律，更难以回应普遍性和根本性的问题。在具体的媒体选择方面，英国、美国的主流媒体通常是首选研究对象，而对这些话语权强国长时段的研究不足。

同时，研究处于两极分化状态，宏观的太过抽象，微观的太过具体；在微观层面，即对某一媒体关于某一话题的报道进行简单梳理，或者对几家媒体的某一话题进行历时性总结，得出的结论只符合单一具体议题，忽视结构性的权力和国际社会语境对国际话语权的影响；在宏观层面，不进行任何的具体话语生产和话语实践分析，借助外部理论得出"宏大且抽象"的经验梳理和问题解决路径的总结。

综上，微观层面的研究，要么陷入具体的领导人或媒体话语的分析中，要么局限于某一议题和事件中，无法得出普遍适用的规律。而宏观层面的研究，脱离具体话语实践，过于抽象，不具有现实可操作性和指导性。微观的话语分析和宏观的学理分析呈现两极分化，缺乏中观研究。

1.2.6.3 缺乏反思性和历史性思维

目前有关国际话语权的构建研究，在分析国际话语权的内涵，总结中国国际话语权构建的困境和机遇后，想当然地在媒体话语权构建维度基础上给出国际话语权的构建路径，很少去反思国际话语权的内在基础和条件需求，缺少对国际话语权的路径依赖和惯性的考量。

总之，通过文献梳理可以发现：第一，目前学界尚未形成"国际话语权"的系统性研究，很大程度上仍停留在概念界定和建议探讨阶段；第二，国内学术界的研究大多立足于现实问题解决层面，理论探讨匮乏，虽然有基于福柯"话语权"理论、哈贝马斯的"交往理论"、维特根斯坦的"语言游戏理论"的话语理论研究，但仍处于理论的初始阶段，缺乏国际话语权本身的理论维度，未形成成熟的研究议程；第三，缺乏根植于历史思维的史学痕迹，处于学术话语权的弱势状况，多借助西方研究路径，忽视从根本层面去分析国际话语权的内在生成路径；第四，缺乏从国际关系学和国际政治层面探讨国际话语权的存续逻辑和构建路径。

1.3 研究问题

在本体论层面，本书试图回答的问题是国际话语权的构建路径和内在逻辑（即如何和为何的问题），并结合国际权力结构和新语境思考如何构建起国际话语权。为回答这一问题，需要从话语、权力、制度、语境四个层面进行检视，因此问题的提出从以下四个角度出发：

第一，在权力层面，将国际话语权构建路径问题置于国际话语权结构和及其变革状态中进行研究，同时在国际话语权的生成路径中检视媒体的作用：一方面，追问历史上资本主义国家如何构建起国际话语权，其究竟有着怎样的变迁结构和历史轨迹，此变迁结构和历史轨迹透射出怎样的国际话语权生成逻辑和建构路径；另一方面，媒体/话语在资本主义国家国际话语权兴衰过程中，以何种方式发挥怎样的功能，有着怎样的媒体话语权态势，此话语权态势折射出怎样的国际话语权结构。

第二，在制度层面，将这一问题置于国际话语权制度化历史中，即历史上资本主义大国在进行国际话语权构建时，制度占据着怎样的地位，是否产生了影响和发挥了作用；如果产生了作用，制度又是以何种方式产生作用，即历史上资本主义大国如何以制度性方式生成和存续其国际话语权，有着怎样的演化规律和变迁脉络。

第三，在话语层面，并没有运用既有研究路径——从话语主体、话语内容、话语渠道、话语路径、话语生产策略等几个维度来分析，而是将话语理解为福柯和葛兰西所理解的思想、文化、真理、信息等，将其杂糅在制度和权力的关系中，跳脱出媒体信息研究的窠臼，并将其放置在国际话语权兴衰逻辑的历史梳理中，以此思考在构建国际话语权的过程中如何运用话语要素，又如何借鉴历史经验来使用这一要素。

第四，在当下语境层面，结合历史上资本主义大国的国际话语权构建路径和内在存续逻辑，思考相关国家已经展开了怎样的国际话语权实践，全球存在着怎样的国际话语权秩序，我国在其中处于何种地位，面临着怎样的国际话语环境。

1.4　研究思路与研究方法

为规避既有研究的不足，本书抓住"国际话语权"概念本身所牵涉的三个主要关键词提出研究问题：权力（话语权的语境、条件和目标）、制度（既是话语权的保障也是话语权的路径）、话语（话语权的具体内容，包括言语的各个方面，制度、媒体内容、文化产品等等）。为了更加系统和全面地回答上述问题，把这三个关键词所涉及的内容融合在对历史事实的梳理过程中，而不是按照这三个关键词提供的逻辑来书写；去除条块分割式局限，在问题的相互对话中寻找答案，以弥合微观和宏观研究的脱节，将这些问题置于历史维度中并从中观视角出发进行思考，对资本主义国家国际话语权构建路径和内在逻辑进行长时段的梳理，从而得出构建国际话语权的普适性启示和经验借鉴。

话语权作为一种权力是关系性的存在，是策略性的力量关系，因此国际话语权的确立不能只是放置在静态、宏观或具体层面中进行，而是要放在历史动态变迁维度下，才能透视国际话语权的真正生成路径。因此，对国际话语权兴衰逻辑的历史梳理是本书展开国际话语权构建研究的条件性、根本性和内在性的考量。

基于上述分析，本书将结合历史动态维度，研究历史上资本主义大国如何构建起国际话语权，对资本主义大国国际话语权的兴衰历史和构建历史进行梳理，在此基础上进行比较和分析，深入研究西方话语霸权生成的本质。

具体而言，第一，从历史层面，借助对历史事实的梳理和比较的方法，结合不同时期中权力、制度与话语的关系和秩序格局，梳理资本主义国家国际话语权结构及其变迁轨迹，回答国际话语权为何产生的因果关系问题和如何产生的构建路径问题，并在对本质性问题进行分析的基础上加入历史维度的梳理，切入点是布罗代尔等学者提出的霸权周期理论。霸权周期理论考察了国际体系诞生以来的世界历史，发现其中存在明显的霸权更替的周期规律，由此在宏观的历史语境下分析霸权更替的内在逻辑。本书借此理论，力图解释国际话语权变迁的历史规律、历史轨迹和本质，梳理出其中存在怎样的构建路径、历史惯性和存续条件，从而回答如何构建起国际话语权这一根本问题。

第二，从制度层面入手，结合历史制度主义和建构主义理论，对其进行结构性分析和长时段分析，分析国际话语主体对国际制度的影响力和引导力，从与制度引导有关的具体事件和议题入手，探析国际话语权的制度化路径和制度性生成逻辑。具体而言，通过运用资本主义世界国际话语权兴衰过程中制度变迁的历史素材和制度构建的历史细节，分析如何以制度的方式实现国际话语权的运行和存续，分析资本主义国家怎样进行制度性话语实践和生产。再利用融合比较的方式，对不同霸权周期内的制度路径进行对比，分析制度在构建国际话语权过程中的实质性作用，以反思我们能否将制度作为重要的路径。

第三，从话语层面入手，梳理不同历史时期文化、媒体、思想、价值等在国际话语权构建中的作用，并将其与传媒技术创新结合进行分析。在此过程中，不仅使用历史研究方法——对历史素材和历史事实进行梳理，还从具体的个案切入对典型案例的详细剖析，在案例分析过程中探寻国际话语权之间的博弈以及话语如何影响国际话语权的构建。

第四，从现实层面，基于对现实语境的分析和历史经验的反思，以理论思辨的方法，透视和总结出当下国际话语权的权力结构和国际话语权网络。在对历史国际话语权变迁轨迹和现实国际话语权结构梳理的基础上，结合当下全球治理语境和全球网络社会语境，反思这一语境是否构成我国构建国际话语权的基础性条件，从而分析新语境提供的可能性资源、可能性选择和可能性空间。

2 作为研究的出发点：理论阐释

2.1 国际话语权构建的相关理论资源

2.1.1 国际关系理论

资本主义国家在进行资本积累过程中，其话语架构已经发生了不少变化。第二次世界大战以前，资本主义国家话语权延伸路径从西方高收入国家和地区逐渐向低收入地区和国家重新分布，在殖民地构建起霸权式的话语权。而第二次世界大战以后，随着更多国家的独立，这些国家逐渐开始有了构建自身国际话语权的自觉性和自主性。

2.1.1.1 现实主义理论和自由制度主义理论

17世纪，对主权和领土的认识由《威斯特伐利亚和约》（1648）确定，国际体系基本形成。伴随着民族主义和民族国家在18世纪与19世纪的崛起，大国试图通过力量平衡来协调国际关系。第一次世界大战期间，伴随着巨大的政治军事和社会经济的混乱，国际权力体系的平衡被打破，产生了一个以集体安全原则为基础的、由国际联盟制度化的国际体系。然后，第二次世界大战爆发，国际联盟失败，这种国际体系支离破碎。20世纪下半叶，在冷战期间美、苏两个超级大国的竞争主导了国际体系。正是在这样的背景下，现实主义成为国际关系的主导视角。但是，所有现实主义学者都认为，国际体系是无政府状态，没有协商一致的中央权力，因此国家需自助和自救，这导致国家之间无限的权力斗争和安全困境。他们还认为，国家是国际体系中理性的、统一的和形式上平等的主要行动者，而国际机构、非政府组织、跨国公司、个人和其他跨国行为主体几乎没有独立的效力。军事力量和国家利益构成了现实主义的核心。当现实主义从古典现实主义演变为新现实主义以后，开始由人性走向结构

的分析框架 （Grame P. Herd，2010：7-9）。

从修昔底德（Thucydides）的《伯罗奔尼撒战争史》到汉斯·摩根索（Hans J. Morgenthau）的《国家间政治》，现实主义理论提出了以下几个核心假定：(1) 政治规律植根于人性，民族国家是国际政治中的基本行为主体，将来有可能出现新的完全不同的大组织；(2) 把利益确认为权力，它们既作为手段，也作为目的，两者的最大化是国家核心目标（汉斯·摩根索，1948/2006：16-31）；(3) 国际社会是无政府状态，在此状态下，国家是理性的行为体（于铁军，2000）。

古典现实主义的部分思想源于托马斯·霍布斯（Thomas Hobbes）的自私人性哲学，因此作为现实主义成立的前提之一——国家是国际社会的行为体，这种理性是一种自私理性，以尽可能低的成本实现利益和权力的最大化。摩根索虽然提出权力是国际政治的本质，但并没有对权力进行细致界定，只是笼统地将权力视为一个国家的影响和实力（刘靖华，1997：6-7）。不同于自私人性观，肯尼思·华尔兹（Kenneth N. Waltz）以无政府状态和结构对国际政治的影响为出发点，认为结构会影响国际行为体的行为及其之间的互动，从而形成了结构现实主义。基于此，华尔兹的关注点从古典现实主义的人性自私理论转移到由国家力量配置、关系互动而形成的国际结构上，其背后是国际无政府状态（刘靖华，1997：8；秦亚青，2005：16-17）。显然，现实主义将国家的安全、生存、权力和利益作为其关切点，国家权力和无政府秩序状态形塑了国家的行为，自私理性和自助的必要性使得各国以竞争性的姿态立于国际社会，为维护和加强各自的安全，从而造成"安全困境"。

伴随着跨国通信和交往技术的进步，国家之间的依赖关系逐渐形成，国际社会形成了一个全球互联和相互依赖的整体，与此同时各种非国家行为体也在世界网络中出现，于是这种相互依赖的国际关系管理和国际合作调控问题日益突出，引起了学者们的关注。学者们普遍开始反思现实主义范式下以国家和权力为中心的思考路径。因此，在20世纪六七十年代，以罗伯特·基欧汉、约瑟夫·奈（JosephS. Nye, Jr.）、约翰·鲁杰（John Ruggie）等学者为代表的自由制度主义学者，从制度和规则角度展开对现实主义的批评。自由制度主义承继现实主义对权力、理性、安全和利益等问题的关切，认为现实主义的理论只适合解释国际冲突和安全困境，不能解释世界政治经济中和平变革的根源（刘靖华，1997：12-13），并且自由制度主义并不致力于一个雄心勃勃和具有局限性的结构性理论，而是强调人的行动，特别是强调制度建设的累积性效应，认为制度是行为体之间的协议或契约，能够降低不确定性、减少交易成本、解决集体行为难题,使各国获得共同利益。

以基欧汉为代表的新自由主义者,提出了制度选择和霸权稳定论(hegemonic stability theory)。霸权稳定论认为,国际结构和国际体系的稳定需要以一个霸主或霸权国家提供国际公共物品为基础,这样国家间的合作就能维持。这种以权力为前提的国际合作如何产生,新自由主义者给出了答案——国际制度(Robert O. Keohane,1941:34-34,56),霸权国家通过构建并领导国际制度来促进国际合作,实现共同利益。

新自由制度主义以国际制度为主要研究方向,阐释了国际制度形成的方式和产生的原因,以及其对国际政治生活产生的影响。由于新自由制度主义本质是出于对美国霸权衰落的担忧,力求以国际制度维护和拯救美国霸权,因此又被称为"后霸权主义"。它关心的问题不是制度如何重要和怎样构建的问题,而是制度何时重要的问题,回答的不是"how"的问题,而是"when"的问题,这个"时间"在新自由制度主义者那里是"后霸权时期",而且制度在这个时期才是重要的:当美国霸权衰落以后,制度成为美国调控国际社会权力、合作和秩序的基础。显然,在历史长河中,制度在确保国际社会合作和建立秩序方面发挥着重要作用,无论是霸权形成之初还是霸权形成之后。

在自由制度主义视野里,现实主义存在以下几方面的疑问。第一,现实主义把权力追求最大化作为国家利益所在,自由制度主义不反对这一权力-利益命题,但是需要明确界定权力概念,权力不仅包括物质层面的硬权力,例如军事和经济等,还包括软权力——以观念、价值、思想、说服等产生的吸引力和影响力。第二,在国际体系中,除了国家作为行为体,还存在非政府组织、政府间组织和个人等国际行为体。在全球互联结构中,这些新行为体及其组成的复杂关系对国际权力格局也产生了不可忽视的影响,并且以主权为基础的民族国家在处理诸多全球问题时所显现的无力感正是由于这些新行为体出现而造成的。第三,现实主义者认为国际社会是无秩序状态,因此权力最大化和利益最大化是国家的理性选择。但是随着国家之间依赖程度的加深,在相互依存的关系中,国际合作而非权力斗争成为国际社会的理性选择(刘靖华,1997:16)。

自由制度主义强调制度设计、规则安排在国家相互依赖关系和既定结构中的作用。制度是规定行为体所期望的一整套明确的或隐含的原则、规范、规则和程序等,这些制度安排能够确立行为体的权责,增加沟通的信息量和透明度,减少交易成本,提高合作的可能性。不同于现实主义的物质决定论和自助性,自由制度主义认为共同的价值观促使国际行为体之间形成共识以及共同预期,以此缓解国际安全困境。

现实主义学者认为，在国际无政府秩序下，资源的稀缺性和有限性使得国际问题在某种形式上转变成对国际经济剩余价值进行分配和再分配的问题，而自由制度主义关注的是什么因素在促进或阻碍合作。在国际政治中，"政治不灵"现象使得国际陷入"囚徒困境"，"搭便车"行为——在不增加成本的情况下获得合作的收益——总是一个问题，阻碍国际合作的顺利进行，如果能够建立增进国际信息交流和增进彼此信任的国际制度，国际合作的可能性就会提高。因此，在不透明和不完全的条件下，一定的制度安排可以降低理性利己主义者的相互猜疑，解决国际社会存在的"规则赤字"和"信任不足"问题，减少不确定性，从而提高国际合作（Chris Brown, Kirsten Ainley, 2005：46）。但是，制度本身并非全然中立，在本质上制度不仅是国际权力关系的产物，也是大国利益和国际力量博弈的结果，因此制度对国家行为体不具有强制的、决定性和独立的影响，尤其是无法避免大国将制度本身作为实现其利益的工具，也无法从根本上避免战争的发生和阻止一个国家对权力最大化的追求。

在新现实主义者看来，国家考虑更多的是国际权力关系中力量配置的问题，而不是自由制度主义者以制度促进国际合作的问题，将国际体系视为国际权力斗争和利益博弈的产物。权力以两种方式影响国际体系，第一种是传统意义上的权力关系对国际社会的影响；第二种是通过制度权力，即国际体制结构形成国际行为体的体制环境，以此影响国际行为体的行为方式和路径（Stephen Krasner, 1995a：257）。但问题来了：制度为什么创立而且是怎样被创立的？

虽然，新现实主义学者从诸多层面质疑了自由制度主义，但是世界资源的有限性和人类文明自古以来存在的分歧，致使权力最大化、利益最大化等现实主义命题很难失效，国际政治的本质是以追求国家利益为核心的国家行为以及由此产生的国际合作与冲突（刘靖华，1997：35）。

2.1.1.2 建构主义国际关系理论

无论是现实主义者所主张的物质利益，还是自由主义者所建议的制度，都无法完全解释国际政治问题，而关注观念和文化的建构主义国际关系理论给我们提供了一种新的启示，建构主义认为观念不仅能塑造国际行为体的身份和行为，还能给予国际行为体所处国际环境以意义（Grame P. Herd, 2010：1）。建构主义把社会学、政治心理学的方法引入国际政治的研究，其在国际政治领域延伸认知主义，给现实主义和新自由主义强大的冲击（秦亚青，2005：16）。

建构主义不是一个单一的学派，其基本关切点是国际政治由不同观念和文化所塑造与建构，观念和文化能够建构团体、个人之行为、身份和利益的认知，能塑造与影响个人、国家之战略行为、世界观和关系模式，这种关系模式和世界观提供了国际行为体关于行为和环境的图景，并最终影响行为体的认同和社会意图，因此建构主义具有社会色彩。国际社会是共同文明的产物，要使得一个国际社会有序存在，就必须有国际社会意识、国际制度和世界范围内的社会情感。如果没有共同的价值观，就没有国际社会（Stephen Krasner, 1999：48-52）。在建构主义代表人物亚历山大·温特（Alex Wendt）那里，国际社会的共识是建构的产物，他对利益和认同的建构感兴趣。在建构主义视角下，制度的构建离不开认同，而认同是国际行为体倾向与意图的主要观念和规范，坐落在国家实力和国家利益之网中。由此，建构主义不仅认为国际行为体的身份、利益和行为的认知有赖于观念与文化，更为重要的是认为制度本身是可以建构的，其形成离不开国际认同（秦亚青，2005：18）。

温特吸收了众多后现代主义和众多学科的思想，认为"观念"而非"权力"主导国际行为体的行为，其有两条基本原则：第一，社会关系结构由共享观念而非物质力量形塑和决定；第二，国际行为体的身份定位和利益认知是由这些共有观念建构形成的，而非天然固有（亚历山大·温特，2000：178）。在国际关系领域，规则、规范和制度等都是国际社会成员互动实践的产物，这些都离不开共识和共享观念，尤其是离不开"认同"。在这里，认同不仅关乎查尔斯·泰勒（Charles Taylor）和安东尼·吉登斯（Anthony Giddens）等学者认为的自我认同和文化认同，而且关乎一种社会承认和社会认同。国际社会成员的身份和利益定位反映了各自不同的认同，将国际话语权与认同结合，本质上是借助话语告诉他者或建构他者的自我认同——"我是谁"，从而促使国际社会成员对自己国家的价值观和行为方式形成认同（吴贤军，2017：57-58）。

建构主义视角下的国际政治和国际社会不仅是国家之间硬实力和物质力量分配的结果，而且是在特定社会环境和历史时期下国际社会建构的产物。国家之间共享的信仰、观念和价值同样具有结构上的特征，国际秩序乃是建立在国际社会关系结构和国际互动的基础之上的（James N. Rosenau, Ernestotto Czenpiel, 1992：138；Rober Cox, 1981）。价值、认同、观念等多种非物质要素也在影响着国际秩序和国际体系，建构着国家之间的关系。一定社会结构和国际规范建构了国家的身份和互动关系，而身份认知和互动关系又是利益的基础，利益和身份反过来影响着国家的行为，决定着国家未来的需求和定位，这种建构主义是一种结构理念主义（structural idealism）（亚历山大·温特，2000：1）。由此可见，国际话语权的构建不仅关乎国家实力和权力分配，在某种程度上也离不开国际社会认同的建构，关乎国家之间观念和价值共享，尤其是离不开具有伦理和道德成分的国际规范、国际机构和国际规则。因为这些国际规范指导着和规定着国家的身份、利益和行为,是国际社会成员之间达成共识的重要场所。国际规则的理解以言语行为为基础,离不开主体间性,并且所有的言说活动都是一种文化、历史和社会的产物,离不开对大的国际社会背景的梳理。但是在很大程度上,建构主义理论与新自由制度主义一样夸大了非物质性因素,忽视了权力。

2.1.2 新闻传播学相关理论

国际话语权的研究离不开话语规则、话语内容、话语方式和话语标准等多方面的内容,这就牵涉新闻传播领域的诸多理论。

框架是人们把现实生活中发生的片断和事件归纳整理为自己知识和经验范围时所使用的规则与思路。新闻媒体恰好为人们提供了理解生活世界和知识经验的框架,人们借此新闻框架赋予社会秩序以意义,因此媒体的框架即选择的规则——刻意呈现、阐释和强调的符码(亚历山大·温特,2000:1),能够对人类社会生活产生一定的影响。排序、典型化和分类都是常见的新闻框架,通过它们,新闻媒体构建社会生活的规则和秩序。但是这种框架如同话语并不能脱离共同经验和共有知识而存在,如若缺乏共同知识和共同经验作为基底,新闻媒体的框架会被悬空,剩下的只有抽象的概念。因此,我们需要基于人们的日常生活来进行国际传播。首先是理解国际社会民众所置身的生活空间的活动和内在规则,其次是挖掘其中的共同性,即以源自共同生活体验的共同知识作为框架产生作用的中介。

而且,按照结构功能主义的观点,新闻生产和知识生产都依赖于一定的社会文化结构,并非存在于真空环境中。媒体所处的社会环境具有一定的系统性、先在性和结构性,这种社会结构产生的社会规范和社会准则内含着新闻生产和话语生产的基本立场和利益选择,从而影响着人们的期待、判断和行为偏好(盖伊·塔奇曼,2008:15)。

与框架理论具有同等功能主义底色的理论——议程设置(agenda setting)——一直以来都被当作国际话语权生成路径之一。这一理论最早由麦库姆斯(M. E. McCombs)和肖(D. L. Shaw)在1972年提出,两人基于1968年美国总统选举期间进行的大众传媒效果研究(媒体的选举报道对选民产生的效果和影响研究),发现大众传媒具有为社会公众设置"议事日程"的功能——大众传媒越是突出某个事件,公众就越注意某个事件,并且发现公众对某些新闻事件关注的先后顺序和重视程度与大众传媒具有一致性,从而证实了媒体议程与公众议程之间的相关性(麦克斯韦尔-麦考姆斯,郭镇之,邓理峰，2007）。此理论出现 14 年以后，1986 年美国学者丹尼利恩（Danielian）和瑞斯（Reese）提出了媒介间议程设置概念，认为一些有影响力的大报纸会引领和设置其他小报的议程，成为这些小报的"意见领袖"，从而形成媒体共振，影响和塑造整个社会信息和舆论生态（阳欣哲，2012）。这些新闻传播学领域的理论，为我们思考国际话语权生成逻辑和构建路径提供了有价值、有意义的参考。

2.1.3 后现代主义

在进行国际话语权研究时，后现代主义的理论为我们的分析提供了许多可以相互竞争的理论框架，这些理论有时完全不同，不能构成一个连贯的整体，在某些情况下甚至是互不相容的，其范围从社会学传统中的社会场域理论到米歇尔·福柯、雅克·德里达或让·鲍德里亚等哲学家发展起来的后现代理论中的知识激进主义，它们在国际关系领域的共同点，是反对新现实主义和理性主义，反对实证主义（Alexander Schmidt-Gernig，2004：179）。

无论是现实主义国际关系理论、议程设置理论，还是建构主义国际关系理论，在某种程度上都属于主流实证主义理论流派，认为客观现实和价值观念之间存在可分离的界限，社会领域就像自然界一样存在可以进行实证研究和数据讨论的客观规律，并且认为这些规律通过实证研究方法最终得以发现。而以法兰克福学派为代表的批评理论学派以反思主义视角认为实证主义范式假定的客观性和实证性并不能完全成立。在社会领域，客观现实和主观理念之间并不能完全被隔离开来，罗伯特·考克斯（Robert Cox）等学者把葛兰西、哈贝马斯等学者的思想运用到国际关系和国际政治研究领域，对现实主义和实证主义的研究范式进行了批判与反思，批判现实主义把世界描绘为客观存在的事实，而对使这个客观世界得以存在的社会关系和权力关系不加思考与质疑，将这种社会关系和权力关系视为既定事实和先验存在。基于葛兰西、福柯和哈贝马斯等学者的理论，我们可以发现国际社会关系格局和国际社会权力结构是国际社会行为体互动的结果（亚历山大·温特，2000：17）。

作为最先提出"话语权"一词的学者，福柯认为话语权是话语、权力和主体三者关系互动的产物，内嵌在三者关系范畴内部。福柯认为话语权是服务于权力运作所需的真理生产机制和知识管理技术，是一种知识型，并且权力在福柯这里并不是现实主义学者所理解的控制力、吸引力和影响力，而是一种无处不在的关系，而话语——真理和知识生产（具体体现为陈述体系和实践）——作为权力的表现形式和具体运行机制，尤其是知识型作为某个时期的主要话语权塑造着这一时期的思想模式和知识生产。因此，话语权在福柯这里和真理机制/知识权力相差无几（汪民安，2018：48-58），这也是本书思考国际话语权非常重要的思想源头。

福柯视野下的知识型是有关建构知识对象、主体及重要概念的规则系统，作为话语权的一种，它可以决定什么是真理，什么是谬误，影响不同社会力量的利害关系及其紧张网络中的状态，因此知识模式、论述方式、思想模式作为话语权的具体体现，与社会结构之间存在着内在的、极其紧密的相互制约关系（高宣扬，2005：207）。在这个过程中，话语建构着权力，但是反过来也正如福柯所言，话语也为权力所形塑，因此对统治者而言，控制了话语就等于控制了社会，掌握了权力（刘永涛，2014：32）。

爱德华·W. 萨义德（Edward Wadie Said）吸取了福柯的思想，揭示了西方国家如何通过话语建构起关于东方殖民地的知识——"东方主义"（Orientalism）的诞生——以及这种话语背后所隐藏的复杂的社会权力结构。在萨义德看来，东方人无法用自己的话语进行自我叙述，反而是拥有权力的西方人塑造着和叙述着东方人的身份、利益和知识，这种由西方生产的知识模式、思维方式和论述方式构成了东方人的知识型，西方人也借助着这种知识型建构起和维护着自己的话语霸权（Edward W. Said，1993：6）。

国际话语权在某种程度上类似于后现代主义学者视野下的知识权力，但是不能完全对等，因为福柯谈论的知识权/话语权所辐射的范围一般在某一（国家）权力范畴内，而国际话语权的范围超越了民族国家范畴，走向国际社会。规范、制度和规则作为一种知识权力，离不开一种真理生产机制，因此国际话语权既可以是关系性（结构性）的存在、生产性的存在和制度性的存在，也可以呈现出传统意义上的支配力和控制力，体现着强制性权力、生产性权力、结构性权力和制度性权力的多维度融合。

福柯给予我们的启示是不能将国际话语权简化为"制度""声音"，缩小为"媒体""信息"，而是要从更为广阔和更为深层的角度去思考其真正内涵。因此，本书的国际话语权概念，包含了国际权力运作和国际社会的规则、思想、知识和资源等多层面，不单单是话语文本或媒体信息传播的问题。与此同时，也启示我们在思考国际话语权构建问题时，重要的是要了解这一权力的本质属性，不同于媒体话语权注重话语的影响力和支配力，国际话语权中重要的不是话语，而是权力。话语仅仅是权力的表现形式，国际话语权的内核是权力，这种权力可以体现为生产性的、话语的和关系的，也可以是制度的和强制性的。此外，不同于媒体话语权中将话语理解为媒体的议程设置、舆论影响，国际话语权中的话语作为规范、制度、知识、思想等范畴，话语产生控制力、影响力、引导力和吸引力是实质,而如何获取这种控制力和影响力才是我们要研究的真问题。

马克思主义思想家安东尼奥·葛兰西(Antonio Gramsci)提出"文化领导权"(culture hegemony),与福柯的权力观存在一定的延续性和相似性,葛兰西和福柯的权力观都认为:权力既是强制性的,也是非强制性、结构性和生产性的。不过,不同于福柯将话语权和权力视为个体的召唤与规训,葛兰西的文化领导权聚焦的是一个范围更加广泛的群体,本质上是一种意识形态领导权,类似于路易·阿尔都塞(Louis Pierre Althusser)的意识形态国家机器,主导着行为体与其实在生存条件的想象关系的陈述体系和表述系统,从而把个体召唤为主体,这种文化领导权也被理解为文化霸权,主要是指一个国家内部,统治阶级通过对意识形态统一规划,达到一种支配力。但是霸权关系不仅发生在一个国家内部,或形成于一个国家的社会力量之间,而且发生在国际层面,发生在国家和大陆文明的综合体之间(Alessandro Carlucci,2013:176)。

葛兰西是一位工人阶级领袖,所以理解文化领导权需结合他的政治身份和政治立场。在这种政治立场下,葛兰西的文化领导权批判和反思的是主导阶级(统治阶级)通过不同手段和策略对被统治阶级实施的意识形态统治,通过将布尔乔亚阶级的价值观转换为所有价值中的"常识"性价值观来获得文化霸权。基于共同同意获得不同阶级文化差异之间的共识,而不是通过政治、金钱或权力胁迫和强制,最终使得被统治阶级自愿规训和承认统治现状(詹姆斯·M. 罗素,2017:225—226)。

基于此,我们可以发现葛兰西的文化领导权和福柯的话语权为我们思考国际话语权构建提供了重要启示和借鉴,这种启示与社会建构主义学派有些类似,都强调共识、共意和认同,强调主动规训,而不是强调话语权的强制性。国际话语权的根本在于思想意识的吸引和影响,是价值观念的输出和认同的获得。不过葛兰西和福柯的话语权理论是局限于国内政治领域的理论,而国际话语权在很大程度上所关涉的因素更为复杂。

后殖民批评学者约翰·汤林森(John Tomlinson)提出文化帝国主义,用以指责西方文化对发展中国家的侵略,例如美国好莱坞和西方通讯社对第三世界的文化入侵,导致不发达国家对西方发达国家产生了"文化依附",最终造成资本主义全球化发展趋势,其超越了媒介帝国主义(M. van Elteren,2003)。资本主义的生产制度、意识形态、社会模式、文化观念伴随着西方文化产品的倾销而在非西方世界产生强大影响力,使得诸多非西方世界的人们自愿接受西方的生活方式、思维方式和价值观念。由此,我们可以得知资本主义全球化的重要性不仅仅在于经济力量，更在于其文化影响力。文化影响力不仅仅是一种意识形态的渗透，还集中在生活方式层面，是一种更为精细和微妙的权力（M. van Elteren，转引自 R. S. Fortner, P. M. Fackler, 2014: 400-419）。20 世纪 70 年代赫伯特·席勒（Herbert Schiller）提出媒介帝国主义，用以描述大众媒体和跨国公司如何说服、强迫、诱惑社会机构和个人接受占据主导地位的美利坚意识形态。媒体帝国主义在文化帝国主义中占据重要地位，但又不完全等同于文化帝国主义，结构帝国主义、电子殖民主义、文化依赖和统治、通信帝国主义、意识形态帝国主义等中都包含着文化帝国主义的内涵。

尤尔根·哈贝马斯（Jürgen Habermas）的交往行为理论认为，交往和话语密不可分，交往行为是至少两个以上具有行为能力和语言能力的主体之间通过符号协调互动所达到的相互理解和一致的行为（尤尔根·哈贝马斯，1994：122），不过哈贝马斯强调只有真诚的、正当的、真实的交往和言语行为才是有效的。由此看来哈贝马斯的交往行为理论注重的是主体间性和交往的理想型，这种交往只能发生在有规则的、均等的环境中，一国的话语只有以真实的、真诚的和正当的交往行为为前提，才能产生深远和坚实的影响。正如现实主义所描绘的国际社会往往充满了"搭便车"行为和"囚徒困境"，哈贝马斯的理想型交往行为理论因此失去了存在的现实土壤，不过却为思考国际话语权构建提供了一种未来蓝图。哈贝马斯交往行为理论带给我们的启示是，即使在国际社会中很难实现真正平等的对话，仍需要以真实、真诚和正当的交往行为作为构建国际话语权的前提，以主体间性和平等对话思考国际话语权的构建路径。

皮埃尔·布尔迪厄（Pierre Bourdieu）认为社会结构是社会行动者在其社会世界的实际知识中使用的认知结构，这种结构是一种分类图式、感知和鉴别图式，用以区分各种等级的产物，并在意识和话语水准下发挥作用。与此同时，布尔迪厄还提出了与社会结构有些类似的"场域"理论。"场域"是一种关系性的空间、结构和网络的存在，其中充满了资本、权力、利益等多重关系的角力，并且布尔迪厄将场域划分为学术场、经济场、宗教场和艺术场等，每一个场域都具有独特的游戏规则和话语结构，不同社会地位的人运用其社会资本行使着不同的权力。在权力场中不同的国家掌握着不同的"资本"，从而在国际权力场域中占据着不同的地位，并且遵照一定的国际游戏规则，进行着权力角逐，从而导致国际权力场不断生发出新的特征和结构。

由此可知，国际话语权作为一种存在于国际社会中的权力，对其支配是制度化的和有组织的结果，话语成为这种权力的基础资源之一。此外，话语具有社会建构的作用,就像福柯提出的话语建构权力,话语通过建构事实和真理,来界定可行和不可行的边界。在此,话语实践乃是一种政治过程,落实在国际政治场域中,话语言说的过程也是一种权力角逐的过程,不同的言说主体具有不同的"资本",这种"资本"不一定是符号资本、媒体资本,还可以是文化资本等。

2.2 本研究的理论依据和概念界定

2.2.1 建构主义国际关系理论

在20世纪的大部分时间里,国际关系理论被现实主义和自由主义两大流派支配。随着冷战结束,建构主义逐渐成为研究国际关系的第三个重要流派(Grame P. Herd,2010:7)。实际上,自20世纪80年代中期以来,制度一直是国际关系理论的核心,与威慑和权力制衡的现实主义相比,新自由主义者可以被称为理性选择制度主义者,他们或多或少用制度来解释国际利益和国际间权力的分配。建构主义者往往关注的是结构(尽管他们在理论上强调行为体和结构是相互构成的),并使用"相互理解、认同和共有观念"的推理模式。理性选择制度主义和社会学制度主义(也是话语式制度主义)都注重结构和观念,一直占据着国际政治的主导地位。

此外,还有历史制度主义。历史制度主义从时间的角度分析制度,旨在解决制度起源、再生产和转型等问题,解释结构和国际行为体之间的作用,强调权力的不对称是如何被制度规则创造和强化。其核心观点有三:第一,将制度的发展理解为一个连续变迁的过程;第二,注重制度变迁的外生和内生来源;第三,强调多个制度相互作用的重要性。历史制度主义将制度内嵌于更为宽泛和更为深远的世界政治变迁中,并确定行为体运作所涉及的非正式的或正式的惯例、原则、组织、规范和规则等。在历史变迁过程中,制度存在一定的路径依赖(path dependence),以回报或收益递增为特征的制度将会越来越稳定,使得路径转换变得困难,一个制度长期处于被"锁定"的状态。但是,不能把路径依赖理解为制度不变,它意味着制度一旦被建立起来,就会随着时间的推移持续下去,难以改变和被人们放弃,具有稳定性,除非随后的动乱和振荡带来了"路径破坏"(path undermining)。"路径破坏"意味着旧有制度难以应对新情况和新问题,使得制度回报率下降,从而导致制度瓦解。但是,从路径依赖到路径更换存在一个临界点,这个临界点在关键时刻中断了长期的制度稳定,因此需要分析制度变迁的时序和先后顺序,路径依赖、临界点和排序是历史制度主义的三个核心概念(Thomas Rixen, Lora Anne Viola & Michael Zurn, 2016:200, 10-14;赵智兴、段鑫星,2019)。

本书所采用的视角即建构主义国际关系理论和历史制度主义相结合的视角,一方面认为制度是可以建构的,另一方面认为制度具有历史变迁的属性,从而分析历史事件变化的时序,在变迁的顺序中梳理制度变迁,找出相应的路径依赖和临界点。

不同于国际政治视野下的建构主义,社会科学领域也有某种建构主义的痕迹。在马克斯·韦伯(Max Weber)和格奥尔格·齐美尔(Georg Simmel)那里,客观自然和人的行为有着根本的不同,人类社会是由人积极主动建构的现实产物,其行为方式与他们如何理解自己的行为并赋予其意义相关,因此建构主义视角下的社会学研究的目的不是直接研究直观现象,而是研究行为体互动产生的意义,并对此意义做出解释。后来乔治·赫伯特·米德(George Herbert Mead)和阿尔弗雷德·舒茨(Alfred Schutz)延续齐美尔和韦伯的观点,提出了符号互动论和现象社会学,最后再到欧文·戈夫曼(Erving Goffman)的框架效果与麦库姆斯(M. E. McCombs)和肖(D. L. Shaw)的议程设置理论,在某种程度上都认为传播是一种使得现实得以生产、维系、修正和转变的符号过程(盖伊·塔奇曼,2008:18-20)。无论是议程设置,还是框架选择,都以建构为基础。不同于国际关系理论中的建构主义对观念和认同的重视,这里的建构是通过新闻传播建构起一种新的理解世界的方式。在建构主义理论视角下,传播是一种现实及其意义的生产,属于社会科学的研究,而意义的生产离不开话语的生产,因此建构主义理论视野下的新闻是一种关于现实建构的意义生产和话语生产。

许多研究和本书有重叠,它们都追随自由制度主义的"制度学派"(institution school),把当前国际话语权生成模式和格局中的变化解释为新自由制度主义"积累体制"的结构性产物。这种体制被概念化为西方话语权强国发展的一个特殊阶段,其特点是依靠国际机制的构建和国际制度的安排确立国际话语权,从而为其资本谋利和全球权力扩张提供强有力的保障,更是为霸权衰落以后提供权力延续的可能性。实质上,霸权和国际制度(不仅是一种国际组织或机构,更是一种被国际社会普遍承认的国际管理模式)是相互补充的,或者在某种程度上是相互替代的(罗伯特·基欧汉,2006:7,14)。为了实现这种保障和可能性,适当的制度、标准规范、行为准则和习惯(调节的方式)的构建必不可少。"新自由制度主义"被认为是形塑国际性话语权强有力的方式和途径，反过来，这又被认为是 21 世纪美国国际话语权出现危机的根本原因。

但是，关于（新自由）制度主义的继承者会是什么，或者到底是否存在另一种具有合法性的话语权生成方式和不同的生成路径，"制度主义者"持不可知态度。与此类似，但使用了一种完全不同的概念，克劳斯·奥菲（Claus Offe）以及说得更加明确的斯科特·拉什（Scott Lash）均谈到了"有组织的资本主义"的结束，"无组织资本主义时代（disorganized capitalism）"的到来。他们认为，通过分析空间、资本、阶级、文化，描绘出这种分裂所导致的资本主义社会关系的重构，并指出这是一种全球趋势。由于国际主体在空间和职能方面日趋分散，"有组织的资本主义"的主要特征——由政府官员和经理阶层对国际活动实施管理和有意识的调节——正受到威胁（Claus Offe, 1985：6；Scott Lash, 1987：1—10）。例如奥菲认为，"无组织资本主义"使得福利国家资本主义未能保持"社会权力和政治权力之间的动态平衡"（G. Crow, 1997：51—72），这就使得国际话语权结构以及构建过程处于一种同样的"网络化""非中心化""无序化"和"去组织化"的状态。

大卫·哈维（David Harvey）支持这种强调当代国际话语权的去中心化和网络化的看法。他认为，福特主义内部似乎早在 20 世纪 60 年代中期就有出现了严重问题的迹象，当时日本和西欧国内市场已经饱和，必须开始为过剩产出创造出口市场。1973 年的经济衰退，加上石油危机，使得资本主义世界摆脱了"滞胀"和麻木状态，并启动一整套破坏福特主义的进程，随后在 1970—1980 年世界政治和经济进入重新调整时期，充满了不确定性，在社会政治生活中出现了一系列新颖的实验，它们代表了一个全新的积累机制，以及一个完全不同的政治和社会监管体系——灵活积累（flexible accumulation），它依赖于劳动力、产品和消费模式的灵活流动，其特点是出现了全新的生产部门、全新的金融服务方式和全新的市场，最为重要的是，商业、技术和组织创新的速度大大加快，使得国际范围的不平衡发展模式发生了扭转，例如在不发达地区的佛兰德斯出现了高新科技，世界范围内伴随着新的卫星通信和交通工具的进步产生时空压缩，这种扭转以更快的速度在更大的范围内展开。自此，不仅高科技工业成为灵活时代的全新配置，对信息流的控制、大众文化和传播媒介的控制也成为全球竞争中的重要武器，大量资本以惊人的速度和规模集中注入图书出版业、媒体和新闻界（David Harvey, 1990：142—160；2003：37—39）。因此在 20 世纪七八十年代，资本主义国家实际上可能处于从福特主义-凯恩斯主义向一种新的生成机制的历史性过渡时期，走向全球化格局。曼纽尔·卡斯特在强调非中心化、网络化趋势的同时，还认为国际话语格局仍旧存在一定的集中性属性，七大传媒巨头和互联网公司之间的合作、协同效应，控制了全球范围内的信息生产和话语言说格局。因此，从全球意义上讲，需要通过互动才能创造一种共同受益的局面，或是通过创造新技术、新组织形式，或是通过通讯网和国际传媒结构这样的基础设施进行更新。

2.2.2 霸权理论和国际话语霸权

葛兰西对霸权这个概念的使用非常含糊，以至于霸权可以有多种解释。它有时可以指通过领导权和被统治者的同意而行使的政治权力，而非通过胁迫行使的政治权力。在其他场合，霸权又是胁迫和同意的特殊组织。在国际关系视野下，霸权是国际政治体系中占据主导地位的国家，领导着国际体系走向一个理想的方向（David Harvey，2003：39）。霸权不是霸主。霸主意味着只比其他国家强大，以武力和财力尊称（南怀瑾，2015：77），是一个国家有足够的力量来维持和管理国家间关系的能力，而霸权是对体系的控制（约翰·米尔斯海默，2003：53），或是文化层面的强大力量（Alexander Schmidt-Gernig，2004：179）。对新自由主义者而言，霸权领导是一种提供公共利益责任的方式（Robert O. Keohane, Joseph S. Nye Jr，2011：196）。对伊曼纽尔·沃勒斯坦（Immanuel Wallerstein）来说，霸权来自一个国家在全球分工中的生产性优势，以及商业、金融和最终的军事政治权力，这些权力被认为是从这种结构性优势中产生的（Mark Rupert，1995：1）。

乔治·莫德尔斯基（George Modelski）强调霸权衰落存在一定的周期性，一般为一百年左右，从16世纪开始，葡萄牙、荷兰、英国和美国分别获得百年霸权的周期，这种变化规律与全球经济的长周期有关（刘靖华，1997：46）。如果没有这种全球经济的周期——其中包含着某种程度上的经济霸权周期，即没有这一经济基础，其他霸权将不复存在（李慎明，2016）。这种霸权在不同的学者那里有不同的解释，一些学者认为，经济力量是霸权的源泉，需要在生产、原材料、资本和市场上占据优势，从而获得全球经济确定规则和秩序的能力（Robert O. Keohane，1984：32）。这背后要回答的问题是：这种全球秩序霸权到底是怎样建立的，是什么力量的结果，它和军事权力之间存在怎样的关系。而沃勒斯坦认为，一个国家要想获取霸权地位，意味着它必须有能力在国际领域最大限度地将自己的目标、意志和规则强加给其他国家，这种能力来源于强大的国家实力支持（Immanuel Wallerstein，1984：42）。

霸权获得的途径在传统学者看来主要分为：第一，政治霸权，依靠强大的政治-军事力量，产生全球性或地区性的影响力和控制力；第二，经济霸权，

33

依据国际市场、自然资源、资本、生产等方面的优势；第三，获取建立经济秩序和规则的权力，"主要表现为贸易和知识产权上的规则霸权"（李慎明，2016）。16世纪的西班牙凭借殖民地贸易、王朝统治、雇佣军和黄金等优势成为航海领域的霸权；17世纪的荷兰依靠海军力量、资本市场和贸易成为支配国；18世纪的法国，其权力来源于公民政治、人口、乡村工业和强大的陆军，但是由于深陷于和英国的百年战争，法国并没有成为真正的霸权国；19世纪的英国依靠岛国地缘优势、工业革命的先机、财政金融和海军实力、自由信仰和政治稳定获得全球霸主地位；20世纪的美国依靠全球性经济规模和军事力量、价值观、科技优势、盟国的支持和自由国际秩序获取全球话语霸权（刘靖华，1997：49）。

2.2.3 国际话语权概念界定

目前国内学术界关于国际话语权的概念界定有以下几个阐释角度：第一，从现实主义国际关系理论视角，强调国际话语权是围绕国家利益核心，通过在相关场合就国际社会问题发表观点、提出意见和建议，影响国际舆论走向，塑造国际影响和主导国际事务，从而最大限度维护本国国家利益的能力和权力，本质上按照自己的国家利益界定国际事件，制定国际游戏规则，是说话的权利、发声影响力、裁决是非力的综合体现（张铭清，2011）；第二，从建构主义理论视角出发，认为国际话语权是某一国家通过话语建构国际行为体的身份和利益，并在国际社会赢得其他国际行为体认同的能力；第三，从媒体的国际影响力和国际传播力的角度，将国际话语权界定为一国借助国际媒体平台传播与本国相关的信息，从而改变国际受众的认知和态度，引导国际舆论，塑造于己有利的国际舆论环境的能力；第四，基于葛兰西文化领导权理论，认为一国的国际话语权是在国际社会中通过传播某种价值观念或文化理念，赢得他国认同，以形成较强的文化吸引力（郭璇，2018）。

本书在进行历史研究过程中，梳理国际话语权兴衰的历史，不仅仅停留在对媒体话语权——媒体影响国际舆论、设置国际议程等——的研究，而是寻找国际话语权兴衰过程中的多种权力形式和多种路径选择，并在分析过程中避免将它们割裂开来，而是将其融合进历史分析中。这样就从现实主义对权力的界定局限中脱离出来了，不再把国际话语权的概念界定为一种形式而否定其他多种形式。国际话语权在这里不仅仅是话语的控制力和影响力，而是体现为强制性权力、结构性权力、生产性权力和制度性权力之间的集成，是这四种权力形式相互作用、相互关联形成的集成体系。

2.3　历史资本主义和国际话语权

具体来说，我们调查的出发点是历史资本主义的视角，注重历史资本主义内部的变迁。在某些时期，甚至是在很长的时间段内，资本主义大国的话语权似乎借助现代传媒技术和国际制度确实走向了"制度化"和"专业化"，譬如在 19 世纪晚期，英国借助电报技术和铁路如此令人注目地将英国价值观传输到世界范围内的工业新世界中，通讯社在整个资本主义世界内的话语权逐渐上升。这种借助现代工业技术的专业化，使得一些学者把技术的进步看作西方国家国际话语权建立和真正强大的最终原因。尽管新技术为不同的社会、经济和地理基础的国家构建国际话语权提供了便利性，但相较于技术而言，还存在着更为复杂的因素。

本书的核心问题：历史上的西方大国如何构建起国际话语权？在回答这个问题之前，我们需要对何为国际话语权进行清晰界定。因为本书的研究主旨不仅在于研究国际话语权兴衰史，还要挖掘国际话语权兴衰史中存在的普遍规律。因此进行概念界定时，需要跳脱出既有国际话语权的局限性，寻找其对我国的启发和语境连接点。

2.3.1　源自布罗代尔的启示及国际话语权周期的划分

理解资本主义国家国际话语权兴衰过程中普遍使用的构建路径，需要借用世界政治经济等权力兴衰周期来理解历史上资本主义国家国际话语权形成、发展、巩固和瓦解的全过程。

整个结构建立在费尔南·布罗代尔（Fernand Braudel）一种非传统的观念基础上。在布罗代尔这里，作为世界制度的历史资本主义，其形成、扩大、衰落和重建过程不仅与国家的形成过程关联在一起，也与资本主义市场的扩张关联密切。资本自从其出现到扩张，在很大程度上，甚至是完全依赖于国家权力，依赖于垄断，垄断而非自由市场是历史资本主义的关键因素。控制市场的垄断是资本主义制度的特征，垄断者一直都是最强有力、最大的资本积累者，控制和创造垄断的能力对资本主义国家非常重要（并且垄断一直是"国际的"）。一切垄断都以政治权力为基础，政治权力制造各种规则和壁垒，它是资本主义制度运作中的建设性因素（沃勒斯坦，2008：239-244）。

资本主义国家的国际话语权形成与扩张在某种程度上与布罗代尔所认为的历史资本主义有着内在的关联性，即历史资本主义作为一种世界制度在全球范围内扩张,本质上也是资本主义国家国际话语权在世界范围内谋篇布局的过程,这一过程有着垄断化、制度化、结构化等特征。在社会科学、政治学、新闻传播学等领域内,传统的研究范式很少考虑市场经济/资本主义政治与国际话语权之间的关系,国际话语权与资本主义并非两相对立和排斥,资本主义在依赖国家权力的过程中,也为构建国际话语权提供了可能性,创造了其所需要的优势。

一个在全球范围内不同市场之间构建横向联络路线(中世纪以后主要是从西方向西方、发达国家向不发达国家的单向过程)的资本主义世界话语权网络,在某种意义上,在资本主义作为世界制度在市场经济成熟之前,已经在物质生活层面显现了。珍妮特·L. 阿布-卢格霍德(Janet L. Abu-Lughod, 2015:343-358)指出,在13世纪,欧洲和非洲主要市场之间已经存在一个清晰、松散的横向联系系统,并且现代世界经济的根源不是人们普遍认为的16世纪,而是13世纪的经济。这为理解世界体系的演变提供了一个新的范式,该体系在14世纪达到鼎盛,涉及一个延伸到西北欧和中国之间广阔地区的网络。

尽管如此,与本研究有直接关联的问题,不是市场经济如何以及何时出现在世界物质生活的原始结构之上,而是资本主义国家如何和何时在世界市场经济存在之前建立起自身的国际话语权,以及随后又如何随着市场经济的全球垄断进程而维护和重建自身的国际话语权结构并获得重塑世界权力的能力。布罗代尔认为,欧洲在1500年以后成为"世界历史的可怕塑造者"(Fermand Braudel, 1984:92),这并非一个简单临界点的到来,也并非一个简单的转变。事实上,它是一系列的阶段和转变,最早可追溯到15世纪后期的文艺复兴运动之前。

伴随着资本主义国家国际话语权变迁的是资本主义制度在全球范围内的扩散,而不仅仅是在欧洲空间内的扩散。从这个层面来看,真正重要的、需要阐述的转变不是从封建主义开始梳理资本主义话语权的变迁路径,而是要从布罗代尔和阿布-卢格霍德所言的欧洲霸权出现的时期开始,即从13世纪开始梳理资本主义话语权力伴随着资本主义市场经济和政治制度在全世界的发展从分散到集中的转变历史,在此过程中,最重要的是经济资本主义制度与国际话语权的独特融合,并且这种融合在西方实现得比其他地方都更有利于资本主义国家全球话语霸权的建立。

国际话语权只有与资本全球化认同结合,再加上国家权力的支撑,实际上是权力、价值(制度)、利益的三者结合,才得以形成和稳固。在资本主义的第一个辉煌时期，即意大利城市国家（威尼斯、佛罗伦萨和热那亚）时期，权力掌握在富裕的商业精英阶层手中，彼时的话语权也掌握在他们手中。在17世纪的荷兰，放债人、商人、实业家成为摄政的贵族，掌握着管理国家大权和当时的欧洲话语垄断权（Fermand Braudel，1977：645）。

这个进程正是国与国之间为流动资本、资本积累和资本垄断而展开的国际话语权构建的过程。韦伯在《经济与社会》一书中指出：流动资本规定了各个国家获取权力的条件，因此流动资本成为竞争的核心焦点。随后，韦伯进一步指出，在巨大的、纯粹的和势均力敌的政治结构之间为流动资本展开的竞争导致新兴国家和资本主义大国之间形成正式的或非正式的联盟，而这正是创造现代资本主义全球话语霸权的一个重要组成部分（Max Weber，1978：353-354）。在过去500年中，倘若欧洲国家之间没有这种的政治竞争、政治联盟以及政治"平衡"，那么就无法正确理解西方国家的国际话语权变迁逻辑。

本书的分析正是想要尝试论证这种国家之间的权力竞争一直是不同话语霸权各个阶段极其重要的组成部分，也是政府和组织（资本）集团之间话语权网络在全球建立的主要因素。那些组织结构伴随着资本主义权力走过扩张的各个阶段。但是，本书的论述需要对韦伯的观点做部分保留，因为本书的分析主要源自布罗代尔的启示，并在论述过程中运用布罗代尔提供的丰富史料，以表明国际话语权力集中在某些政府和特定机构的手中，这对于资本主义国家在全世界范围内进行制度权力、经济权力、政治权力扩张极其重要。

一般来说，大规模的国际话语权扩张只有伴随着资本主义政治和经济扩张才会发生，即一个新的占主导地位的国家积累起足够的世界权力后，不仅能够避开或超越国与国之间的话语权竞争，而且能够掌控这种竞争，确保起码的国与国之间的话语竞争秩序或联盟格局。换言之，在过去的500年里，推动资本主义国家国际话语权扩张的，并非简单的国际话语博弈，而是国际权力竞争加上全球范围内资本主义权力的日益集中和结盟垄断的趋势。例如在20世纪七八十年代，美国国际话语权构建和扩张，恰好也在美苏两国政治思想斗争和军备竞赛骤然升级并到达顶点之时，这绝非巧合。在这个时期，美国以不同的方式，尤其是在国际社会利用国际制度构建话语联盟时采取的行动和措施比以往任何时候都快。

我们将大体按照布罗代尔等历史学家提供的次序来寻求问题答案——意大利城市国家—葡西荷—英国—美国，这个次序并非线性，其中存在一定的交叉和重叠，以此来分析现代国际话语体系/秩序的形成和发展历史。这个过程的最早起点将追溯到中世纪后期的意大利城市国家时期。这些城市国家是中世纪欧洲日趋分崩离析的权力模式的一个例外——其以军阀主义为表现形式，受制于君王和教皇的双重权力，并由那种权力凝聚在一起。然而，它预示了 200 年以后一个更大的威斯特伐利亚民族国家体系的出现，并无意中为接下来的西方国家进行国际话语权的构建创造了条件，提供了历史经验。

早期意大利城市国家形成的西方资本主义话语权体系的扩张将被描述成一系列渐变过程：在此进程中，旧有体系瓦解，新的体系在更广泛的范围内被重建。在诊断眼下国际话语格局变革的特征时，我们将制定一个新的研究程序，它将更加直接地关注媒体企业组织的"网络空间"，而不是政府的"地域空间"，并更加关注国际话语权更迭和兴衰的论述。

2.3.2 本研究的基本分析单位

本书主要对资本主义国际话语权周期进行比较分析，整合西方国际话语权兴衰的历史，从而梳理权力、文化、传媒和制度等多要素之间的关系，以期确定：(1) 国际话语权演变和存续的逻辑，这些逻辑在当前的国际话语权体系更新阶段中和新一轮的国际话语权扩展中是否会再度出现；(2) 是否出现过反常和新现象，这些现象可能会导致与过去的演变模式决裂。在过去的几个世纪中，世界秩序的连续变迁结构都以新的生产关系形态、新的国家形式和新的历史集团出现为特征。最近的两个霸权主义的世界秩序：一个是英国在 19 世纪建立的，一个是美国在 20 世纪建立的。19 世纪是英国霸权的世纪，在第一次工业革命的推动下，随着英国在政治、经济和意识形态上的崛起，英国的政治家把自由资本主义的规范和标准向全世界推行，全球社会关系发生了质的变革，形成了一个独特的自由主义霸权体系。随后英国自由主义的霸权让位于一个帝国主义对立的时代，在此时期内，国家内部和国际之间的自由社会关系被工业资本主义的蔓延、激进的工人运动、国家间竞争的加剧侵蚀，美国逐渐崛起。第二次世界大战后，以美国为中心的霸权，建立在新的国家-社会关系基础上，并积极寻求新的稳定联盟（Mark Rupert，1995：42-43；Gary Goertz，1995：2）。

莫德尔斯基将世界政治划分为五个周期：(1) 1540—1560 年的葡萄牙周期；(2) 1640—1660 年的荷兰周期；(3) 1740—1763 年的英国第一周期；(4) 1850—1973 年的英国第二周期；(5) 1973—2000 年的美国周期。每个周期以五个阶段来划分：第一，在全球竞争中崛起；第二，确立世界领导国地位；第三，领导力的合法性衰落；第四，权力结构趋向分散；第五，被替代，进入下一个循环期。在这些周期内，金融发展对于霸权国家兴衰的重要影响并不唯独对美国有效，也体现在对荷兰、英国霸权的重要性上（付竞卉，2011）。

结合这里和布罗代尔的分析，我们将识别四个国际话语权体系演变周期，每个周期都以资本积累过程中的主要政治、经济结构及其特征为基准：第一个是从 15 世纪到 16 世纪的热那亚周期，兼论热那亚周期和其他意大利城市国家国际话语权之间的关系；第二个是从 16 世纪到 17 世纪大部分时间的荷兰周期，穿插着葡萄牙和西班牙两国的国际话语权发展线索；第三个是从 18 世纪中叶延续到 20 世纪初的英国时期；第四个是美国周期，从 19 世纪末一直延续到现在的国际话语权稳固和衰落的交织时期（罗岗，2019），但是这种划分并非要抹除各个阶段之间的交叉和重叠属性，恰恰相反，它们之间存在某种交叉和重叠的成分，并且各个阶段之间的更替时间越来越短，进程也越来越快。

这种划分跟布罗代尔重视"百年一次的周期"有些相似，却与苏联著名经济学家康德拉捷夫提出的康德拉捷夫周期（一种 50~60 年为一循环的经济周期现象）完全不同。康德拉捷夫周期是以经验为根据的理论性概念，出自对商品价格长期波动的观察而形成的经济划分，而百年一次的周期与我们的国际话语权周期有一些明显的相似之处，其以价格/经济因素作为资本主义运行模式区分的标准，将价格与资本高度裹挟在一起（Fermand Braudel，1984：78）。不过，百年一次的周期（价格周期）和国际话语权体系周期也不同步，而且，西方资本主义国家的话语权扩张可能出现在百年一次周期开始的时候，也可能出现在它欣欣向荣或正要结束之时，因为西方资本主义国际话语权更迭周期还受到政治和文化因素的影响。

本书并不试图把国际话语权扩张的所有年代和百年一次（价格）的周期协调一致。面对要在这两种周期之间加以抉择的问题，我们选择了将国际权力体系周期与百年一次周期进行融合，因为这样比单独借用百年一次的周期理论能够更加可靠地且更令人信服地说明现代资本主义世界国际话语权变迁历史中更为根本的内容。

2.3.3 国际话语权周期的确定

确实，长期资本主义国家的国际话语权波动，到底是政治逻辑式的，还是其他形式的，有关文献的看法不一致。仅仅依靠经济变更周期或政治权力变更周期不能说明现代资本主义国际话语兴衰中最具特色的内容，也无法有效解释其收缩和扩张。不管其采取怎样的形式，经济现象和权力对他人的控制程度，正如起伏的波浪一样能升能降，这完全取决于谁有权力把影响力和控制力往下压或向上推。

媒体帝国的权力逻辑似乎还不是最为根本的内容，因为媒体帝国也是政治经济帝国的产物,并且有趣的是,我们发现,在综合关于权力和经济长期波动研究的实际发现和理论根据时,"媒体话语权"的解释力有限。国际话语权的上升或下降主要是通过大国经济博弈和大国政治竞争的严酷程度与激烈程度来说明的。资本主义国家国际权力兴衰和政治经济权力之间的互动,逐渐将媒体权力逻辑裹挟在内,从而困扰着资本主义世界国际话语权的研究。

在过去几百年间,西方国家——意大利、荷兰、英国和美国与其他国家构成了一个多极的国际体系,并在其中通过掌握不同的战略性资源而掌握着权力。在此过程中,不同文明之间的力量对比也发生了变化,西方文明的影响力呈下降趋势,亚洲文明逐渐浮出水面,具有某种扩张趋势,而伊斯兰世界内部仍旧充满了不确定性和冲突性,总体上非西方世界正在重新肯定自己的文化价值,因此塞缪尔·亨廷顿认为(Samuel Phillips Huntington,2010:5)一种以文明为基础的世界秩序正在出现,国家围绕着它们文明的领导国家或核心国家来划分自己的归属,这同样适用于国际话语权周期。强调资本主义同世界市场之间延绵不断的联系(至少是一种倾向)和资本主义政治权力不断扩张的发展周期很重要,但是,对资本主义国家国际话语权变迁中普遍规律的注意不应该蒙蔽我们的双眼,从而使我们忽视伴随着资本主义国家权力扩张发生的转向,这种转向已经明确地使得今天的资本主义体系完全有可能将经济力量与政治权力融合为紧密的团结体,换言之,形成了完全意义上的资本主义国家话语霸权秩序。

在布罗代尔对资本主义世界历史的观察里,存在着临界点(转机)、结构和事件三位一体的学说(伊曼纽尔·沃勒斯坦,2008:221)。我们从布罗代尔对反复出现的金融扩张所做的历史观察中引出的有关体系周期的概念,实质上源自资本主义对于商品生产、金融贸易和权力扩张领域的这种关系,并使得这种关系更加明确,即我们尝试将金融/权力扩张视为某种话语权扩张的先兆,在这种征兆之下,西方国家把金钱投向金融信息传播网的构建和权力扩张过程中,从而服务于资本的全球扩张。因此,国际话语权周期与一般的资本主义逻辑不同,它是有着内在的权力运作逻辑的社会和文化现象,表明了资本主义国家国际话语权更迭的基本延续性。但是,它也构成了几个世纪以来形成这些延续和结构中的某些断裂,因此我们同时也强调国际话语权周期持续变化阶段与间断变化阶段的更迭交替。

不过,本书的理论选择和周期问题,并不是随意抓取几个概念和理论并将其联系起来,再用相关的历史资料和相关案例予以归纳与论证,而是尝试结合历史和比较的方法，借助系统的理论总结和分析，以期能够梳理出资本主义世界国际话语权的兴衰逻辑和构建路径，推开历史真相的大门。鉴于采取的是历史比较的方法，不仅需要将其与结构性情境结合起来，也需要相应的经验研究和个案分析，在此结合过程中，提出、分析并解决具体问题。

3 崛起与扩张：
早期资本主义世界及其国际话语权

3.1 资本主义世界崛起之前——以宗教话语权争夺为中心

3.1.1 宗教话语权的争夺：血腥拳头和印刷品

在资本主义制度发展成熟之前，宗教话语权争夺是不同政治体（国际）话语权争夺的核心。这场话语权争夺，先是基督教和犹太教的斗争，然后是伊斯兰教和基督教之间的斗争（米歇尔·艾伦·吉莱斯皮，2012：169-189）。早期伊斯兰教以消除或免除异教徒的人头税为吸引力，以吸引更多的人的归依，但是到了9世纪，伊斯兰教到处进行圣战，想要征服犹太教和基督教，基督教徒和犹太教徒被要求穿黄色的衣服，悬挂魔鬼的木像，以此确立伊斯兰教至高无上的话语权（奈杰尔·克利夫，2017：1-32）。

实际上，早在公元64年，罗马人就已经注意到犹太教和基督教之间的差异。起初，基督教团只是一个很不起眼的秘密组织，并且仅存在于东地中海地区，其后随着东方旅行者的足迹传播开来，东方旅行者带着信件在一个又一个城镇之间进行基督福音传播和宣传。

这一宗教话语权争夺活动发展到公元250—260年，伴随着宗教屠杀活动发展到顶峰，直到公元313年君士坦丁一世和李锡尼发布米兰敕令，宣布基督教成为罗马帝国的官方宗教时才结束。自此基督教第一次正式地以官方的、制度化的形式确立了自身的话语权，随后一座座基督教堂便在罗马境内铺建开来。接着，基督教很快发起了征服世界的战争，罗马军团打着十字架的旗号投入争夺宗教话语权的战争中。1096年第一次十字军东征从法国中部山林出发，很多狂热的基督教徒怀着献身之志踏上耶路撒冷的朝圣之路，1099年基督教徒抵达并攻打耶路撒冷，大肆屠杀异教徒。随后又进行了两次十字军东征，直到理查围攻了阿卡，屠杀了数千人。

基督教皇政府的兴起形成了一个以宗教为特征的国际话语权中心，那么罗马如何成为西方基督教无可争议的主权领袖呢？一个地方教会又凭借什么成为欧洲最大的权力中心？罗马教廷利用了古罗马帝国君士坦丁堡早已铺垫的基督教传统和教堂、仪式等，使其成为自己构建基督教话语权的基石。欧洲早期基督教会组织的扩张为教皇话语霸权的构建奠定了基础，教皇利用对人心的控制，利用基督教会铺垫好的通信网络和组织脉络，在整个西欧传播基督教信仰，人们的诸多生命重要节点——洗礼、结婚、生育、葬礼都被赋予了宗教意义并举行宗教仪式。宗教符咒、护身符等作为中世纪迷信的基本支柱，表达了由教会和教皇控制的宗教魔法的效力。除了这种强大的神圣魔法，教皇还通过宗教建筑和其他艺术品表达了其意识形态，牧师布道、教堂、手势、《圣经》文本、各种符号等向处于文盲状态的大众传达了教皇至高无上的权力（James Curran，2002：56-60）。

从 13 世纪开始，纸张逐渐取代了羊皮纸，成为书写的主要材料，书籍变得更加便宜和便携。在 1450 年金属活字印刷术出现以后，印刷业迎来了增长期，例如马丁·路德的印刷品在 1520 年以 4~6 便士就可以买到。成本的下降，加上生产效率和识字率的提高，加快了图书和印刷品的普及进程，从 1450 年到 1500 年，欧洲大约生产了 2000 万本书，此后产量急剧增加。但是，印刷品的普及在欧洲很大程度上服务于宗教话语权的构建。《圣经》白话本的大规模传播，在 17 世纪是常见现象，当时的人们认为：每一个会读英语的人，每一个男孩和女孩都认为他们能够与全能的上帝交谈，并理解上帝所说的话（Christopher Hill，1974：154）。私人印刷企业的增长迫使教会制定了对印刷品的审查制度，以维护其宗教地位，而这种审查制度无法抵消非宗教的印刷品给宗教话语权带来的破坏性影响（James Curran，2002：70）。

3.1.2 基督教话语权的东进和对香料的痴迷

从中世纪开始，欧洲人就依靠着源源不断的航海传奇故事和财富梦想支撑着扩张的动力。几个世纪以来，欧洲人一直梦想着发现一条确定的路线以将基督教的话语权触角伸到亚洲，但是伊斯兰教建立起来的信仰高墙使得基督教话语权的东进计划失败。1206 年成吉思汗统一蒙古族，建立元朝，并随后攻下了巴格达，于是基督教十字军便开始筹划通过与成吉思汗达成合作协议，建立一个蒙古-基督教话语联盟，以此对抗伊斯兰世界的宗教话语权，但是基督教要求蒙古军队的士兵必须接受割礼，最终导致两者的话语联盟破裂。

虽然蒙古-基督教话语联盟失败了，但在中世纪的很多欧洲人看来，东方仍然是令人向往的国度，这种向往一部分源自《圣经》和中世纪的神秘思想，但更多还是源自现实生活的欲望——香料的巨大诱惑和吸引力。在15世纪，第一代白金汉公爵每天会消耗2磅香料，包括近乎1磅的胡椒和0.5磅的姜，还会随身携带各种香料香囊（奈杰尔·克利夫，2017：111-123）。这种对香料的痴迷始源于中世纪医学，中世纪的医学坚信古希腊医师希波克拉底（Hippocrates）提出的人体由血液、黏液、黑胆汁和黄胆汁四种体液组成的观点（悉达多·穆克吉，2013：131-132）。人们认为香料不仅能调动味蕾，还有益于身体健康。香料被视为高效的泻药，在那个以放血和下猛药为主要治疗方式的年代，香料具有巨大的药用功能：肉桂可以改善口臭，胡椒可以治疗哮喘和溃疡，而麝香、海狸香、麝猫香可以去除人身体产生的臭味和其他气味。

中世纪的人们并非像今天的人们一样每日洗澡，加之牛、马、羊的粪便无处不在，街道污水横流淤塞，住宅内也混杂着各种臭气，人们在日常生活中不得不用奇香改善周围的空气。当时，人们甚至把黑死病也归因于恶臭，于是香料的作用就更大了，但是香料来自"神秘的"东方。直到蒙古和平时期，有关香料来源地的确切消息才传到欧洲，之前香料源自何处在欧洲一直是一个谜。追求财富的商人、爱冒险的传教士先后带来了香料来源的真实消息（奈杰尔·克利夫，2017：111-123）。1271年17岁的威尼斯人马可·波罗（Marco Polo）跟随父亲和叔叔向东方进发，之后抵达大都（现在的北京），成为忽必烈的特使，回到威尼斯以后传播着东方的相关信息。但是，随着元朝的衰落，香料的流通之路被切断，香料价格飞涨，引起了贸易秩序和结构的改变。受影响最大的是热那亚和威尼斯，它们一直控制着东方香料贸易。在元朝衰落以后，热那亚和威尼斯不得不重新开启寻求东方财富的新路线（奈杰尔·克利夫，2017：367-375）。

3.2 意大利城市国家国际话语权的初步崛起

3.2.1 意大利城市国家佛罗伦萨的国际话语权构建

在《意大利文艺复兴时期的文化》一书中，瑞士史学家雅各布·布克哈特（Jacob Burckhardt）（2007：80-95）曾写道，最高尚的政治思想和人类变化最多的发展形式在佛罗伦萨的历史上结合在一起了。在很多方面，佛罗伦萨是意大利人乃至近代欧洲人最早的榜样和典型模范。弗罗林，即佛罗伦萨金币，成为整个西方世界的标准货币单位，而作为文艺复兴的一个"司令部"，佛罗伦萨开始成为一切文化的、知识的和科学的东西的代表（E. M. 罗杰斯，2012：36）。正如坚尼·布鲁克尔（Gene A. Brucker）所言，佛罗伦萨在文艺复兴时期已经将触角伸至整个欧洲和地中海地区，这个影响持续了两个世纪之久（坚尼·布鲁克尔，1985：1），从但丁（Dante Alighieri）时代到米开朗琪罗（Michelangelo Buonarroti）时代，佛罗伦萨都是欧洲社会的文化中心，但是这种思想和文化影响力得益于佛罗伦萨资本主义经济的繁荣，也得益于佛罗伦萨复杂的社会结构、多样的精神交流活动（在某种程度上甚至是制度化了的），确保了其独立和文化创新（坚尼·布鲁克尔，1985：2，298-304）。

在13世纪末和14世纪初的贸易扩张中，锡耶纳商人作为罗马教皇的税务官来到英格兰和几个北方王国，为罗马教皇的利益而展开活动，开启了阿尔卑斯山脉以外第一批广泛的金融贸易沟通，其内容包括朝圣、特赦和特许这样的"无形出口"。在14世纪和15世纪的整个黄金时期，它对锡耶纳家族和佛罗伦萨家族的繁荣以及扩大势力范围来说一直是必不可少的。这种巨大的贸易活动需要严密精妙的金融管理制度。虽然佛罗伦萨被称为是一个工业国家（industrial state），但是它的发展动力和权力却来自国际贸易、金融业、银行业。佛罗伦萨的银行家把在国外的钱和债务兑换成羊毛，把羊毛作为贷款的担保，或允许用羊毛支付国外的教皇会费，进而寻求封建领主的贸易让步，特别是垄断羊毛市场。当这些统治者要求获得经济上的帮助，并资助国内外的布料生产时，佛罗伦萨的银行家便获得了垄断商业和工业的权力，而其银行业的稳定和权力主要来自他们对教皇收入的管理。因此，我们可以发现，佛罗伦萨的国际话语权主要依赖于对银行业的掌控。商人兼编年史家维拉尼（Villani）认为，佛罗伦萨人"很快认识到成为教皇银行家的有利之处；因为这样的话，世界上最大数量的流动资金就将不得不经过他们的手掌"（Oliver Cox，1959：164-165；转引自乔万尼·阿里吉，2022：123），他们也就彻底掌握了国际话语权。1581—1585年间，佛罗伦萨人遍布欧洲，甚至远达东方，佛罗伦萨的商人出现在各大商业口岸，并在里昂操控一切，甚至在17世纪初的威尼斯也占据首要地位（费尔南·布罗代尔，2016：492）。

佛罗伦萨人始终面临着极大的竞争压力，处于危机四伏的生存环境。虽然他们大部分的财富来自国际贸易，但由于国际贸易所牵涉的要素众多，所涉及的地区较广，不确定性和风险都很大，因此为了维护自己在诸多领域的国际话语权，尤其是国际贸易领域的信息掌控权，佛罗伦萨人依靠自己的坚强、勇敢和聪慧顶住了这些压力,并且竞争的压力和社会经济的高度流动迫使佛罗伦萨人必须开阔眼界,增加智慧,追求高质量和美感。这些精神气质,加上他们在工业和手艺行会发展的一套保护企业声誉的质量检查制度,使得佛罗伦萨在国际贸易中享有一定的话语权(坚尼·布鲁克尔,1985:309—310)。

欧洲国家之间各种各样的权力斗争,最后升级为英法百年战争,为佛罗伦萨构建国际话语权提供了有利时机,尤其为佛罗伦萨掌握金融贸易体系和羊毛生产领域的话语权提供了契机:在此之前,羊毛贸易在英国早已为人所知,羊毛贸易在英国的任何地方都非常重要,但是英国的羊毛市场却不在英国内部,而是在欧洲大陆。英法百年战争使得佛罗伦萨获得了能够支配英国商业的话语权,并进一步掌握了基于羊毛贸易和金融体系的国际话语权,不仅增加了佛罗伦萨的商业利益,而且提升了其国际地位。

1338—1378年间,整个贸易体系中的竞争压力不断增加,加之佛罗伦萨内外的公共债务带来的资金压力,佛罗伦萨将资金从贸易和生产转向金融借贷,但这并没有为其权力维护打下基础,恰恰相反,这种资金转移造成了14世纪40年代佛罗伦萨的危机,引发了银行挤兑风波。此次银行挤兑风波,加上从1348年起的"黑死病"和随后发生的流行病造成的严重破坏,使得佛罗伦萨成千上万的普通商人和民众生活陷入困境,底层工人不断罢工和起义,加剧了统治集团内部早已存在的派别斗争,也加剧了资本家和劳工之间的矛盾,佛罗伦萨的社会秩序混乱不堪,致使佛罗伦萨在国际金融领域的话语权一去不复返,其在欧洲范围内的话语权也随之消失(Oliver Cox,1959:152—153)。

3.2.2 美第奇家族对佛罗伦萨国际话语权的接管

富有的商人家族掌控着佛罗伦萨时期的国际话语权,并且实施了长达半个多世纪之久的寡头统治(1434—1494)。美第奇(the Medici)家族统治的建立标志着佛罗伦萨历史上一个更为稳定阶段的开始(坚尼·布鲁克尔,1985:356—361),在这里之所以强调美第奇家族对佛罗伦萨政府的接管,根本原因在于美第奇家族掌握着巨大的财富和权力,与佛罗伦萨政府当时面临的财政危机形成了鲜明对比。显然14世纪40年代银行挤兑风波所引发的社会动荡为美第奇家族以"低价"接管佛罗伦萨政府及其相关权力提供了有利时机。这种由商人家族对政府及其权力(包括话语权)的接管是一个漫长的过程,在此漫长过程中,美第奇家族逐渐成为欧洲巨额融资的关键组织者和核心节点。

美第奇家族的权力掌控过程有四个方面值得我们关注:

第一,美第奇家族的权力和财富产生于14世纪40年代大危机的混乱中,也就是说其财富和权力由混乱创造出来,这也意味着并非所有的混乱都只有消极面。美第奇家族以放债起家，最初由 Salvestro de Medici 和 Giovanni de Medicis 发展起来（山口正太郎，1936：101），但是它很快填补了佩鲁齐（Peruzzi）和巴迪（Bardi）两大家族由于爱德华三世的债务破产而产生的空缺（当时这两大家族将大部分财产投入爱德华三世攻打法国的战争借贷中，伴随着爱德华的失败，佩鲁齐家族和巴迪家族无法收回其债务而破产）。美第奇家族或多或少地开创和发明了开办银行的思想，并且不久在罗马（以一定的利息为前提将钱借给教皇）、那不勒斯、热那亚和其他重要的贸易中心设立了分支银行（E. M. 罗杰斯，2012：35）。跟许多其他意大利银行家一样，美第奇家族掌控欧洲金融和投资领域的话语权（这一话语权当时也是政治话语权），依靠的正是遍布整个欧洲世界的经济关系网，为此美第奇家族还在国外建立了诸多分支机构和信息网络：这些机构由设在伦敦、罗马、那不勒斯、比萨、阿维尼翁、威尼斯、米兰、日贝瓦、布鲁日、里昂和巴塞尔的上一级机构直接控制（Harry A. Miskimin，1975：151—152）。

第二，在 14 世纪末和 15 世纪初，以明确的积累战略为基础，美第奇家族展开了巨大的跨国发展和扩张，这种战略优先考虑的是如何展开与其他政府的金融贸易，从而让自己手中的资本增值。但是，与哪些政府展开合作，美第奇家族对此十分小心、谨慎和挑剔（乔万尼·阿里吉，2022：133）。有历史数据显示，从 1435 年到 1450 年，美第奇家族 90% 的盈利都来自银行收入。在其与国外政府的合作中，最有利的市场在罗马。1434 年，罗马为美第奇家族创造了近 50% 的岁入，这构成了美第奇家族金融帝国及其话语霸权的支柱（Raymond de Roover，1963：194—202）。

第三，美第奇家族及其掌控的国际话语权的形成和扩大，跟其外交能力息息相关。一开始，美第奇家族错误地认为，只要他们拼命地外交、显示财富豪气，就能吸引他者尤其是投资者加入其掌控的金融体制和银行机制中，并且当时参加外交的廷臣都精通社交所需要的高贵游戏，例如游泳、跳高、赛跑、舞蹈、骑术、剑术，还精通几国的语言，熟谙文学和其他美学知识，在音乐上有着某种实际的技巧（雅各布·布克哈特，2007：422）。事实上，吸引他者主动加入的原因是这种金融体制和银行机制可以给他们创造巨额收益。人们由于现实利益而主动服膺于美第奇家族的金融话语权，而美第奇家族之所以能创造利润恰恰是因为他们没有把贸易带来的利润很快地投入扩大贸易中，也没有像巴迪家族和佩鲁齐家族那样把积累的利润用于国际借贷，而是把这笔收益用来资助穷人、发展艺术和增强国家实力，用于发展慈善和公共利益等事务。美第奇家族慷慨地赞助像达·芬奇、伽利略那样的知识分子以及那些从事学术活动的机构——大学、医院、修道院和中学（E. M. 罗杰斯，2012：35-36）。1434—1471年，美第奇家族花费了大约六十六万弗罗林于此领域，这样不仅缓解了他们接管政府权力之后的合法性问题，而且赢得了广泛的舆论支持，更为有意义的是美第奇家族得以避免陷入商业冒险和扩大贸易的无底洞中。如果美第奇家族将用于立国事业的投资用于商业、金融以及其他经济活动，他们所获得的收益将更多，但是美第奇家族并没有这样做（Raymond de Roover，1963：190-235），这有效地维持了美第奇家族掌握的国际国内社会局面的稳定，避免了由于资金短缺和竞争的失控而带来的动荡，佛罗伦萨百姓因为有了美第奇家族的公益资助而安居乐业，这样美第奇家族在其他地区的海外金融机制和银行业务才能源源不断地维持其业务的运转，从而在根本上确保了美第奇家族的国际话语权。在文艺复兴之后，美第奇家族一直以金融资本牢牢地主导着欧洲的媒体出版业、司法体系和高等教育，并且在15世纪，美第奇家族已经在欧洲各国建立了僭主制度（江晓美，2009：21）。

如果说美第奇家族没有把巨额利润用于重新投资以扩大金融、商业和其他经济收益活动的决策是明智的，保守的发展战略和对财富利润的克制也是明智的，那么在当时看来那种摆阔气、显大方、讲排场的外交策略实际上更加明智。15世纪美第奇家族的统治地位逐渐上升，到15世纪中叶，佛罗伦萨在洛伦佐·德·美第奇（Lorenzo de'Medici）——因其领导风格和慷慨支持而被称为"伟人"——的领导下进入了短暂而辉煌的黄金时代（Geraldine A. Johnson，2005：113）。驻外分支机构的经理们在日常外交中提供的"心理炮弹"，使外交对象感受到贵族般或高人一等的待遇，更加重要的是，这种斥资展开的公共关系维护和言说活动增强了美第奇家族的权威和公信力。这使得人们与美第奇家族的外交人员打交道时，越来越难以区分美第奇银行的常驻代表和佛罗伦萨政治代理人，外交人员有时扮演着银行常驻代表的角色，有时又扮演着政治代理人的角色，美第奇家族从此成为佛罗伦萨帝国的政治和经济代理人，真正掌控了这一帝国的话语权（Garrett Martingly，1988：59）。

第四，尽管如此，美第奇家族掌控欧洲的国际话语权还有一个方面要素，这点与美第奇家族的立国能力及其外交人员的聪明才智和巧言善辩无太大关联，但如果没有这第四方面的要素，他们的聪明才智就会化为乌有。15世纪后期佛罗伦萨的外交无论是在物质还是在观念层面都不太注重利害关系，诸如市场、粮食供应、和威尼斯的友谊都是过去被重视的，而美第奇家族倚重大量豪华款待和送礼维持与个别君主之间的私人关系，它的灵活与机敏，以及它对意大利半岛保持均势平衡的贡献受到赞美（坚尼·布鲁克尔，

1985：365-368）。这第四方面，是欧洲内部于 14 世纪下叶开始出现的政治权力格局——"均势"。这个"均势"既可以解释佩鲁齐和巴迪两大家族国外权力的失效和破产的原因，也可以解释美第奇家族掌控欧洲话语权的根本原因。实际上，14 世纪 40 年代巴迪和佩鲁齐两大家族破产的根本原因在于欧洲内部激烈的权力斗争产生的一种"均势"，这种均势状态导致谁也没有办法打赢谁，谁也没办法在政治上和军事上控制谁，这样佛罗伦萨的财政基础——巴迪和佩鲁齐两大家族借给爱德华三世的钱再也无法收回。他们把所有岁入借给爱德华三世，用于助其攻打法国——即"把鸡蛋放在一个篮子里"，最后这个"篮子"本身出了问题，爱德华三世战败，无法偿还佩鲁齐和巴迪两大家族的债务，而巴迪和佩鲁齐两大家族的破产又直接影响了佛罗伦萨的政治结构，为美第奇家族接管佛罗伦萨帝国的权力提供了有利时机（乔万尼·阿里吉，2022：136）。

当美第奇家族在欧洲舞台上出现时，他们吸取了佩鲁齐和巴迪两大家族破产失败的经验教训。此外，美第奇家族还通过服务于教皇汇款而让自己在教会的等级制度中变得越来越重要，并且有能力为了自己的目的而利用和操控教会。因为欧洲当时一方面金条稀缺，另一方面政治环境混乱，使得运输黄金更加危险，这种体系条件为美第奇家族在金融领域构建国际话语权提供了契机。他们巧妙地利用了当时国际巨额融资结构中的空缺，在 1340 年后的动荡中崛起，并意识到与罗马结盟的好处，增加自身讨价还价的筹码。在对国际环境的利用中，美第奇家族迅速发展起来，很快成为一股重要的国际力量（Harry A. Miskimin，1975：152）。上述体系条件对美第奇家族在欧洲舞台构建和巩固其国际话语权十分重要，并且这种体系条件中最为根本的是英法百年战争提供的有利时机。爱德华三世领导的英国政府在英法百年战争中经常陷入资金短缺的困境，这无疑削弱了英国在国际社会的地位，法国亦如此。

美第奇家族在英法百年战争中所获得的国际话语霸权，根源也正是战争提供的有利时机。英法百年战争发生在法国领土上，陆军行进需要源源不断的物资供应和后勤保障，但是对于远离本土参战的英国而言，满足后勤保障十分艰难，爱德华三世最终在 1453 年被法兰西国王赶出了法国（William McNeill，1984：82-83）。美第奇家族跟世界上的每个市场都建立了贸易往来和合作关系，维持了美第奇家族的话语权威望和霸权，所以即使英法百年战争结束后直到 1470 年，美第奇家族在布鲁日和伦敦的话语权分支机构与公共组织还统治着这些国家，美第奇家族手里仍然掌握着羊毛贸易利润分配的话语大权以及所有其他国家的岁入分配权。

然而，只要英法百年战争还在继续，两个互相竞争且致力于领土扩张的帝国统治组织之间的势均力敌，以及战争商业化迫使双方不断需要财政援助的局面，就会持续为佛罗伦萨掌握话语权（尤其是金融领域的话语权）创造绝无仅有的机会：美第奇家族正是处于这一十分有利的地位，它恰如其分地利用此次机会服务自己的利益，壮大了自身的实力，无论是在政治上还是在经济上，这些机会和体系条件是佩鲁齐和巴迪两大家族所不曾拥有的。美第奇家族抓住这些机会，成为欧洲最富有、最强大的家族之一，也使得佛罗伦萨帝国成为欧洲最有国际话语权的帝国之一。美第奇家族深度介入欧洲政治事务，并在不同力量之间施加影响，从而让自己占据越来越重要的地位，随即成为意大利城市国家纷纷效仿的对象，最明显的是威尼斯。威尼斯效仿美第奇家族，成功地调用了变化环境中的有利因素，成为14世纪末和15世纪初在贸易逆境中成功掌握国际话语权的城市国家。

3.2.3 威尼斯城市共和国的国际话语权

在整个15世纪，威尼斯不仅是地中海世界的中心，而且是一个面积比地中海大一倍到两倍的世界的中心，这个世界由地中海和欧洲某些国家加在一起而形成（费尔南·布罗代尔，2016：571），并且这个中心不是一个排他的中心。为实现其国际话语权网络的把控，威尼斯同样需要米兰、热那亚和佛罗伦萨等近邻大城市的帮忙，展开多边合作。威尼斯国际话语权之本在于：金钱、汇票、布匹、香料和航运，尤其是威尼斯的实用主义和计算精神（统计学最先在威尼斯兴起），这些成为其政治生活非常重要的方面。但是在文学层面，威尼斯并没有站到前列，其文化才能弱于其在商业和政治上的才能（雅各布·布克哈特，2007：70）。

1528年，热那亚归顺查理五世，不能支配自己的命运，而米兰则见风使舵地时而归顺法兰西，时而归顺神圣罗马帝国，时而又投靠西班牙，唯独威尼斯借助丝绸、高级呢料、玻璃器皿、印刷业保持着飞速的发展，这种发展一直持续到17世纪（费尔南·布罗代尔，2016：572-575）。这种发展为其构建国际话语权提供了坚实的物质基础，在16世纪，威尼斯印刷出版的书籍已经占据了欧洲市场的大部分份额（费尔南·布罗代尔，2016：616）。

与美第奇家族所在的佛罗伦萨一样，威尼斯城市共和国抓住了在欧亚贸易扩张结束以后出现的有利时机，把所有的资源都从贸易转向了立国和权力巩固活动中，例如掌握从纳兰塔到威尼斯航线的垄断权。1580年以后威尼斯在斯帕拉托修建新的城市，修建海关、仓库、商检以及人员免疫隔离的医院（当时在土耳其地区疫病频发），修建城墙和城防工事，重整了通向斯帕拉托的道路，确定了往返运输的固定日期,很快就将陆路远方商品贸易吸引到此处,使得原来从海上运输叙利亚、波斯和印度等地的货物通过陆地就能到达斯帕拉托。通过掌握道路的话语权(边检和商检),威尼斯掌控了当时的商品贸易网络,羊毛、皮革、羽纱、棉布、丝绸、香料、地毯、蜡烛等都开始从斯帕拉托运往威尼斯,并且威尼斯还特别注重维护与近邻的盟友关系,例如与巴尔干人的联系,与摩里亚人的关系(费尔南·布罗代尔,2016:424-425)。威尼斯从其他逐渐衰落的城市的危机中获益,热那亚人先是在黎凡特失去了殖民地,随后在黑海失去了殖民地,而威尼斯人通过军事努力和更为和平的谈判达成了国际合作的商业条约。在世界需求强劲的情况下,与东方的持续贸易为威尼斯重建奢侈品贸易奠定了经济基础。由此,威尼斯成为中世纪末无可争议的最大海港(Harry A. Miskimin,1975:153-155)。

同时,威尼斯的商业精英从商业贸易中退出,转而进入政治场域成为政治贵族,他们不仅很好地适应了变化中的环境,尤其是商业环境,还具备利用体系条件的能力,并且在此基础上首先建立了高度发达的金融制度(白海军,2011:226-228),从而将经济资本转换为政治资本,为其在国际舞台上构建话语权奠定了政治基础。但是,这种转换的成功也在一定程度上使得资本主义精英分子在随后的资本主义世界话语权扩张中陷入被动状态,满足于政治利益,满足于政治资本所带来的好处,而没有像其他欧洲国家一样进行所谓的"地理大发现"——即开启新一轮的国际话语权构建,建立欧洲和东印度群岛之间的直接贸易联系,征服和掠夺美洲。在15世纪末,威尼斯和佛罗伦萨的全部精力与经济资本都被立国和巩固国内权力吸附,因而失去了先前的行动灵活性,错失了下一轮国际权力和国际话语权争夺的机会。更加糟糕的是,他们在积累财富和权力过程中所取得的成功经验,被周围的地主阶级积极效仿,并且其规模要比佛罗伦萨和威尼斯大得多。

到16世纪末和17世纪初,威尼斯的话语权有所衰落,地中海的重大活动从东方向西方摇摆,虽然使得威尼斯失去了地中海的中心地位,但是也促成了佛罗伦萨和热那亚的发展。热那亚得到了西班牙和美洲两大地盘,佛罗伦萨控制了法兰西,同时保持了在德意志的地位,在西班牙也占据相当的地位。到16世纪下半叶,热那亚取得了支配地位(费尔南·布罗代尔,2016:576)。

3.3 文艺复兴与意大利城市国家国际话语权的崛起

3.3.1 文艺复兴时期的思想

文艺复兴是一个理性和艺术觉醒的时代，意大利城市国家从东方希腊-罗马的文化遗产中受到启发，开创新的艺术和思想生产方式（Lilian H. Zirpolo，2008：168）。不管文艺复兴最初源自哪里，毫无疑问的是意大利在 14 世纪期间的成就最先引起人们的注意，不过，它在 15 世纪才得到真正的发展，1450 年人文主义和经院哲学已经对意大利文化产生了一段时间的影响。在 15 世纪 50 年代以后，其政治、经济、艺术、教育、哲学、文学等多方面的新鲜事物快速地向阿尔卑斯山脉以北各国渗透和传播，这一时期意大利人的文化成就成为此后几个世纪西方价值标准的典范。到 1520 年，它已经大大改变了西欧文化生活的面貌（G. R. 波特，1988：7，133）。

这种人文主义和意大利特有的政治结合，并没有使得意大利形成一个统一的国家，反而加剧了其内部分裂。15 世纪意大利分裂为五个国家：那不勒斯王国、罗马教皇领地、米兰公爵领地、威尼斯共和国和佛罗伦萨共和国，围绕着这五个国家形成了复杂的敌对和友好关系网络，进一步分化出一些小而强的城市共和国：热那亚、卢卡、锡耶纳共和国等，也就是说 15 世纪的意大利主要是由米兰、威尼斯、热那亚、锡耶纳和佛罗伦萨等主要城市政治单位组成的（John Addington Symonds，2008：7-10）。1500 年前后出现两大集团——法国和哈布斯堡-西班牙之间的对峙，直到 1559 年亨利二世与菲利普二世在意大利内部争斗由法国国王签署和平条约才结束（John Addington Symonds，2008：20-21）。法国和西班牙之间的均势抗衡，为意大利城市国家发展国际话语权提供了良好契机。在 1490—1520 年间，意大利城市国家的文艺复兴逐渐发展起来，其人文主义、艺术和新的历史政治科学占据了优势地位（G. R. 波特，1988：71-100）。在佛罗伦萨，一流的学者和思想家围绕在美第奇家族周围，物理学、通俗文学和新的戏剧音乐风格形成；在威尼斯，少数贵族和学者以及从事出版工作的知识分子散发着威尼斯作为文艺中心所具有的精神和道德魅力，思想家们可以自由表达自己的思想（John Addington Symonds，2008：20-21）。

两种哲学传统——经院哲学和人文主义——对意大利文艺复兴产生了深远影响（早在 1300 年左右就在意大利北部扎根）。例如威尼斯人文主义者编辑和出版了一系列希腊文本，他们的最高成就是 1495—1498 年由阿尔德斯·曼努提乌斯（Aldus Manutius）出版的《希腊亚里士多德》（*Creek Aristotle*），这本多卷的人文主义著作的产生离不开威尼斯印刷业和出版业发展的支持。当时蓬勃发展的威尼斯出版业的目标在于赚取利润，将精力集中在出版亚里士多德著作的拉丁文版本上。在亚里士多德主义的新风格运动中发挥重要作用的就是威尼斯出版业，这场运动的关键人物是人文主义者列奥纳多·布鲁尼（Leonardo Bruni）。布鲁尼先是教皇秘书，后来成为佛罗伦萨议长，在 15 世纪早期则成为亚里士多德最重要的翻译家。虽然几乎所有的亚里士多德的著作在 13 世纪末就已经被翻译为拉丁文，不过，布鲁尼开创了一种新颖的翻译方法，不再遵从之前将希腊单词逐一与拉丁语对等且逐字逐句翻译的方式，而是从句子和句意入手对亚里士多德原著进行翻译（G. H. R. Parkinson，1993：18-19）。在这一时期，意大利人在艺术、科学和文学等多方面所取得的成就，确实足以给同一时期的荷兰人、德国人等欧洲人带来重大影响（John Addington Symonds，2008：20-21）。

3.3.2 文艺复兴时期的传媒

这种影响和文艺复兴的快速发展，一方面得益于意大利城市国家经济的繁荣，尤其是他们在地中海地区贸易地位的抬升，另一方面是由于手稿复制技术的改进。复制技术的改进提高了手稿复制的效率，印刷术的发明促使书籍印刷和生产发生了革命性的变革，古典作品一再刊行，例如亚里士多德的著作不断被学者们翻译，并在意大利及周边国家传播。15 世纪末，威尼斯的印刷工业发展到了顶峰，阿尔杜斯印书馆竭力运用人文主义的最佳技巧，编辑希腊语和拉丁语的古典作品，并保留拉丁语所具有的严格逻辑性，确保各种各样的古代和中世纪思想家的观点都能被公开传播，为当时最为流行的亚里士多德思想和其他思想创造了自由流通市场。例如意大利人文主义奠基者彼得拉克（Francesco Petrarca）模仿最好的古典作家的拉丁语散文，避免使用不为人知的术语和表达方式，也回避学术著作中的系统的、严谨的表述，而倾向于更加通俗易懂的———一种松散的、有时几乎是杂乱无章的结构，采用了他最欣赏的罗马作家所使用的文体，如书信文体、对话和谩骂等风格来传播思想（G. H. R. Parkinson，1993：16）。

事实上，从 1 世纪中期开始，地中海沿岸的基督教会就已经开始用信件和其他文件交换信息。罗马帝国解体以后，西欧书面信息流转效率急剧下降。从 6 世纪到 12 世纪，书写不再使用莎草纸，而是羊皮纸，并且主要用于基督教话语权的建构，服务于抄经活动。哈罗德·英尼斯认为每一种新的交流方式都通过改变时间和空间的维度来影响社会组织和帝国边界，因此一个成功的帝国不仅需要充分认识空间（军事和政治层面）的问题，还需要认识到时间（例如宗教和文明）的问题（Harold Adams lnnis，1986：22）。1440 年前后，约翰·古登堡（Johann Gutenberg）发明了机器印刷术，这在英尼斯看来无疑是扩大了帝国对时间的控制，并提供了一种廉价的、有效的保存和传播知识的方式，鼓励了文化和信息的持续发展。虽然如此，在 16 世纪中叶，手稿仍然是宫廷内部信息交换的主要方式，尽管印刷机已经出现了 100 年，但是抄录和手稿并未因印刷术的发明而过时，因为自印刷品出现一直到 16 世纪，整个欧洲对印刷内容及印刷商采取了多项严格的控制措施（汤姆·斯丹迪奇，2015：62-123）。并且，由于印刷品主要是鼓励了国家边界内的传播，促进了民族主义而不是国际主义，因此印刷品一开始并没有和国际话语权扩张真正地结合在一起。但帝国的形成不仅仅在于帝国专制统治者的野心，更在于传播和交通工具，帝国无疑受到了技术普遍化原始动力的影响（B. Anderson，1991：114）。

马丁·海德格尔（Martin Heidegger）认为作为由人类设计或制造的工具或装置包含了心灵艺术和美术，技术属于创造，是一种创造诗意的东西（Don Ihde，2003：277-292）。文艺复兴时期的人们当然也意识到技术在他们生活中的作用，尽管当时人们倾向于使用诸如"设备""发明""引擎"或"仪器"之类的词来描述技术。当时很多机器是印刷文化的发明，在 15 世纪的最后几年，随着机械压力机的采用、可再发行技术的发展以及高质量纸张和油墨的使用，机械印刷复制成为促进时空图像统一的巨大推动力，并且印刷本身作为一种记忆工具，代表了一种存储复杂信息和思想的先进方法。虽然当时印刷的机器仍然不够完美，存在螺旋机上螺纹颠倒等问题，但是印刷技术对 16 世纪的欧洲科学和知识文化发展起到了一定的推动作用，将文艺复兴时期的思想广泛传播到其他地区。文艺复兴时期的许多作家越来越意识到这一机器对社会生活的影响。一个简单的事实是，当他们的作品被送到报社时，经常被要求去印刷店进行校样和修改，随之催生了对校样熟练的人员。在意大利，在锡耶纳的山顶小镇，印刷机器被人们重视，万诺乔·比林古乔（Vannoccio Biringuccio）于 1540 年首次在威尼斯出版了《火法技艺》（*Pirotechnia*），乔治·鲍尔（Georg Bauer）则出版了《论天然金属学》（*De Re Metallica*）（Jonathan Sawday，2007：78-86）。

随着意大利人对印刷技术越来越精通，印刷速度和印刷效率逐渐提升，他们率先提出建立专利保护制度，保护其印刷机器或设备的知识产权。1421 年佛罗伦萨的布鲁内莱斯基获得了第一项有记录的外观设计专利，而1474年威尼斯颁布了第一项专利法（Jonathan Sawday，2007：102）。但是这种专利保护制度的发展并非畅通无阻。为保护国家不受异教徒的侵犯，不仅产生了一系列旨在抑制对王权侵犯的宗教制度，还产生了一系列出版审查制度。从1541年到1794年，威尼斯所有的地区和城镇都被牵涉其中。在宗教审判和出版审查后的短短几个月时间里，威尼斯自由思想的传播受到了阻碍，印刷厂的数量从125家减少到40家，许多印刷厂不敢承接书籍印刷业务，印刷出版业萎靡不振，并且在这个过程中，威尼斯共和国把对新闻的管理权从罗马法庭的控制下夺回到自己手中。无论是对宗教思想传播，还是对印刷业发展（信息生产），威尼斯都想通过审查制度来进行管控，以构建自己的独立性（John Addington Symonds，2008：69）。

意大利文艺复兴时期的标志性图案、冲制纪念章，尤其是在纪念章上冲刻的象征性、拟人化形象，通常会影响和流传到其他国家。此外，文艺复兴时期的意大利城市国家也具备风格上的影响力，提供了多种典范和模仿样本，例如佛罗伦萨风格和威尼斯风格都有其热心的追随者，法国艺术家和作家们从意大利风格宝库中选择他们的模仿范本（彼得·伯克，2015：245）。

3.4 第一国际话语权——热那亚国际话语权时期

3.4.1 热那亚国际话语权的生产路径——圣乔治商行

根据大约发生在1740年的荷兰从商品贸易向金融交易的转移，布罗代尔把热那亚人而不是把更加著名的佛罗伦萨或奥格斯堡金融家，定位为荷兰人和英国人的真正前辈（乔万尼·阿里吉，2022：140），这也影响了荷兰和英国的国际话语权布局。成熟的话语体系应该达到以下几个方面的要求：第一，掌握基本概念的定义权；第二，掌握核心内容的提供权；第三，掌握主旨话语的解释权；第四，掌握话语标准的制定权；第五，掌握话语议题的设置权；第六，掌握话语议程的主导权；第七，掌握话语争议的裁判权（陈曙光，2017：20）。热那亚通过掌握标准的制定权、争议的裁判权、话语议程的主导权等方式，构建起了国际话语权。

首先，热那亚和其他意大利城市国家的国际话语权，是在14世纪下半叶同样的条件和环境影响下构建起来的。不仅威尼斯、佛罗伦萨面临意大利文艺复兴初期的危机，热那亚也面临着来自米兰的Giangalezzo Visconti的威胁，以及在一个权力斗争日益升级和集中化的世界中面临着维持国内秩序的普遍挑战。随着竞争压力的日益增加，热那亚不再把主要精力用于无利可图的领域，并且为了解决资金短缺问题，以增强自身的贸易能力抵御威尼斯人，1407年，热那亚人建立了圣乔治商行（Casa San Giorgio）——一个有组织的且由私人债主组成的债权人小组，它也是中世纪最完善的信贷机构（乔万尼·阿里吉，2022：140；费尔南·布罗代尔，2016：467），负责管理国家的债务和支付利息，有效地接管了政府。这个创新机构使得热那亚人很快成为大多数国家的银行收款人（Steven A. Epstein，1952：228—230）。

由私人债主组建的圣乔治商行接管国家财政，并不标志着金融资本家开始掌控和接管共和国政府，也不标志着金融资本家的剩余资本开始由金融活动转向政治权力构建活动，就如同威尼斯和佛罗伦萨的资本主义精英分子从商业贸易中退出转而进入政治场域成为政治贵族一样。恰恰相反，热那亚成立的圣乔治商行将一种权力二元属性——政治和经济，转变成稳定的制度，并且在英格兰银行出现之前（1700年左右），圣乔治商行无论是在老练程度还是在效率方面，都是无与伦比的。虽然皮特·赫吉尔认为，15世纪文艺复兴时期的热那亚，面临着真正意义上的政治和社会危机（J. Peter Hugill，1993：130—135），但正是在这种危机中，热那亚以各种形式的制度和先进的技术构建了自己的国际话语权。

在国际话语权（当时国际社会的核心命脉是国际金融话语权）掌控方面，早在15世纪，热那亚已经是一个走在时代前列的现代化城市，每天都在熟练运用汇票制度和划账票据等技能，整个转账结算体系较其他国家而言具有一定的前瞻性，并且扮演着各个国家之间交流和贸易往来的桥接者的角色，随后在16世纪20年代末与西班牙政府建立联盟关系，还在各地增设银行分社，牢牢控制着货币兑换，这一系列举措使得热那亚在16世纪下半叶一跃成为当时最大的国际金融城市。总之，在欧洲，热那亚通过信件而消息灵通，控制着汇票和货币交换网络（费尔南·布罗代尔，2016：467—468）。

热那亚逐渐利用资本话语权控制每项活动，扩充财富，相继或同时渗透欧洲的政治、商业、金融等多个领域。例如，从15世纪开始，热那亚掌握了大吨位船只的制造技术，载重在1000吨上下的热那亚大吨位船只很受欢迎。随着大吨位船舶运输业的兴盛，热那亚垄断重货运输和专门运营大吨位船舶运输，特别是小亚细亚的福西亚明矾和黎凡特地区的葡萄酒运输（费尔南·布罗代尔，2016：441），热那亚成为一个具有现代意义上的国际话语权主导者。

以此看来，在15世纪，热那亚面临的体系条件和当地环境决定了它和其他意大利城市国家在构建国际话语权方面的差异性。不同于米兰、佛罗伦萨和威尼斯的以立国活动为主，辅助于资本积累结构和战略的支持，热那亚将圣乔治商行的结构和权力二元性（经济权力和政治权力）制度化，借助更加灵活的资本战略和结构，将其国际话语权推向更广阔的世界（乔万尼·阿里吉，2022：141）。就当地环境而言，热那亚的主要大家族和政治权力源自封建土地所有者，即热那亚土地贵族（阿弗纳·格雷夫、毛娜、秦海，2001），这些土地贵族拥有狭长而又多山的地带，他们依靠土地为热那亚的权力扩张提供了最初的动力（Nicholas Walton，2015：21—22）。

因此，1407年圣乔治商行的建立，是热那亚权力阶层与资本家阶层合作过程中的一个关键节点。从根本上说，它打破了热那亚内部两种对立的力量——土地贵族与城市商人/政治家之间的对立，这也是金融的力量与刀剑的力量、经济权力与政治权力之间的对立。两种力量之间的对立曾把热那亚逼到了一个进退两难的境地，由此权力与资本不得不联合起来，产生协同效应。由于热那亚的债务继续膨胀，与威尼斯、佛罗伦萨等城市国家之间的竞争不断升级，热那亚要增强自身权力就不得不依赖于土地贵族的力量，后者不仅拥有大量的土地和人口资源，还控制着庞大的金融财富。虽然热那亚政府力量无法战胜土地贵族的力量，但这并不意味着热那亚政府权力不能有效地组织和利用土地贵族的力量。显然，热那亚政府通过组建圣乔治商行将土地贵族团结起来，为国家权力扩张服务（乔万尼·阿里吉，2022：143）。

但是，目的的实现和结果有时背道而驰。将土地贵族的金融力量与政治力量相结合，并没有在稳定热那亚的国内政治生活方面产生任何积极的效用，两者之间的政治思想、财富追求和权力诉求完全不同，有时甚至针锋相对。1339年，热那亚内部曾爆发了一次反对土地贵族政府的起义，并且任命了一名平民担任总督，从此改变了热那亚总督产生的方式。名义上，总督是热那亚的军事权力掌控者，但实际上总督也牢牢掌握着土地等资源（乔万尼·阿里吉，2022：143—144）。虽然热那亚内部政治环境并不稳定，但是这却激发了热那亚人尤其是资本家的创造力。这种创造力的核心是坚挺的、可靠的记账制度及相关标准。因此，从1550年到1630年前后，热那亚一直是"头等强国"，其国际结算能力与巴塞尔国际结算银行相差无几（费尔南·布罗代尔，1996：173）。

3.4.2 热那亚国际话语权的生成路径二——公证人制度、汇票制度和合同制度

中世纪末期，波罗的海、北海、黑海和地中海之间的海上贸易十分频繁，

结果形成了新的财富中心——意大利城市国家,广泛而定期的长途商品贸易网络的发展,促进了信贷制度、银行业和汇票制度在国际范围内的发展,汇票制度和信贷制度以及后来的保险单使得交易状况可预测(保罗·肯尼迪,1989:23)。当时无论是政府、企业还是政企合一的组织,都需要这样的标准和制度。如果没有这样的制度,它们有可能无法准确获知信息,无法减少不确定性,甚至有可能把亏损当成收益,或者把收益当成亏损。因为在热那亚创造出单位记账制度和标准之前,欧洲国家在进行经济活动时所采用的支付手段的价值和标准变化不定,常常为判断失误付出代价。但是自从热那亚人开发出汇票制度和公证人制度以后,它们不再承受判断困难之苦。热那亚创造的公证人制度和汇票制度符合国际公共利益,程序简单,操作成本低,哪怕是大字不识的商人也有能力雇用公证人,公证行业以低廉的成本为热那亚人的合同制度和汇票制度提供可靠的书面记录,配合其开发完善的兑换系统和稳健的货币制度,将热那亚的银币转换为黄金贝桑或胡椒,从而具备了先发制人的能力。此一系列制度扩大了热那亚人的贸易规模和范围,降低了其交易成本,使得热那亚控制了欧洲胡椒粉贸易和东方奢侈品贸易的话语权,并在整个地中海世界享有很高的声誉(Steven A. Epstein, 1952: 63—64)。

在15世纪早期,热那亚的政治家、商人深知要执行单位记账制度,以消除正在流通的货币——包括热那亚自身的货币——的不稳定性,而他们没有能力做到,这样做对他们也没有任何好处。但是,到了15世纪中叶,热那亚人逐渐意识到,如果能够尽快在其国家内部推行这种恒定的记账制度——汇票,以此来结算互相之间的贸易往来,就可以估算他们的国际远程贸易是否盈利,并估算正在流通的货币价值的变化,他们既有能力做到,而且这样做对他们自身也非常有利。在15世纪中叶(1447年),热那亚人制定并出台了一项法律,把以固定重量的货币来记账的标准制度化,因此从15世纪50年代起,这种制度成为热那亚商业活动的标准记账单位,不仅用于城市国家内部的现金兑换,而且用于所有与国外的远程交易(J. Peter Hugill, 1993: 52—55, 95—96)。

这种制度的创设为当时正在蓬勃发展的热那亚,尤其是其国际金融活动注入了新的活力。虽然佛罗伦萨人发明了现代巨额融资,但是15世纪中叶的热那亚人发明了单位记账制度。从文艺复兴运动中期开始,热那亚的金融技巧和制度,便具有了现代资本主义的特点。支票和汇票在国际范围内被接受,票据签字后具有效力的原则得到认可。这就是为什么无需使用货币贬值的办法来增加支付手段,这是一个货币稳定得多的时期。因为热那亚跟不发达的邻近地区(尤其是法国)不同,它拥有相对丰富的支付手段,热那亚人掌握着资本主义制度的秘诀。实际上，在15世纪，热那亚人的话语权不仅体现在财富和金银，更体现在他们通过汇票制度调动信贷的能力，即从更高的层次出发去调动解决这项困难活动的能力（费尔南·布罗代尔，1996：175-176）。

热那亚人熟练使用汇票制度和技巧，甚至在北非的一些商埠也能看到热那亚人签发的汇票（费尔南·布罗代尔，1996：56）。这种对汇兑技术和制度的掌握促进了塞维利亚同美洲的贸易，使得热那亚很早就垄断了羊毛和食盐等大宗商品的交易，并从16世纪中叶开始操纵菲利普二世政府。随着1579年皮亚琴察大型汇兑交易会的建立，热那亚便成为国际支付机构的主导者，将其话语权势力范围扩展到整个西方世界（费尔南·布罗代尔，2016：578）。

更为重要的是，热那亚人还采用了合同制度（主要是与西班牙签订的合同），从而控制了在塞维利亚的美洲白银供应（乔万尼·阿里吉，2022：167）。由于合同制度带来的巨大收益，热那亚不再与佛罗伦萨合作，而是利用与西班牙稳定的合同制度所获得的美洲白银把意大利的所有黄金和货币转移到自己的贝桑松交易会，以服务于热那亚的利益（Fermand Braudel，1976：319-328，123）。就这样，热那亚与西班牙之间建立了长期的合作联系，热那亚控制了西班牙的汇兑业务和海上保险，从而控制了西班牙的财政，进而又控制了整个欧洲财政的话语权（费尔南·布罗代尔，1996：178-179）。

从1570年到1580年这段时期内，热那亚成为美洲白银的集散中心，操控着当时多个金融大家族，如斯皮诺拉家族、格里马尔迪家族和洛梅利尼家族，并把金钱用来购买那不勒斯、米兰的土地，或用来购买西班牙、罗马或威尼斯的年金债权，这样热那亚阻碍着资本主义在西班牙的发展（费尔南·布罗代尔，2016：496）。热那亚人的时代虽然开始较晚，但是直到17世纪20年代和30年代才告终，即直到阿姆斯特丹资本主义崛起之时（费尔南·布罗代尔，2016：578）。

在这场权力斗争中，热那亚人凭借合同制度和单位记账制度操纵着欧洲世界资本主义的运作秩序，即资本主义机器，因为整个欧洲需要一个可靠的资金输送系统（费尔南·布罗代尔，1996：180）。热那亚借助汇票制度掌握了国际支付网络的话语权，赢得了胜利，但这只是初步且脆弱的胜利，仅仅是漫长的国际话语权构建的前奏曲。

3.4.3 热那亚国际话语权的生成路径三——体系条件的把握和联盟关系的建立

我们要看到，15世纪和16世纪热那亚国际话语权所依赖的精巧制度不是热那亚本土条件产生的结果，恰恰相反，热那亚的发展和成功是在欧洲以及欧亚体系的更大范围背景下形成的——即对体系条件的把握。在这些条件中最为重要的无疑是欧亚贸易体系的瓦解。在 13 世纪末和 14 世纪初，热那亚依靠先进的单位记账制度和汇票制度掌控了欧亚体系瓦解带来的有利时机，不仅获得了大量的商业财富（Janet Abu-Lubhod, 1989: 128 – 129），而且牢牢掌握了经济领域的话语权。

然而，后来欧亚贸易扩张逐渐停止，这种体系条件的改变给热那亚带来了沉重的打击，使得热那亚远程贸易体系的话语权范围缩小。最后热那亚在地中海世界和意大利城市国家中的地位逐渐下降，在国际范围内失去了其原有的话语影响力。15 世纪热那亚的新的制度和货币手段，以及丰富的支付手段，为其构建了经济领域的国际话语权，但是当整体条件改变时，这种制度本身不能解决热那亚面临的危机。在 15 世纪的大部分时间里，即使是在后来成为热那亚资本主义权力扩张主要手段的单位记账制度等金融制度，也没能解决体系条件转变带给热那亚的危机，原因不仅仅是这种制度本身只是局部的，更为重要的是热那亚人在权力斗争激烈的世界里缺乏保护自己所构建的制度的能力。

正如前文所述，如果没有足够的能力保护热那亚的权力扩张及其创设的制度，这种制度带来的话语权很快就会失去功效。缺乏保护能力的根源在于热那亚没有成立相应的国家武力体系和军队体系，大部分的权力都掌握在土地贵族的手中，所以热那亚人当时并没有足够的立国实力，仅仅是作为商人共和国，以近似商业管理的方式治理城市国家。热那亚人无力领导它的国家，甚至不能保护本国的特殊利益。资产阶级没有能力面对任何重要国家必须面对的国内和国际问题。在现代大都市出现之前，城市管理已不再是资产阶级的事务，而是类似于商业管理，制造商和贸易商自然而然地掌握了其所管辖范围内的问题，掌握了权威，而地方性商业利益提供了大部分的政治主题，因此以工商业的方法和思维治理国家，导致热那亚共和国在国际政治的大博弈中总是失败，而且实际上在每一个紧急关头，热那亚共和国都把自己的政权移交给封建性质的军阀，以寻求保护（Joseph Schumpeter, 1976: 138 – 139）。

越来越大、越来越庞杂的资本主义国家，创造并发展了现代民族国家体系，进而形塑了现代国际话语和权力体系。热那亚没有将非政治阶层和政治阶层的合作或者交换关系用于创设国家活动，以此保护自身利益不受损害，其危害和损失是显而易见的。需要强调的是，这种政治联合——民族国家的前身，为热那亚在世界范围内积极进行话语权的扩张提供了经济基础。

特别需要指出的是，热那亚的国际话语权的扩张是由一个带有两重性的机构促进和组织的，这个机构由专职于金融贸易和商品生产的资产阶级与土地贵族阶级协同组成，两者相辅相成，它们之间建立了良性协作联盟。在这种联盟中，一方面是致力于资本谋利的资产阶级为土地贵族阶级进行土地扩张提供财政支撑，另一方面是谋求权力的土地贵族阶级为资本主义发展提供保护。两者合作的理由非常简单，双方能为对方提供彼此所需要的东西，因此它们的关系能够维持下去。

热那亚在15世纪最需要的是依靠资本主义手段扩大它在商业空间的国际话语权，尤其是要确保它在远程商业网络空间中的话语权，从而更加充分地利用其在地中海西南地区的利益。长期以来，在牟取利润的刺激之下，热那亚的权力一直延伸到非洲的西海岸，热那亚在君士坦丁堡以东，在拜占庭帝国边界上，在加法、索尔达亚、塔纳和特拉布松等地建立了租借地和设立了代理商行（费尔南·布罗代尔，2016：494）。在13世纪末（当时黄金特别昂贵），即在瓦斯科·达·伽马（Vasco da Gama）航海之前的两个世纪，热那亚的维瓦尔第兄弟在非洲航行中迷失了方向，资助他们的资本家多里亚派水手去寻找他们，在此过程中发现了加那利群岛。1350年以后，因为黄金对白银的比价回到了正常水平，热那亚的权力扩张活动逐渐减少，到了1450年前后，黄金价格再次攀升，热那亚重新开启了对非洲和海洋的探险活动。1447年，热那亚在剩余资本的支持下发起了一次穿越撒哈拉沙漠的探险活动，但是这种远程探险活动的盈利很慢，并且投资越来越大，随后热那亚资本家便不大乐意把资金和精力用于探险领域，因为当时的航海探险活动——权力扩张不是随意就可以进行的冒险活动——需要庞大行业的支撑，需要反复试验的技巧的支撑（Pierre Vilar，1976：47—48）。

总而言之，15世纪热那亚可以说逐渐陷入一种进退两难的国际话语权力扩张境地。一方面，国内激烈的竞争和斗争，使得散布在国外的话语权资源和话语权网络无法有效运转起来；另一方面，如果进行新的权力扩张，并且扭转这种进退两难的境地，所需要的资金投入和风险都很巨大。因此，热那亚的话语权扩张活动就此停止。从本质而言，对盈利和风险的理智计算，限制了热那亚的话语权扩张活动。

为了摆脱这种两难困境，热那亚与伊比利亚人展开合作，另外一种政治交换关系在两者之间构建起来，一方面伊比利亚需要热那亚已经建立起来的金融网络和商品贸易的话语权，另一方面热那亚需要伊比利亚的利润（尤其是西班牙政府的白银和黄金）维持其国际权力扩张。借助伊比利亚人的财富，热那亚的海上权力扩张活动才能继续下去，不会因为金钱不足而停顿下来。由此，热那亚逐渐体会到建立一个强大且关系良好的国际联盟的好处。热那亚朝着它最伟大的扩张时刻挺进,每年热那亚港接待几十艘大船和一两千艘小船——1586年47艘大船、2283艘小船,1587年40艘大船、1921艘小船。这些还只是缴纳入港税的船只,很多载有小麦、盐和食油的船只并没有被计算在内。随后,热那亚比它的竞争对手更好地解决了远程贸易和远程航行中的技术问题——大船吨位以及航向调整(主要是三角帆的推广)问题,热那亚因此受益匪浅。也正是由于对大吨位船只的重视,热那亚保持着对于从希俄斯或从佩拉前往佛兰德地区远程航线的控制权(费尔南·布罗代尔,2016:167-168)。通过巩固和进一步扩大它在整个金融和贸易体系中的地位,热那亚的国际话语权得到无形增大。

3.4.4 热那亚国际话语权的生成路径四——信件的力量

与14世纪末佛罗伦萨的国际话语权构建路径不同,热那亚不仅建构了符合国际社会共同利益的国际制度,而且还具有广泛的信息网络,扩大了其话语影响力,形成了资本主义国家的"第一国际话语权体系"。

16世纪是意大利北部的城市国家处于欧洲经济领先地位的时期(Carlo M. Cipolla,1993:183-184),第一批成功者是热那亚地主阶级统治者,他们力图把贸易从其他意大利城市国家那里转移到自己领地内的资产阶级手里,并且借助信件等沟通方式,构建自己的国际话语权体系。

1550—1600年,海路和陆路交通运输方面,并没有任何重大和实质性的革命。船只、驮畜(马、骡、黄牛或水牛)是主要的出行工具。由于没有车辆,道路不会被翻修或新建。即使是在法国,可供车辆(动物拉的车)通行的道路到了16世纪末也没有增多。在17世纪和18世纪,令其他国家羡慕的奥斯曼帝国道路网也不过是以供骑兵通过且宽不过3尺的铺石路,而两侧供驮畜和行人通行的道路比铺石路宽了10倍。在这种情况下,几乎没有大车,驮畜(尤其是骡子)成为欧洲当时大部分地区的主要陆路运输工具,更是承载了信件和信息的传递,而河运和海运只有在运输贵重商品和大型货物的情况下才使用,所以驮畜构成了火车出现之前欧洲信息网络的主要载体。为保障信息通畅,出现了驿传业务(费尔南·布罗代尔,2016:421-423)。当时,欧洲信件传递的最快速度大概是由加不列尔·德塔锡邮政组织创造的,它精心设计了从意大利经蒂罗尔到布鲁塞尔的邮路,中间经停的时间被降到最低,尤其是在艾菲尔,走完这条764千米的邮路需要5天半时间。虽然这个速度远远低于海上特快的速度,但是它却大大高于一般海运速度,因为当时海上每天200或200多千米的快运速度只有在天气晴朗且使用加固的帆桨战船的情况下才能达到,而在恶劣天气或者不适合航行的时日里,一些携带重要信件的船只则很难靠岸（费尔南·布罗代尔，2016：534-535）。

费尔南·布罗代尔根据16世纪的信件传输数据，以威尼斯为中心坐标，计算出16世纪末从威尼斯到西班牙马德里的通信所需最短时间为20天，最长需要85天时间，平均所需时间为40天，而走完君士坦丁堡到威尼斯的路程平均需要41天，所以消息奇货可居，价值千金。16世纪初，威尼斯与纽伦堡之间的送信价格根据时间长短而定：4天为58弗罗林，4天零6小时为50弗罗林，5天为48弗罗林，6天为25弗罗林。这些送信网络在16世纪初主要服务于富商的金融和商业信息交流（费尔南·布罗代尔，2016：544-546），并且从布罗代尔提供的1500—1765年的信息网络范围和经济尺度网络中可以看出，威尼斯和热那亚，尤其是热那亚，一直位于这个网络的中心点（费尔南·布罗代尔，2016：548），这足以可见威尼斯与热那亚的话语权势力范围和中心地位。

但是到了16世纪末17世纪初，意大利城市国家不仅在生产率、生产总值、工业化程度及生产技术等方面逐渐衰落，其社会结构和文化结构也逐渐僵化。但丁和马可·波罗时代意大利人的那种开放的思想和强烈的好奇心，被成功带来的骄傲、无知及自满取代，意大利人深信他们知道并了解一切，除非迫不得已，否则不会出国旅游，人们普遍认为意大利拥有丰富的一切，不用走出国门去探寻。而在1600年12月，伊丽莎白一世授权成立了英国东印度公司，荷兰在1602年成立了荷兰东印度公司，热那亚虽然在1647年成立了热那亚东印度公司，但是这个公司由于热那亚没有足够的能力造出远洋船只和缺乏经验丰富的水手而衰落，热那亚不得不求助于荷兰。荷兰和葡萄牙在17世纪40年代是死敌，便把这个新生的海外扩张竞争对手扼杀在了摇篮里。1649年4月26日，一支小型的荷兰舰队占领了热那亚船只，迫使它驶向巴达维亚。意大利不仅没有在新一轮的竞争赛道上抢占一席之地，而且还失去了既有的商业和银行业的霸主地位及相应的国际话语权（Carlo M. Cipolla，1993：193）。

3.5 第二国际话语权——葡西荷国际话语权时期

3.5.1 葡西荷国际话语权

3.5.1.1 葡萄牙和西班牙的海外话语权扩张

在对东方金银和香料等需求的推动之下，西欧航海家开始了早期的远洋探险（罗荣渠，1992）。最先开启东方航线的是费尔南·马丁斯（Fernand Martins）信使，他借助托勒密（Claudius Ptolemy）等人的贡献，掌握了更加精密的地图和距离测量方法，缩小了葡萄牙到东方的经纬度。随后是克里斯托弗·哥伦布（Christopher Columbus）。作为一名普通海员，1476年哥伦布在里斯本迎娶了一位贵族的女儿，进入了葡萄牙的海军体系，多年来一直劝说葡萄牙国王资助他到东方远航，获取香料和金银财富，但是遭到了拒绝。随后哥伦布得到了西班牙伊莎贝拉一世的支持，开启了航海探险活动，但哥伦布并没有带回香料、黄金和宝石。

瓦斯科·达·伽马以铁的纪律以及丰富的航海经验继续着哥伦布的航海大冒险，带回哥伦布不曾带回的财富，并且于1503年在印度建立了第一支常驻欧洲海军。在本质上，达·伽马抵达印度，抵达东方，延续的不仅仅是哥伦布的财富梦想，更是为了驱逐东方印度的穆斯林人，确立基督教至高无上的统治权和话语权（奈杰尔·克利夫，2017：367-375）。

16世纪之前，伊比利亚半岛由于地面多山，长期处于种族分裂、政府分裂和语言分裂的状态（G. R. 波特，1988：9）。实际上，自15世纪中期，伊比利亚半岛被分割为四个王国：卡斯蒂勒王国（the Crown of Castile）、阿拉贡王国（the Crown of Aragon）、葡萄牙王国（the Kingdom of Portugal）和纳瓦拉王国（the Kingdom of Navarre）（Carlo M. Cipolla，1993：184）。从16世纪开始到1580年，葡萄牙人以里斯本为起点进行远洋航行，除少数海盗外，很少有人能够阻止这些航行的发展。从1564年起，马尼拉大帆船穿越太平洋，来往于阿卡普尔科和菲律宾之间，并有效地和中国经济汇合。葡萄牙人从一开始就从海上航行到印度，随后到达更远的南洋群岛、中国和日本，还在非洲和美洲之间从事大规模的奴隶买卖，世界由此形成了一个巨大而复杂的流通体系。伊比利亚人的经济高涨一直维持到1580年或者更晚一些时候。运到塞维利亚的白银数量和从印度返销的商品数量都在上升，如皮革、染料木和胭脂虫，甚至在1600年以后的很长时间里，里斯本在香料方面仍保持着它的地位（费尔南·布罗代尔，2016：319-320）。

葡萄牙和西班牙的远航，本质上源自意大利等欧洲国家在大西洋前沿地区进行的航行：1297年热那亚的帆桨战船完成了前往布鲁日的首次航行；大概在1317年，威尼斯的双帆商船与其他许多船舶也进行了同样的航行，很多意大利商人从此经海路前往英格兰和尼德兰。远洋航运不仅使得意大利获得了有利地位，一跃成为最富裕、最现代的地区，而且为葡萄牙和安达卢西亚等地开启地理大发现做了铺垫和准备（费尔南·布罗代尔，2016：320）。

16世纪，葡萄牙国王通过税收、公债、出售官职、没收等手段控制着国民生产总值的很大一部分，掌握着国民收入的集中和再分配，所以有能力进行里斯本和印度之间的航行（与此同时也进行信息、文化、价值观念等交换），并且通过"印度商行"来完成，这种联系和威尼斯的商船制度高度相似（费尔南·布罗代尔，2016：643）。

葡萄牙对胡椒贸易话语权的垄断，在威尼斯引发了一场危机，威尼斯失去香料就如同婴儿缺乏牛奶。1504年葡萄牙国王确定胡椒的官价，并垄断香料业。1506年，香料业的话语权都掌握在了里斯本的手中。葡萄牙的胡椒很快占据了欧洲很大一部分市场，1501年进入荷兰，1503年进入热那亚，1504年进入英格兰。香料贸易至少直到17世纪，一直居于世界贸易之首。葡萄牙运用亚洲（即在印度收购香料和胡椒，并运往里斯本）和欧洲（在此出售香料和胡椒）两条路径，牢牢把控着香料贸易的话语权（费尔南·布罗代尔，2016：817，825）。1580年，葡萄牙投靠了西班牙，目的在于获得菲利普二世的金钱、军队和舰队的三重保护，于是在1585年，西班牙开始向威尼斯提供葡萄牙胡椒，并且西班牙模仿了葡萄牙香料贸易中的合同制度，菲利普二世一再向威尼斯、米兰、热那亚和佛罗伦萨等城市国家政府建议缔结包销葡萄牙胡椒的协议，以切断英格兰人与荷兰人的香料和胡椒货源，并且西班牙政府（更确切地说是葡萄牙政府）和印度之间以西班牙驻威尼斯大使馆为中转站，建立了畅通无阻的通信网络——主要是从陆路来的印度新闻/信息网络（费尔南·布罗代尔，2016：833-844）。但是随后葡萄牙人的敲诈勒索和缺乏远见的行为，使其失去了掌握高级香料贸易的话语权（费尔南·布罗代尔，2016：846）。

从15世纪中叶开始，大西洋的地位逐渐上升，但是从中获利的仍然是掌握海陆商业话语权的意大利城市国家。威尼斯和热那亚当时主宰着英格兰和佛兰德市场的话语权，一直到16世纪才日趋衰落。意大利通过热那亚人控制西班牙王室的财政，通过贝桑松交易会控制欧洲资金的高层流动（费尔南·布罗代尔，2016：320，322）。意大利的国际话语权（经济层面的）并没有很快衰落下去，只是按百年经济周期或早或迟地发生巨转时，其控制体系才逐渐衰落。

西班牙帝国在16世纪是个从事海陆运输的大国，除了需要不断调动军队，每天还要传递几百条消息，因此计算帝国话语权中心点与西班牙分散在世界各地的信息联络点之间的距离成为一件重要的事情。西班牙比其他国家都更好地适应了这些计算压力，并且很有组织地完成了这些任务。西班牙帝国16世纪在运输、通信方面已经赶上甚至超过了当时最先进的国家，菲利普二世对远在大西洋、印度洋甚至太平洋的领地信息进行汇总，然后做出决策。

16世纪下半叶，巴尔托洛梅奥·德·梅迪纳将汞合金技术引入西班牙，自此美洲也开始使用这个新方法——用水银来处理银矿石（费尔南·布罗代尔，2016：711），从而为西班牙国王的国际话语权扩张提供了丰富的白银储备。16世纪70年代，西班牙的黄金通过与热那亚等城市国家的合同制度流向意大利，1566年12月，巴塞罗那有18艘载满白银的船只前往意大利。西班牙国王和意大利的银行家缔约了名目繁多的契约，通常采用的是借贷形式。为了换取热那亚支付的10万杜卡托借款，西班牙国王菲利普二世以那不勒斯王国的贡奉或税金作为抵押，以供第二年还本付息之用，贷款利率高达21.6%（费尔南·布罗代尔，2016：723-725）。1580年，帆桨战船从西班牙运往热那亚的黄金和白银数量不断增加，1598年6月达到历史最高纪录，一次性卸下220万埃居（20万金币、130万银锭、70万里亚尔）。西班牙贵金属向意大利的流出，使意大利成为一个创造性体系的中心，这个体系包括各种联系、各种同步运转以及明显的不匀称性（费尔南·布罗代尔，2016：733）。到17世纪，整个西班牙六分之五的批发贸易权都落入了外国商人的手里（波梁斯基，1958：460）。

还要注意到一点，在哥伦布和瓦斯科·达·伽马之后，地中海在一个世纪之内一直是世界的中心，它教育其他地区并且把生活的艺术——真理和意义——交给它们。这种真理和意义的生产，使得西班牙享有比葡萄牙更大的国际话语权。西班牙的文学著作在英国和法国等地被翻译并被纳入这些国家的知识和智力体系中。此外，还有香水、着装、时尚、戏剧等多方面的影响（费尔南·布罗代尔，2016：263-276）。

3.5.1.2　荷兰的崛起及其国际话语权构建

随着美洲的发现，葡萄牙以北欧银行家为后盾，于1627年在马德里操纵金融活动，这实际上是荷兰资本主义发展的阶段之一。从1609年开始，荷兰资本主义已经拥有自己的上层建筑，其中包括最现代的信贷机制和机构，地中海的金融制度也为荷兰话语权构建提供了样板，最后被荷兰取代（费尔南·布罗代尔，2016：749）。

汉萨同盟和荷兰虽然同时抵达地中海，但是只有荷兰征服了地中海，实际上汉萨人和荷兰人之间长期存在着竞争，最初汉萨人掌握着丰富的贸易资源，拥有着包括波罗的海在内的贸易规则制定权，但是在16世纪八九十年代，情况发生了变化，汉萨镇由于无法应对贸易日益增长的复杂性和庞大规模，在波罗的海的大宗贸易竞争中败下阵来。1604年，70%的胡椒贸易和大部分布料贸易被荷兰人掌握，到1609年荷兰人主导了俄罗斯的贸易话语权（Carlo M. Cipolla，1993：196）。

16世纪末，汉萨同盟与西班牙有着贸易往来，并且根据西班牙的建议，从事大西洋方面的运输，但是他们不需要香料和胡椒。17世纪初，汉萨同盟的商人被淘汰，他们的船只不再前往马拉加港以外的海面，而荷兰人在1597年就到达了地中海东部，1598年所有荷兰船只都得到了亨利四世（Henri Ⅳ）的准许，悬挂着法国国旗在土耳其各港口进行贸易，并在1615年把琥珀、水银、铜丝、铁和硃砂等运往叙利亚。虽然在荷兰商船取得胜利之前，英格兰的女王伊丽莎白的船舰早在1573年重返地中海，并且于1589年起在地中海区域建构起了属于自己的情报网，1591年起开始推行精明的航运制度，战胜了西班牙菲利普二世笨重的无敌舰队，但是并没有紧接着出现合乎英格兰逻辑的话语霸权，而是出现了荷兰的话语霸权。荷兰把它的船只、贸易和国民运往世界各个遥远的角落，送到东印度群岛和中国，并且一直持续到17世纪中叶。加上信奉天主教，荷兰比英格兰更容易推开伊比利亚半岛及美洲的财富大门。美洲财富和西班牙的金币，使得荷兰有能力和有实力在世界七大洋进行其贸易话语权网络的构建。1609—1621年荷兰又与西班牙加强了金钱往来的关系（费尔南·布罗代尔，2016：916-924）。

荷兰为何能在1570年以后取得世界话语权？除了拥有当时世界先进的造船技术和船舶驾驶技术，还拥有操纵安全可靠、装备良好的100～200吨北方船舶。荷兰还加强了船舶的防御能力，增强了火力，增加了船员。荷兰早在1588年之前就已经意识到了增强自身在军事和贸易等方面优势的重要性，西班牙人和葡萄牙人在荷兰人眼里不过是些"胆小鬼"。但是真正使荷兰取得世界话语霸主地位的，除了荷兰人自身的努力和敏感意识，还在于西班牙国家的破产，而不是伊比利亚半岛舰队的笨拙和腐朽。荷兰通过掌握地中海地区（当时的世界中心）最主要的贸易——谷物贸易的话语权，辅助其他贸易的话语权，向地中海和其他地区进行了扩张。

西班牙和葡萄牙的活动为荷兰人铺平了道路，荷兰人运用里斯本和安特卫普的希梅内斯家族及其合伙人安德拉德家族和贝加家族现成的话语网络开展自身的贸易，从1590年起，就为托斯坎纳大公组织北欧谷物的运输，同时掌握着对意大利的胡椒贸易话语权（费尔南·布罗代尔，2016：930-933）。

除了商业贸易领域和远洋航运领域，荷兰还展开了与法国国际话语权的博弈。1672年荷兰共和国与法兰西共和国的敌人结盟，压迫天主教徒，并通过各种渠道吹嘘凭借荷兰自己的力量就可以遏制住路易十四的征服活动。随后路易十四开始征战荷兰，为此 1672—1678 年间的《法兰西公报》一改往日文风，发行特刊，以颂文格调、简练质朴的文体，宣传路易十四的英勇。随后法国的诗人们、艺术家们相继加入这场话语战争中，布瓦洛（Nicolas Boileau Despreaux）、皮埃尔·高乃依（Pierre Corneille）、弗莱希埃（Fleurus）、热内（Jeunet）等以诗歌赞颂路易十四，法国皇家绘画雕塑院的艺术家们举办了 1672 年"跨越莱茵河"主题有奖竞赛（彼得·伯克，2015：100−101）。1684 年热那亚总督偕同 4 名元老院议员前往法国凡尔赛宫向路易十四就大使马车事件和科西嘉人禁卫队事件向法国道歉，热那亚总督向路易十四脱帽致敬，并且深鞠三躬，当时的报纸和杂志对热那亚总督的行为进行了绘声绘色的报道（彼得·伯克，2015：128）。

17 世纪，荷兰共和国以及意大利北部、法国、英国等西欧国家的一些精英——勒内·笛卡尔（René Descartes）、伽利略·伽利雷（Galileo Galilei）、约翰·洛克（John Locke）和艾萨克·牛顿（Isaac Newton）等，发起了一场知识革命，这场知识革命动摇了一种神秘心态的思想基础，世俗化的力量逐渐超越神力，对具体事物的关注和经验论在 17 世纪扮演着非常重要的角色，荷兰共和国国际话语权构建不再依靠类比和象征手法的艺术语言，而是转向现代艺术语言——写实的艺术语言（彼得·伯克，2015：163−167）。

当得知法国国王路易十四秘密的第二次婚姻和废止南特敕令以后，荷兰的媒体用纪念章、绘画和小册子对此进行大肆宣传，将路易十四称为"恶棍"。在废止南特敕令事件上，谴责此为法国历史上"从未有过的最野蛮、最残暴的一次迫害"。在这个过程中，荷兰的媒体采取与法国媒体完全相反的方式，虽然描绘的主题相似，却呈现出迥然不同的形象。荷兰媒体将路易十四描绘为"一道流星"，而法国将路易十四描绘为"太阳"（彼得·伯克，2015：183）。法国国内存在的反路易十四的小册子（到 17 世纪 90 年代已经有 35 本小册子，仅 1690 年就有 7 本）大部分来自荷兰，荷兰有用外文印刷书籍以供出口的传统，积极参与了向法国偷运书籍的地下活动，1691 年地下印刷商伪造梅内斯特里埃编撰的纪念章史，偷偷地加印了五款嘲讽路易十四的纪念章，并附有按语——"下列五款纪念章对'路易大帝史'来说与前面的纪念章同样重要"，但梅内斯特里埃神父根据自己的喜好而没有将其收入他的著作中。其中最著名的是荷兰人罗穆因·德·胡格——以蚀刻、雕刻、绘画、纪念章制作和写作出名，他对法国国王的"讽刺画运动"始于荷法战争爆发的 1672 年，直到他去世（1708 年）才停止。另外一位是尼古拉·谢瓦利埃，他原是胡格诺派牧师，离开法国以后，在荷兰成为一名书商和纪念章制作者，参与了编纂反映

1708—1709 年荷法战役的纪念章史，但主要以批评法国为主（彼得·伯克，2015：187-188）。在 17 世纪，荷兰是世界上文化、经济和科学实力均突出的国家之一，赫尔曼·布尔哈弗创办了现代临床医学教育，胡戈·德赫罗特创始了国际法，克里斯蒂安·惠更斯发明了钟摆，大量的留学生汇聚荷兰。此外，荷兰也是西方商品和观念进入东方日本的唯一渠道。在幕府将军德川家光自 1641 年起驱逐西方人的几个世纪里，荷兰人以及荷兰语便是日本和西方沟通的唯一桥梁（马克·T. 胡克，2009：5）。

3.5.2 比较视野下的第一和第二国际话语权时期

3.5.2.1 比较的必要性

1618 年，一位威尼斯外交官将阿姆斯特丹的繁荣描述为"威尼斯繁荣时期的威尼斯形象"（Carlo M. Cipolla，1993：196），为解释这一"奇迹"，有必要进行国际话语权构建的比较。

15 世纪和 16 世纪，第一国际话语权时期——热那亚国际话语权时期存在着复杂的权力斗争形式：一方面是城市国家之间发生了激烈冲突，具体表现为资产阶级之间日趋激烈的权力竞争；另一方面是欧洲统治者之间的权力斗争，英法百年战争是其最显著形式。16 世纪末和 17 世纪初第二国际话语权时期，即葡西荷国际话语权时期，它也与资本家之间和地主之间的斗争密切关联，但是其斗争形式更为复杂，因此其机制和规律也更复杂，通过比较才能看清楚。

首先，英法百年战争后，权力集团之间的斗争从未停息，西班牙内部分裂后，法、西之间为控制意大利的斗争马上取代了英法斗争，在整个 16 世纪，法西斗争持续升级，这使人看不清隐藏在冲突背后的内容，其实质为两国在争夺意大利城市国家于 14—15 世纪建立起来的金融话语权。随后在 16 世纪 40 年代和 50 年代，德国爆发了两次宗教战争，16 世纪 60 年代末，荷兰发生独立战争，这种冲突持续整整一个世纪之久。

其次，让人无法探明欧洲国家之间斗争和冲突本质的另一因素在于，国家之间（尤其是围绕着资本主义活动而展开的）合作和竞争的主要形式、机构、机制，不像 14—15 世纪意大利城市国家话语权争夺时期容易分辨清楚。与 14 世纪的佩鲁齐家族、巴迪家族、美第奇家族、富格尔家族等所在的佛罗伦萨、威尼斯和热那亚等不同，16 世纪欧洲国家之间的话语权争夺不是仅仅围绕着资本盈利和金融贸易展开，而是政治力量和经济力量的相互交织融合，这些国家在国外设立的资本机构不再被当作城市国家某一个家族的力量代理，而是被认为享有替国家言说的权利，它们对 16 世纪欧洲的国际权力体系（商业和金融、政治交织形成)确实有着举足轻重的影响。这些驻外机构延续着热那亚人创设的记账单位和机制——可兑换的货币,把在这个政治上错综复杂、经济上货币交叉流通的空间组织成一个服务于国家利益的网络,并且把这个网络的话语权掌控在自己手里。

在16世纪,大多数国家参与不同的商品贸易,但是它们的很大一部分利润并不是来自商品贸易,而是来自其掌控的金融或商业网络的话语权,从汇票信息汇兑中获取利润。因为有了汇票,拥有较大话语权的国家可以在某个时刻掌握货币汇兑之间的差价信息,从而在某一个时刻在不同地区获取这种差价。由于这种差价所带来的利润十分巨大,所以牢牢掌控汇票制度话语权的国家就可获得相应的利润。

汇票制度之所以在当时能够成为国际话语权的重要内容,是因为汇票交易本身在当时是十分有利可图的活动。对大部分欧洲国家来说,参与了汇票制度,就可以委托他人在遥远的地方采购物品或出售自己的商品,而不用黄金白银等笨重的贵金属货币来支付,金银支付手段在不太熟悉和无法预测的环境里常常会带来麻烦和风险,而汇票制度解除了货币汇兑活动中的风险和麻烦。掌握了这种汇票制度的国家就可以在欧洲市场中获取巨大的国际话语权,其关键在于促成国家之间的合作,尤其是相互之间协调和功能性的合作。

一直以来,佛罗伦萨在组织、管理欧洲商业、金融话语权体系中扮演着最重要的角色,它以里昂为中心,以美第奇家族称霸欧洲为代表,但到了16世纪才走向成熟,另外德国、英国、法国也扮演着一定的角色。在这里应当指出,荷兰和威尼斯曾分别是17世纪和15世纪世界上两个最强大的资本主义国家,都受制于欧洲均势的影响。在16世纪上半叶,国际集体中的各个成员国之间基本上保持了合作关系,每个成员都占据着一个特定的市场,扮演着独一无二的角色,尤其是在国际层面相互需要,这种合作关系使得其中任何一国都无法完全掌控话语霸权,一直持续到16世纪40年代和50年代初期。

1566年,西班牙军队开始进攻荷兰,想要通过武力手段对荷兰进行强行征税,但是事与愿违,荷兰人不仅没有给西班牙缴纳任何税,而且还抢劫了西班牙的商船,这使得西班牙帝国的财政陷入困境,这种境况一直持续到"三十年战争"(1618—1648)结束为止——西班牙帝国的财源逐渐大量流失,这无疑削弱了西班牙的地位。由于欧洲战争和叛乱四起,欧洲各国之间逐渐呈现均势状态,直到《威斯特伐利亚和约》出现,才把正在形成中的欧洲均势真正地确定下来。

3.5.2.2 相似之处

17世纪荷兰人的方法与15—16世纪意大利人采取的方法相似。荷兰人有像威尼斯一样优秀的海员、船只，也有像佛罗伦萨一样无处不在的贸易网络：荷兰人在俄罗斯建立第一座铁炮冶炼厂，在巴西扩大糖厂，在中国购买茶叶、瓷器和丝绸，在北美建立新的阿姆斯特丹（后来被称为纽约），在亚得里亚海保护曾经的海军强国威尼斯免受西班牙的袭击，在日本建立长崎基地，让瑞典成为自己的附属国。并且，17世纪的荷兰在航运、绘画、商业、哲学思想和科学技术等方面都是卓越的，莱顿大学成为欧洲最重要的医学研究中心，在国际法领域，荷兰人阐述了一种新的国际理论，至今仍然支配着国际关系（Carlo M. Cipolla，1993：196-197）。荷兰人首先借助购置土地等方式，扩大土地租金的固定资产，进而壮大自己的实力；意大利贵族，尤其是热那亚土地贵族经常使用的策略亦是用剩余资本来购置土地。于是，投资土地和其他能够收租金的资产，成为荷兰和意大利城市国家壮大自己的主要途径，从而为两国于不同时期在欧洲舞台上获取话语权提供了硬实力保障。

荷兰人和意大利人构建国际话语权的另一个相似之处是，两者都重视政治交换关系的建立。在早期反对西班牙的斗争中，荷兰就与英格兰政府建立了非正式的政治交换关系。英格兰政府为荷兰提供保护，以换取荷兰在贸易和金融权力的保护与特别照顾。这种政治交换关系后来甚至发展到了英荷两国建立联合政体的层次。建立联合政体的建议，是在伊丽莎白女王的授意下由荷兰人提出的，但是，随后荷兰拒绝将英荷政治交换关系转换为英荷联合政体，建议仅停留在了建议层面，即使在伊丽莎白女王给予荷兰非常优惠的条件下。除了与英格兰的合作，荷兰同时还与奥格兰家族——另外一个地主阶级统治集团，建立了有机且正式的政治交换关系。在这种政治交换关系中，荷兰为奥格兰家族提供资本、商业和知识的支持，而奥格兰家族为荷兰提供立国和战争的支持。荷兰把资本主义权力逻辑与地主统治/帝国权力逻辑非常融洽地结合起来，并发挥了有效的功用，所以已经没有必要与英国建立政治交换关系，无论这种关系附带了多少优惠条件（乔万尼·阿里吉，2022：173）。

此外，荷兰还与西班牙阿拉贡王国的皇室建立了债务捆绑关系——通过联姻、借贷等古老策略，使其可以借用西班牙的力量（江晓美，2009：21）。荷兰人利用这些关系，让自己成为贸易、文化等不同领域的中间人，买进又卖出，成功地把东西以低廉的价格卖给世界上任何地方的任何人（Carlo M. Cipolla，1993：197-200）。

荷兰和意大利在获取国际话语权方面第三个相似的地方在于，两者都注重公益和文化事业。他们无论在哪里从事商业活动，都不遗余力地资助文化产品生产、艺术消费等活动（Eric H. Mielants，2007：84）。正如15世纪的佛罗伦萨和威尼斯是文艺复兴盛期的中心一样，17世纪的阿姆斯特丹由过去两个世纪里弥漫着欧洲"文艺复兴运动气候"的中心转向了在未来一个半世纪里即将弥漫着欧洲"启蒙运动气候"的中心，不仅在经济、政治上获取话语权，更是在文化和意识影响层面获取国际话语权（H. R. Trevor-Roper，1967：66—67，93—94，转引自乔万尼·阿里吉，2022：173）。英国历史学家乔治·奥托·特里维廉（George Otto Trevelyan）对17世纪荷兰的黄金时代给英国带来的影响做出了这样的描绘：荷兰仅仅通过榜样的力量给英国产生的带动作用，比任何其他国家都要多，并在英国人生活的方方面面都留下了自己的影响痕迹。在1600—1650年间，荷兰引领着欧洲大部分科学与艺术领域的发展（李洪峰，2011：34）。

3.5.2.3 不同之处

这两个时期尽管具有高度的相似性，但也存在一定程度的差异性和异质性，这是因为构成热那亚国际话语权体系时期的战略不但与荷兰不同，而且与荷兰对立。两个时期之间有许多不同的地方，最大的不同之处可以总结为：与热那亚的国际话语权构建路径相比，荷兰的国际话语权构建路径趋于"内部化"。

荷兰通过荷兰东印度公司将国际话语权构建的路径内部化——依靠自己而非全部依赖外界力量。通过比较热那亚国际话语权构建路径与荷兰国际话语权构建路径，可以发现构建路径的内部化是一种发展趋势。

因此，在某种意义上，荷兰人采用的国际话语权构建路径与意大利人使用的路径有一定的相似性。但不同的是，荷兰构建自身在金融、贸易等方面的国际话语权，目的在于让自己成为欧洲世界的商业领导者，而15世纪的威尼斯人并没有如此野心，也没有朝着新的、更大的权力（商业）空间迈进，而仅停留在了专业化发展道路上。

总而言之，以与外国政府建立政治交换关系为基础、以立国等自力更生的活动为出发点、以向更大的权力空间扩张为未来目标，荷兰在17世纪不仅掌握了欧洲贸易方面的话语权，成为欧洲的代理商和经纪人，还在欧洲舞台获得了支配地位。

3.5.3 荷兰国际话语权构建的独特路径

荷兰国际话语权从地区性话语权发展为世界性话语权，除了依赖上述阐释的路径，还依赖硬实力发展的战略。第一个战略在于把阿姆斯特丹变成欧洲和世界范围内最具有战略意义的物资交换和贮藏活动的中心,荷兰以较低的价格直接从生产商和制造商那里买进物资,随后把这些物资存储到仓库中,等到价格增长或物资稀缺时再以高价卖出,赚取其中的差价(Fernand Braudel,1982:418-419)。第二个战略是第一个战略的前提,在将阿姆斯特丹从简单的商品贸易中心转换为欧洲物资集散中心时,荷兰依靠大量流动资金,具体而言是以跨国公司的形态为主,以金融资本为纽带,形成了一个新的金融帝国(江晓美,2009:43)。16世纪的最后十年,联省共和国羽翼日渐丰满。到17世纪,荷兰具备了调动整个国家财富的能力,其效率远远高于君主统治下的效率(杜威·佛克马、弗朗斯·格里曾豪特,2007:32-35),从而使其可以在以低价购买物资的过程中拥有足够的资金。

基于此,我们可以讨论荷兰在由地区性话语权转变成世界性话语权过程中所采取的第三个战略。这个战略不仅把阿姆斯特丹变成世界商业的中心集散地和物资仓库,还把它变成欧洲的经济和资本中心,进一步变成世界经济的中心。

荷兰在阿姆斯特丹建立了一家24小时营业的证券交易所。阿姆斯特丹证券交易所并不是欧洲第一家证券交易所,早在15世纪,各式各样的证券交易所已经在欧洲的热那亚、威尼斯等地建立起来,但是阿姆斯特丹的证券交易是世界上存在时间最长的证券交易所(马克·T. 胡克,2009:31)。它之所以能够脱颖而出,不仅在于24小时营业制度,更在于在16世纪和17世纪热那亚交易所被损害之际,阿姆斯特丹准确地抓住了历史机遇,将欧洲闲散的资金和贷款需求全部吸引到阿姆斯特丹证券交易所中。在1619—1622年危机之后,这种力量已经变得不可抗拒(Fernand Braudel,1982:92)。

自此,荷兰掌握了全欧洲的流动资金和剩余资本的调动权和话语权,与其他战略形成了相互强化效应,以至于在很长的时间里,没有哪个国家能够从荷兰手里抢走国际事务(当时主要是国际经济层面的事务)的话语主导权。加上受益于战争红利,荷兰享有了长达75年的政治、经济和文化巅峰(杜威·佛克马、弗朗斯·格里曾豪特,2007:32-35)。

此外,荷兰政府为巩固其在国外的话语权,还创立了特许股份公司制度,以便对广阔的海外空间行使控制权和统治权。17世纪的特许公司担负着荷兰海外殖民地扩张的责任,并于1602年成立荷兰东印度公司,和东印度公司一起的还有西印度公司,在某种程度上它们是荷兰首创的历史上最早的跨国公司(江晓美,2009:16-18)。

荷兰借助特许公司在阿姆斯特丹货物集散中心与全世界的制造商之间建立

了直接联系。基于这种直接的联系,荷兰资本家把重要的商业信息和资源都集中到了阿姆斯特丹,与此同时也获得了监察和调整世界贸易信息的权力,并掌握了从中牟利的能力,由此阿姆斯特丹上升到世界金融中心地位。在掌握世界话语权(当时国际话语权的主要内容是金融话语权)的过程中,特许公司、证券交易所和集散中心都起到了决定性的作用。荷兰如果没有在世界范围内设立话语权分支——东印度公司和西印度公司,就不可能挫败热那亚人的话语权(老的)和英国人的话语权(新的,对此英国人花了一个世纪来模仿,甚至花了更长的时间来超越)。但是,荷兰东印度公司的成功具有典型的时代特色,其所使用的战略,即以跨国公司(特许公司)实行跨国垄断金融资本,不仅具有垄断化、国家化、金融战役化等性质,而且具有私人监狱、私人雇佣军公司、私人情报公司等武装性质,采取托拉斯形式,其背后有政府机构等力量的支持(江晓美,2009:16-18)。从1610—1620年到1730—1740年的100多年时间里,荷兰一直是欧洲资本主义世界话语权的领导者,而在这个时期内,阿姆斯特丹证券交易所扮演着最为重要的中央调节作用:闲散资金汇聚在此,又通过证券所投往新的贸易活动中。通过证券交易所,其他国家可以根据可能的盈利和遇到的风险进行调整,而荷兰自己不仅可以发起和控制相关的活动,还可以从别人发起和组织的军事、工业和经济活动中获利,从而构建其话语霸主地位,后来这种战略成为荷兰建立和操纵欧洲政治体系的手段。

在荷兰的影响下,其他欧洲统治者纷纷模仿荷兰在国际话语权构建方面的经验,也想建立世界范围的话语霸权,把资源和资金不断地转向自己控制和管理的范围内,这种模仿效应最后削弱了荷兰的帝国地位和权力。最为明显的是英国和法国,一个效仿荷兰建立海外帝国的战略,一个模仿荷兰发展国内经济的战略。到17世纪末,荷兰在世界范围内的权力扩张规模和能力都受到了极大的制约,大部分欧洲国家逐渐摆脱了荷兰的国际话语权体系框架(Jonathan Israel,1989:383-384)。

荷兰人无力阻止,更无力逆转这股效仿的浪潮。荷兰有能力在这种效仿的浪潮中获得好处,这没有超出他们的能力范畴,实际上这也是他们在这种情况下所能采取的最明智的行动路线和选择。因为,随着欧洲内部权力竞争的逐渐增强,荷兰世界话语权体系独立存在的可能性遭到破坏,但也在整体上加剧和扩大了荷兰在金融、货币、商业等方面的需要,而荷兰在某种程度上依赖既有的证券交易所制度尚且能够满足这种需要,以延续其国际话语权。荷兰抓住这次效仿的浪潮,在诸多的同质性活动中寻求自己的独特性,构建自身的核心竞争力。于是大约从1740年起,荷兰便走上了专业化道路,专门巩固自己在巨额融资领域的国际话语权。这在某种程度上与佛罗伦萨和热那亚所走的路线相似，先是建立大范围的国际话语权，随着竞争的加剧，便转向了强化自己的核心优势和竞争力，在一个优势范围内巩固国际话语权，深耕于某一个细小领域。

此外，荷兰不愿意介入欧洲国家的内部纷争，尤其是在英法百年战争期间，荷兰集中精力利用机会，重新掌握国际话语权，这符合其国家利益：当黄金时期过去以后，荷兰对昔日霸主地位的向往依然存在，希望借此机会东山再起。但是，荷兰毕竟位于欧洲，最终也没能避免被卷入战争中。在1781—1784年第四次英荷战争中，英国消灭了荷兰残余的海上力量，最终获得了荷兰在锡兰、摩鹿加群岛的权力。然而，在此之前已经发生过三次英荷战争，这仅是荷兰建立国际话语权（金融话语权）过程中的一个"技术性步骤"，完成了对荷兰的财富转移，结束了荷兰对英国的债务控制。战争不仅使得荷兰工业大量破产，也使其垄断资本被转移到其他国家（江晓美，2009：85-86）。

在这个过程中，英国（伦敦）取代荷兰（阿姆斯特丹）而成为欧洲世界（经济、政治）中心。不过在此之前，荷兰已经享有世界话语霸权长达半个世纪之久，也借此获得了巨大的利益。

荷兰国际话语权体系比意大利城市国家国际话语权体系的权力更大，一个依赖资本权力逻辑的国家借助自身优势和体系条件带来的有利时机，主动构建起与时代相应的制度——荷兰的证券交易所、集散中心制度、特权股份公司制度等，不断走向世界舞台的中心，随后被英国效仿，此后的英国国际话语权时期成为国际话语权周期的第三个典型时期。

3.6 国际话语权与自主创新、联盟关系和战略性资源掌控之间的辩证关系

3.6.1 国际话语权与两种权力逻辑：资本和国家

从本质上讲，权力竞争由两种政治类型——资本贸易国和领土国家构成。在现代世界体系运行的近500年中，值得注意的是，所有主要贸易国都是一直倾向于资本主义形式的社会和经济组织，而依赖领土权力逻辑的国家倾向于更具有国家主义的经济和社会组织。不同权力逻辑所重视的斗争重点不同：贸易国家重视资本和经济斗争，领土国家则重视地缘政治斗争。在迄今为止的世界体系中，荷兰、葡萄牙是贸易国，它们以商业化、电子化的世界形式运作，趋

向于资本主义（Peter J. Hugill，转引自 William R. Thomas，2009：31-32）。

由于葡萄牙和西班牙两国具有圣战传统，其传教士具有宗教气势，这种宗教气势与帝国（领土扩张）权力逻辑结合的倾向，使得他们成为荷兰强劲的对手。荷兰政府很快明白，要想在印度洋扩张话语权，就必须大刀阔斧地重新组建印度洋的权力关系，荷兰东印度公司在这个过程中扮演着极为重要的角色。

荷兰效仿国家资本主义权力逻辑，在扩大自身话语权力的过程中，其决定性武器是：在印度洋地区控制优质香料，在波罗的海地区控制粮食和海军贸易，从而构建起具有地区性战略意义的话语权，以关键性资源的获取来补充昂贵且有形的权力，即约瑟夫·奈的硬权力。正是通过控制和掌握具有地区性战略意义资源的话语权，荷兰才把自身的话语权构建过程往前推进了一大步，这是热那亚人做不到的。与热那亚人和威尼斯人不同，荷兰人冲破地区束缚，把世界范围内的权力和利益通过自己的努力扩张到最大限度。

3.6.2 国际话语权与自主创新精神：制度建立

正如威尼斯缺乏自主创新一样，热那亚的国际话语权构建活动和路径也存在自身的缺点。为了挫败威尼斯，热那亚人将自己的话语权触角，尤其是商业话语权触角，伸进了欧洲的每个角落，在自己的地理空间以外开辟了多个新的话语权空间，而威尼斯主要是依靠科孚岛和它的舰队，控制了整个亚得里亚海，加上利用自身作为海路和陆路的汇合点的优势，威尼斯把中欧同亚得里亚海以及黎凡特地区连接起来，并且着力把控和确保这种联系，以此威尼斯可以随心所欲地拦截任何一艘船，可以根据情况采取巧妙的或粗暴的警察行动。威尼斯的规则制度和根本话语权宗旨——强制集中的政策——没有让步的可能，凡是在亚得里亚海的商品和船只均需要经过威尼斯，只有必要时刻才会颁发少量的特许证，这种话语权以城市为中心（费尔南·布罗代尔，2016：172）。

证券制度和机制并不是 1579 年皮亚琴察交易会的产物，整个 16 世纪都为证券的诞生做了准备：1566 年证券的重要性开始上升，1579 年以后证券开始占据十分重要的地位。分工使得银行家和金融家产生，在皮亚琴察交易会开始后，证券等汇兑制度成为商业活动必不可少的组成部分，这也为热那亚人控制世界金融话语权提供了便利。而与此相比，威尼斯因循守旧，对票据和证券的使用不那么在意，1575 年威尼斯曾发行巨额公债，总额高达 550 万多杜卡托，其中以汇票形式支付的额度略少于公债总额的 4%——216821 杜卡托，并且威尼斯对证券制度大都持有异议。一开始，威尼斯对证券机制的这种态度还可以理解，但是 30 年以后，威尼斯依旧对汇兑机制和证券以及汇票持有不信任态度，就显得过于落后了。证券和汇票制度的出现意味着地中海以及西方世界的经济生活中的一种新结构的开端，热那亚在这方面起着先驱的作用，率先掌握了最先进的技术，但是也存在一定的失误——过于信任证券制度的优越性，陶醉于这种制度带来的金融话语权的扩张，并逐渐脱离大趋势——大西洋的商品贸易（费尔南·布罗代尔，2016：747-749）。

皮亚琴察交易会在很长时期内都是地中海地区乃至整个西方经济的心脏（费尔南·布罗代尔，2016：562）。但这也成为热那亚国际话语权构建的局限性：反复无常。当热那亚话语权体系从一个地区性体系成为一个真正的世界体系时，这种局限性变得更加明显。

荷兰人之所以成功，足以挫败热那亚的话语霸主地位而使其走向衰败和没落，是因为荷兰一开始就具备了自力更生和独立自主意识，创新了制度，确保了荷兰人而不是任何其他人成为热那亚话语霸主地位的继承人。与西班牙的国际话语权扩张以黄金为基底不同，荷兰的国际话语权扩张得益于有能力利用自身的优势，以产生更多可资利用的资源，并不断增强自己的能力，这就是为什么西班牙人在南美洲获得的黄金被他人控制以后，完全没有能力再维持其国际话语权，而荷兰掌握香料贸易的能力却逐渐增强（斐格莱，1937：148）。当时很多国家都需要一种可靠的制度来保障它的资金安全，荷兰人的解决办法是沿用热那亚的汇票制度来解决资金运输的安全问题。汇票制度是一个可以控制国际支付网络的好办法，在1647年或1648年以后，国际社会需要的资金运输，不是用英国船只，而是通过荷兰的汇票制度运行，把经营成本以及所遭遇的风险降到最低程度，这比精明能干和理性计算能力有着更高的效率。

在比较了荷兰和热那亚以后，我们还需要对比威尼斯和热那亚，以更加清晰地看到制度创新在国际话语权构建中的作用。在争夺国际话语权（金融）的斗争中，热那亚缺乏竞争力，尤其是当我们将其与同时期的威尼斯做短时段的比较时。在某种意义上，热那亚由于对私人资本力量的依赖而导致其不断向其他国家让步，不论这是被迫的，还是自愿的（Fernand Braudel，1982：440），都造成了热那亚话语权固有的软弱性，例如圣乔治商行趁着热那亚背负巨额债务，掌握了对政府岁入的控制权（山口正太郎，1936：144）。而威尼斯不存在控制国家岁入的私人债主组织，国家无须依赖私人协会组织来进行权力和立国斗争，而是牢牢掌控着内部话语权（Fernand Braudel，1984：126-127）。此外，威尼斯还首先创立了符合当时国际需求的金融制度——快速发展的贸易使得货币供应急剧膨胀，而欧洲的金银矿产量跟不上如此之高的膨胀速度，致使威尼斯建立了期票等商业制度，并在1284年将其铸造的金币界定为地中海贸易结算的标准货币；在行业方面，威尼斯建立了商业行会制度，成为如今行业协会的起源，商业行会制定统一的产品标准和治理标准，使得威尼斯掌握了商品质量的话语权；伴随着威尼斯发展为一个初级垄断的资本主义社会，威尼斯的议会人员组成了一个富人俱乐部，制定了近似现代资本主义的制度，在税收、货币、财政等方面开创了一系列资本主义规章典制，牢牢掌控着当时国际社会最重要的话语权——国际贸易话语权（白海军，2011：226-228）。

而热那亚政府既没有这个决心也没有这个能力掌控国际贸易话语权，从而没有办法转移威尼斯的优势。在阿姆斯特丹强大起来以后，热那亚政府更没有了这样的能力。从这个角度来看，威尼斯以国家为中心的国际话语权构建路径比热那亚以资本为中心的构建路径更为成功。这在短期之内是千真万确的，但是如果从长远来看，是热那亚而非威尼斯第一次真正掌控了国际话语霸权，并从中得到了好处（Fernand Braudel，1984：125），这说明了国际话语权背后有着复杂的构成要素。

3.6.3　国际话语权与联盟关系

热那亚人凭借长期在地中海航行积累的经验，加上掌握了地图和罗盘针的使用方法，以及制造帆船的新技术，率先在大西洋沿岸进行冒险远航（吴兴勇，2015：19）。实际上，热那亚很早即成了一个海上强国，尽管它只是一个城市国家，但早在阿拉伯帝国时期，就已经与阿拉伯商人建立了贸易关系，并且在进行贸易的同时建立了一支强大的舰队，也很早建立了系统的海外文化体系，具有作战和经商双重优势（白海军，2011：223）。其实早在15世纪，热那亚就已经在布鲁日、塞维利亚、北非、克里米亚、希俄斯和里斯本等城市建立了话语连接点，并且热那亚人在法国有着强大的同胞和朋友圈。这个关系圈为热那亚人提供了其所需要的重要信息，这个圈子和同盟关系为其提供了便利，使得他们能够与欧洲其他的贸易中心和政治中心建立起联系。总之，热那亚人可以在这里找到构建国际话语权所需要的条件，而在其他情况下，这些条件需要很多年才能获得（Fernand Braudel，1982：164-167）。结果，热那亚逐渐构建起了一个在范围和规模上独一无二且史无前例的国际商业/金融话语权网络。热那亚虽然人口和实力都不占优势，却建立起了一个坚实的国际话语权秩序，足以影响整个欧洲。

热那亚在15世纪跟伊比利亚地主阶级统治之间的有机政治交换关系，使得热那亚和伊比利亚双方都摆脱了因阿拉贡、威尼斯和奥斯曼等势力的联合封锁而受到的限制，这种政治交换关系使得两者得以继续扩张自己的话语权力。虽然这种成功是以牺牲两者在某种程度上的自主性为代价的，但是这种自主性能力的相对削弱，是两者在政治交换关系中的分工合作形成的，反过来又促使了热那亚的强大。

这种政治交换关系的好处在于使得两者都可以在各自擅长的专门领域发挥各自的优势和利用最佳的资源发挥最好的共赢功能。通过这种政治交换关系，热那亚可以调动当时最强大的和最富有竞争力的权力资源来支持自己的话语权扩张，而伊比利亚统治者可以调动当时最强大的、最富有竞争力的金融和贸易网络来支持自己的领土扩张事业。

这意味着，与威尼斯全然依靠自己的路径不同，热那亚在构建国际话语权的过程中进一步将努力"外部化"。也就是说，热那亚不只依赖自己的力量，恰恰相反，热那亚尽可能地利用其他国家（话语联盟）所能提供的"免费便车"。事实上，这种建立在政治交换基础上的联合，很可能是热那亚成功地构建其国际话语权的关键要素之一。当时，威尼斯和热那亚同属于陆地狭窄的城市国家，在意大利东西两侧形成了两大贸易体系，威尼斯垄断了奥地利、德国的海上贸易话语权，而热那亚控制了法国和瑞士，这两大商业话语权网络虽然都依靠强大的海上贸易和舰队保护，但双方的贸易伙伴关系却不同。相较于威尼斯的伙伴拥有较强的支付能力和良好的商业信用，热那亚的主要贸易伙伴是瑞士和法国，它需要更多地依赖法国封建主、各地领主和众多小国国王，而他们之间存在一定的冲突，彼此都希望能够更多地侵占对方的贸易领地（白海军，2011：225-226）。

热那亚一旦发现这种政治交换关系方向不对，就在合适的时机从这艘"联盟船"上跳下来。1557年，热那亚中断了与伊比利亚的相关贸易、外交活动；17世纪20年代末，热那亚中止了皮亚琴察交易会制度（乔万尼·阿里吉，2022：193），而正是皮亚琴察交易会使得热那亚成为世界金融中心。从1579年11月21日起，贝桑松交易会迁往皮亚琴察，每年都会举办，从而逐渐形成一种制度，此制度被纳入热那亚的控制之下，直到1621年截止（费尔南·布罗代尔，1996：174）。而皮亚琴察交易会之所以能够替代贝桑松交易会，原因在于1577年12月5日热那亚同西班牙国王达成了妥协，废除了1575年的严厉措施，使得热那亚银行家获胜。此外加上热那亚封锁汇票和黄金，掌握了大量机动的手段，西班牙因此陷入窘迫处境，无论是通过里斯本、里昂、巴黎还是佛罗伦萨都无法使黄金和热那亚汇票按照规定的速度到达本国，结果，领不到军饷的西班牙士兵发起了兵变，并于1576年11月占领了安特卫普，在安特卫普进行了可怕的抢劫，这就迫使西班牙国王不得不和解。热那亚抓住这个有利时机，把交易会从贝桑松搬到皮亚琴察，并以制度形式确定下来，在交易会上有热那亚人的记账制度——证券、票据、流水账和账目整理，一切都在热那亚控制的机制下运作，直到1621年，热那亚借此控制着世界话语权网络的主线（费尔南·布罗代尔，2016：745-746）。

热那亚经营和控制着这种广泛的话语联盟和关系网络，当然其他国家也会建立相应的关系网络和资源交换圈子，但是它们不具备热那亚所拥有的公信力和悠久历史。由于这种公信力和久久为功的努力，热那亚在16世纪创建的国际金融、商业和政治话语关系网络赋予了自身与众不同的竞争优势，这种跨国话语网络以热那亚的相关制度为辅助，使得热那亚在欧洲具备了足够的地位和影响力，这种影响力不仅仅是话语方面的，更是制度方面的。

3.6.4 国际话语权与战略性资源话语权的掌控

通过简要比较不同国家所采取的国际话语权战略可以发现，国际话语权的构建一开始并不是直线演进，而是以"向前与向后，自主与创新"共存的方式在演进，新的话语方式在此过程中并非完全替代了旧的话语方式。恰恰相反，每次向前的运动和话语权构建过程都有着之前既存路径的影子。因此，虽然热那亚国际话语权是以热那亚国际金融话语权和伊比利亚地主统治的联盟为基础，但是这些路径后来又被荷兰效仿，被情况更加复杂、规模更大且以新形式出现的国际话语权构建取代。

在与外部合作、建立话语联盟关系层面，荷兰人也像热那亚人一样建立了可以免费搭乘的联盟便车。在16世纪末和17世纪初，荷兰便开始与其他国家建立联盟合作关系（Jonathan Israel, 1995：305-306）。从一开始，荷兰就把大西洋和印度洋上的扩张行动看作反对西班牙帝国权力在时空上的一种延伸，实际上荷兰也是如此做的。通过荷兰东印度公司的章程和相关制度，荷兰把攻击和反对西班牙与葡萄牙的权力、威信和势力作为主要目的来强调，这也是荷兰能比热那亚的国际话语权扩张向前推进一大步的原因。通过在政治上把控制商业和金融贸易等领域的权力掌握在自己构建的制度体系中，荷兰能够使用资本主义话语权来解决其在欧洲之外地区面临的问题。

由此，我们可以得知，一种国际话语权（这里是指荷兰）超越和取代旧有国际话语权（这里是指热那亚）的主要优势，在于其相对于旧有体制产生的权力等优点。荷兰人通过荷兰东印度公司这一体制获得了意想不到的成功，他们所采取的措施和伊比利亚半岛人采取的措施不同。荷兰人在此过程中的重点不是获得更多的领土，奴役更多的人民，而是掌握国际社会的战略性资源的话语权（核心是金融话语权），避免旧有帝国逻辑给自己带来的精力消耗，最后荷兰人发现自己比葡萄牙人（伊比利亚半岛的统治者）获得了更大的国际话语权。

这种国际话语权的获得,是荷兰东印度公司为掌握优质香料的绝对话语权而重组贸易和权力体系的直接结果,从而把荷兰东印度公司变成了一个微型帝国,为荷兰本土创造了更多的权力。荷兰东印度公司在追求利润方面越是成功,它在印度洋等国际体系中掌控的话语权也就越大。在17世纪下半叶,荷兰在印度洋建立了一个比伊比利亚半岛统治者在过去150年里设法建立的话语权要强大得多的印度洋帝国话语权。这一切都是荷兰在15世纪90年代末就开始向印度航行的直接结果,荷兰在印度建立帝国话语权的第一步即是1594年3月(也有学者认为是1602年)在阿姆斯特丹成立私人公司Van Verre(远距离地区公司,Long-Distance Company)。Van Verre最初资产为50万磅,这是一个由九名商界精英组成的财团,其中雷尼尔·鲍尔(Renier Pauw)和亨德里克·哈德(Hendrik Hudde)都是有影响力的摄政者,他们将商界和政府之间的资源很好地桥接起来,随后该公司在雅加达、安汶岛和马六甲建立了戒备森严的贸易据点(Jonathan Israel,1995:319;Lawrence James,1997:70-71)。

与此同时,关于东印度群岛的商业以及亚洲的商业信息和知识在荷兰内部广泛传播。例如,1596年Huigen van Linschoten出版了一本关于东印度群岛路线、商品和具体情况的商人手册。1590年菲利普二世解除对荷兰人的禁运后,在阿姆斯特丹新成立的葡萄牙加密犹太区最先从葡萄牙的里斯本进口东印度商品,而荷兰在独特的联邦制度和国内公民自治的强大影响下设计出了一种全新的商业组织———一种特许的、由国家大力支持的股份制垄断组织,该组织联合组成拥有雄厚独立资金和账户的商会,遵守联邦董事会制度的一般准则和政策,并成功在1605年从葡萄牙人手中夺回了印度尼西亚的香料控制权(Jonathan Israel,1995:320-322),这种成功影响了欧洲其他国家的利益,它们也想获得这样的成功。于是在荷兰的示范作用下,越来越多的欧洲国家开始走上"荷兰道路",这表明在构建国际话语权的过程中,资本权力逻辑优于领土权力逻辑。这是一门心思追求利润的荷兰能以小博大地在印度洋获得更多的利润和建立起自己微型帝国的原因,也是葡萄牙努力150年(试图征服更多的领土,奴役更多的人民,以此扩大自己的国际话语权)却最终失败的原因。

在整个17世纪,阿姆斯特丹集散中心、证券交易所、汇票制度,就像一块巨大的磁石,把全欧洲甚至全世界的资源和利润都吸到了荷兰境内,从而使得荷兰获得了国际话语权。

4 工业帝国时期：
英国国际话语权的构建

4.1 第三国际话语权——英国国际话语权时期

4.1.1 英国国际话语权确立的三个阶段

在17世纪荷兰成为欧洲舞台主导者之前，伊比利亚半岛的两个君主国家——葡萄牙和西班牙之间展开了探险贸易的权力争夺，但是没有一方能够控制欧洲。18世纪英法之间展开激烈争夺，而到了19世纪，正如艾瑞克·霍布斯鲍姆（Eric Hobsbawm）所说的那样，资本主义世界在由英国创建的国际金融制度和贸易机构组成的单一体系中发展起来，并以英国货币单位作为标准计算单位。19世纪，英国的财政实力为一个主要（但不完全）以伦敦为中心的货币体系奠定了基础（Robert O. Keohane, Joseph S. Nye Jr, 2011：8）。

直到20世纪初，英国人都在不断变化的国际语境中，不仅通过报纸和通讯社，还通过制度构建其国际话语权，例如英国在1914—1922年实现了对印度的正式信息管理和报纸供稿，并建立了政府间的经常性外交。在20世纪30年代和40年代，名为乔伊斯（A. H. Joyce）的资深外交官负责印度办公室的公关事宜。乔伊斯是1937年第一位被任命为宣传人员的官员（这一头衔与信息官员互换使用），他曾经是老将休·麦格雷戈（Hugh MacGregor）的得力助手，职权包括管理信息办公室、每日收集和分发有关印度的剪报、记录伦敦与印度有关的活动、安排名人访问和议会答复、保存和借阅官方照片集、编写印度和缅甸每周新闻摘要、答复电话询问和发布官方公报、向新闻机构和新闻界发布官方公告、召开新闻发布会、接受记者采访等。1919年，英国为解决印度国内的大规模民族主义反抗和管理印度内部政治结构问题，出台了《印度政府法》，确定了印度新闻界必须遵守的规则以及印度新闻界观点表达的范围。信息的全球化意味着印度等国家越来越多地被纳入由英国主导的跨国新闻网络和文明同化战略中（Chandrika Kaul，2014：4-12）。

其实早在都铎王朝统治时期，英国已经在"事实上"（即在制度和情感上）发展成一个有着明确边界的民族政治体，具备了用政治自治性来实现国际话语权扩张的能力（沃格林，2009：81）。英国的海军力量又进一步强化了这种能力，使其成为欧洲历史上的霸主。大约在 18 世纪中叶，英国已拥有 6000 艘 50 万吨的商船，是其主要竞争对手法国的好几倍。此前，即使是热那亚与荷兰，也都没有单独（无其他国家争夺权力的情况下）成为世界霸主（Eric Hobsbawn，1999：38）。英国先是在 1066 年征服诺曼，后来在 1701 年合并苏格兰，又在 1801 年促使爱尔兰加入，终于在 19 世纪将"内帝国"基本定型。并且，一个以英格兰为中心的"位于欧洲的英国"早在 17—18 世纪已经开始在海外建立"外帝国"。这个帝国除了掌控诸多殖民地，还掌握着通商口岸、炮艇和卫戍部队、飞地和运转口岸、装煤站、海洋航线、电缆等资源，成为历史上最大的帝国（克里尚·库马尔，2019：341-345）。大不列颠帝国到 1870 年就已经把触角伸到全球各个角落了，它的势力范围拥有超过四分之一的人口和近四分之一的世界陆地面积（劳伦斯·詹姆斯，2018：178）。但是，英国公众对"帝国事业"不感兴趣，众多历史评论家，从约翰·斯图尔特·穆勒（John Stuart Mill）到 BBC（英国广播公司）官员都惋叹大众对帝国的冷漠和无知，很少有英国公众关心帝国事务，"帝国事业"仅仅依靠着一小部分精英群体的治理和支持（克里尚·库马尔，2019：346）。

既然如此，英国如何构建起自己的国际话语权？这个构建过程分为三个相继发展的阶段。第一阶段，作为传统的地主阶级统治者，英格兰和法国都企图将主要资本主义国家纳入自身的话语联盟中，尤其是两国都想在 17 世纪后期把老霸主联省共和国（荷兰）的权力网和话语关系并入各自的话语权网络中，掌握规则设计权、标准制定权和是非裁判权等。科尔伯特（Colbert）告诉路易十四，"皇家制造业是他的经济集团，企业是他的储备"，他建议"如果国王能够将联省共和国全部隶属于他的权威之下，其商业将成为陛下臣民之商业，因而也别无所求了"。随后法国在十年中恢复了财政，并在 1672 年与英国同时发动了对荷兰的致命入侵，荷兰人的贸易区就此被视为盎格鲁-撒克逊人的土地或摩尔人的地产，是要用军事去夺取和享用的实物（Perry Anderson，1974：36-37）。但是，当时尽管处于衰弱态势的荷兰，其能力和权力仍旧远远超过 17 世纪刚刚兴起的法国和英格兰，两者即使合作也无法征服荷兰。并且，英法两国之间的竞争，成为两者在通向霸主路上不可逾越的障碍。

兴衰与嬗变 | 国际话语权构建的历史之维

随着联手合作征服荷兰的失败，英格兰和法国的国际话语权构建/争夺进入了第二个阶段。在意识到无法吞并联省共和国的情况下，英格兰和法国提出了一种新的战略——替代荷兰的国际话语权。在科学技术和知识进步的影响下，法国和英国虽然作为全球权力斗争的新手，却获得了其他国家所不曾拥有的后发优势，尤其是对军队的科学管理方法。军队不再是臃肿的大规模人群组合，而是变成了小而精干的高效率组织，这是其他国家所不拥有的优势。当时，只有英国和法国对军队进行了这样的革新，并改进了制服，实现训练的标准化。这种有组织的军事训练和安排，以及将军队的官僚化管理并将其纳入民间社会，成为18世纪和19世纪欧洲的治国之道，在抵抗其他民族的冲突时显示出异常有效的特点，这种成功反过来又促进了海外贸易的稳定发展。而除此之外的其他国家在枪炮和黄油之间难以做出抉择（对这些国家而言，"黄油更为重要"），仍然采用传统的军队管理制度和方法（William McNeill，1984：135-144）。这种优势最终在19世纪成为英格兰的压倒性优势，使其能够打败荷兰，以孟加拉国为跳板，控制整个南亚次大陆，征服日本，将东方部分国家纳入其控制之下。凭借清教徒的意识形态传播、辅助商业网络的构建和自由观念的渗透，英国将自身构建为"海洋帝国"（克里尚·库马尔，2019：352）。

早在18世纪，这种优势已经足以使英格兰获取一些地区性的话语权，不像葡萄牙和荷兰帝国仅仅致力于建立一个亚洲海上帝国，尤其是致力于东印度洋话语权的构建。如果仅仅凭借自身的军事实力，英国很难超越旧有国际话语权主导者，因此新手英国必须大幅度调整世界权力（商业、殖民地）的政治版图。在将资本权力逻辑和帝国/领土权力逻辑结合之后，英国成为新的综合体，这一新的综合体有三个相互关联且举足轻重的话语权战略：经济民族主义制度、资本主义奴隶制度、移民殖民主义制度。这三个战略对于其重组世界话语权体系不可或缺，尤其是移民殖民主义制度，在英国替代荷兰世界话语霸主的过程中扮演着举足轻重的角色（George Nadel，1964：9-10）。

资本主义奴隶制度，既是移民殖民主义制度成功的前提条件，也是移民殖民主义制度成功的结果。因为英国在扩张殖民地和发展殖民地的过程中，一直面临着劳动力短缺问题，而英国国内的人口资源无法填补这一短缺。这种长期的劳动力短缺（主要是在美洲）刺激了奴隶（主要是非洲的奴隶）贩卖的兴起。将奴隶当作商品的资本主义制度，解决了殖民地劳动力短缺问题，而这一问题的解决，反过来又成为英国扩大自身在殖民地的话语权的主要因素。17世纪40年代英国很快成为跨大西洋贸易的中心，其基础正是鱼类、烟草、蔗糖贸易以及新的奴隶买卖（Lawrence James，1997：77-78）。

在重商主义和新教伦理精神的支持下，英国大刀阔斧地调整其国际话语权的政治经济基础，若想取得成功，就需要移民殖民主义制度和资本主义奴隶制度相互配合，这是两个必要但不充分的条件。还有一个关键的战略是经济民族主义制度。完全的主权和爱国情怀是英国人的精髓，主权国家作为英国经济扩张力量的代理，将经济和政治结合起来，以推动其海外扩张，最终落实在海事权力上。这一制度包含两方面的内容：一是在殖民地内部以及国际领域内的利润获得和资本积累，以获得经济上的话语权；二是对国内经济的开发，依靠自己的力量充实国际话语权构建的基础。例如1622年英国贸易委员会就布料贸易衰败提出了补救办法，勾勒出了攻击荷兰贸易地位的主要路线，禁止向荷兰售卖乌尔和富勒的土地，英国船只和英国商人不向荷兰人提供西班牙或土耳其的羊毛，并且提出了一系列改善贸易、渔业和航运总体平衡的建议。这种经济民族主义制度同时以向内和向外两个维度展开（Charles Wilson，1958：24-31）。经济民族主义制度早在三百年前的意大利城市国家——威尼斯、佛罗伦萨就已经率先使用过。英国在此使用基督教信仰，调动平民百姓的力量参与国民经济的发展，把尽可能多的经济活动纳入政治权力的管辖范围之内，国王和商人并肩共谋，爱国主义的情感力量和经济民族主义结合起来，加上"重商主义"广为接受，被指定为一种旨在促进"国家权力"的制度（Charles Wilson，1958：153）。在当时的讲道内容、传单和社论当中，人们都不断地提到，个人的内在力量和目的意识都是来自基督教的信仰，这种信仰影响到了英国平民的思想。这样就把平民百姓的力量也动员了起来，使其加入国际话语权扩张所需要的力量中，推动开创海外贸易。英国人的创造力推动了英国制造业的发展，加上海军优势，英国有能力开辟新的市场，并且在世界事务中拥有发言权（劳伦斯·詹姆斯，2018：168）。

在英国构建其国际话语权过程中，它的岛国优势、两个世界之间调停者的角色以及强大的海军实力发挥着十分重要的作用。与荷兰和法国不同，英国不需要为陆地疆界配备兵力，所以能够专心专意发展自己的海上实力，最终经过长达两百年的努力而变成世界强国。在此过程中，英国学会了如何在欧洲大陆权力斗争中，将他国看来是地缘政治缺陷的势力（岛国既是一种优势，也是一种地缘政治缺陷）转变为争夺世界话语霸主地位的竞争性优势。这种转变到了17世纪中叶已经完成。从那时起，当欧洲大陆国家进行内部斗争时，"蓝海派"（Blue Water）外交政策的早期信奉者就警告英国政府远离欧洲大陆的权力博弈和纷争，专心扩张自己的海外势力，并让其形成一个循环往复的成长过程。因为在"蓝海派"看来，这些纷争不仅会耗费英国的财产，而且还得不到实际收益。"蓝海派"代表人物乔纳森·斯威夫特（Jonathan Swift）在其小册子《同盟之所作所为》（Conduct of the Allies，1711）中将英国曾经参与的两次战争所耗费的物力、人力和财力进行了对比，他宣称参与欧洲大陆的纷争挥霍着国家的人力和财力，还不如将国家资源全部集中于发展海军，以便有能力逐一占领西班牙控制下的新印度群岛，这样英国就依靠海洋贸易和海外扩张获得了巨大财富（Lawrence James，1997：88-87）。英国在海外势力的成功，使得欧洲大陆国家感受到的压力越来越大，忙于内患的欧洲大陆国家最终追赶不上英国不断增长的世界权力。这种欧洲大陆内部的权力斗争最终也使法国从和英国争夺世界话语霸权的斗争中退出，英国和法国的七年战争（1756—1763）最终以法国失败告终。由此，英国不仅成为欧洲均势的调节者，而且在真正意义上开始了构建全球话语霸权的征程。

随后英国构建国际话语权进入了第三个阶段（18世纪末及19世纪初），这一阶段的主要特点是争夺大西洋的斗争日趋激烈。美洲臣民的叛乱一波接一波，反叛浪潮直接导致整个美洲和欧洲大部分地区发生了彻底的变化，还促成了全新的世界话语霸权（英国自由贸易帝国话语权）的最终建立。这种新的霸权重组了国际体系及国际话语权秩序，以适应新的变化和新的权力斗争。

随着1776年美国通过《独立宣言》，围绕着大西洋的权力争夺正式出现在北美殖民地，最先受打击的是英国。法国随即抓住这个机遇发起了对英国的报复。然而，这种报复产生了1789年法国大革命这一事与愿违的局面，这场大革命所释放出的能量被拿破仑输入法国加倍的复仇过程中，这反过来又导致移民、中产阶级以及殖民地奴隶更为普遍的叛乱。事实上，1789—1917年的世界政治动乱是为支持或反对1789年颁布的《人权和公民权宣言》而斗争。在这个过程中，法国不仅为世界大部分地区提供了自由和激进民主政治的词汇和议题，也提供了关于民族主义的成功案例、法律法规、科学技术组织模式和度量衡体系，但是不能把英国和法国之间的这种差异推得太远（Eric Hosbawm，1996：53）。

在持续不断的国际话语权力斗争中，违反威斯特伐利亚体系的原则、规范的情况非常普遍，尤其是拿破仑时期的法国，不仅煽动底层百姓起义，而且以上帝的名义强行发号施令，侵犯欧洲统治者的绝对治理权。英国要想获得世界话语权的霸主地位，首先要恢复其在国际体系混乱时期对欧洲的绝对治理权并恢复威斯特伐利亚体系，在此过程中英国组建了一个主要由王朝力量构成的广泛话语联盟，以促进其国际话语权构建。随着1815年《维也纳协定》的签署以及1818年"亚琛会议"的召开，威斯特伐利亚体系成功恢复。英国国际话语权的确立与荷兰国际话语权的确立有些许相似。正如荷兰人在反对西班牙帝国的斗争中成功地领导了即将诞生的国际体系一样，英国也在反对拿破仑法兰西帝国的斗争中成功地领导和恢复了行将灭亡的国际体系（乔万尼·阿里吉，2022：67），两者都是通过成功领导国际体系而确立了自身的国际话语权地位的。

但是，与荷兰不同的是，英国继续统辖和掌控着这一国际体系，而且在领导这一国际体系的过程中对它进行了重组和改革，以便其适应处于持续革命动荡中的新权力实体。由此，联合王国统辖下的国际话语权体系既扩大了又取代了威斯特伐利亚体系，真正地造就了大不列颠话语霸权。

4.1.2 英国国际话语权的具体生成路径分析

我们有必要分析英国在这一过程中到底采取了哪些措施。第一，英国号召欧洲一些老的王朝国家和寡头政治国家组成话语联盟，这个联盟并非英国新建，而是以威斯特伐利亚体系的成员为原始核心，后来英国又号召了一些新兴国家加入这个话语联盟中。因此，英国领导下的国际话语权体系不完全受英国君王的个人利益、喜好、情感和雄心控制，不再像美第奇家族、富格尔家族统治下的国际话语权体系，而是受到联盟的集体诉求、共同利益和共同目标的制约（Edward Carr，1945：8）。

伴随着国际话语权体系"民主化"发展趋势的是世界话语权空前地集中到了英国的手中，英国只要掌握了这个联盟的话语权，就等于将世界话语网络掌握在了自己的手中。1776—1848年，只有英国卷入了对世界其他地区政治生活的干涉，享有国际政治事务的话语权。英国实现了欧洲国家一直以来的目标——主宰而非受制于全球均势。

欧洲强国在1815—1875年间存在着稳定的均势，因而英国没有必要全面地承担义务（保罗·肯尼迪，1989：191）。为了巩固和更加有效地掌控全球均势，并在其中掌控话语权，英国带头巩固了自《威斯特伐利亚和约》诞生以来就开始在欧洲大国之间运行的松散的磋商制度和协商机制，并且借此机制建立了四国（英、俄、普、奥）话语联盟。在《维也纳和约》之后的大约30年时间内，四国联盟成为英国支配大陆均势的主要工具。英国不仅借此获得了欧洲大陆政治中的"老大哥"地位，而且掌握欧洲大陆与世界其他地区的话语权。英国主要基于共同利益，而不是基于共同的意识形态或者价值观构建了四国联盟的基础。当然18世纪欧洲各国之间共有的"四海一家"观念和共同的政治文化——共同的语言、宗教信仰等要素减少了四国联盟构建的障碍，这些要素成为四国联盟的润滑剂（郝思悌，1988：78）。

第二，伴随着老牌殖民帝国在西方世界权力斗争中解体而来的，是它们在非西方世界的扩张。1800年，西方国家只拥有地球表面大约35%的陆地，到1878年这一比例已经升至67%，到1914年时达到85%（Harry Magdoff，1978：29），西方国家在非西方世界的殖民地史无前例地扩大。与西方宗主国相比，处于不平等地位的东方成为西方命名和想象中的东方，正如赛义德所言的"东方主义"（W. Edward Said，1993：8）。英国无疑占据着最大的殖民地份额，在此过程中，英国前所未有地恢复了大不列颠帝国对世界的统治。实际上，英国在19世纪掌握世界话语霸权，不仅是帝国统治的东山再起，更是英国通过自由贸易的体制及其实践来支配殖民地。

在这里需要强调的是，英国自由贸易体制和积累机制是其确立世界话语霸权的基础。历史上从未有过像英国在19世纪（尤其是在19世纪中叶）这样行使着世界霸权的国家，把面积如此之广、人口如此之多、数目如此之大的非西方世界纳入自己的管辖范围内；历史上也从未出现过像19世纪的英国及其东印度公司在东印度洋及南亚次大陆那样的情况，在如此短的时间内，以自由贸易等机制，榨取了如此多的利润（乔万尼·阿里吉，2022：69；Eric Hobsbawm，1996：303）。与此同时，英国又将东印度公司获取的利益做了相应的分配，一部分服务于其在全世界范围内进行的殖民扩张，使得越来越多的非西方国家领土及其话语权被纳入英国的控制之下，另一部分则被用于资本或金融贸易流通领域国际话语权的构建，通过伦敦与欧洲其他国家之间的金融贸易，英国在西方世界的话语权不断增强。领土扩张（帝国权力）的逻辑和资本投资（资本权力）的逻辑相得益彰。

英国依照领土扩张逻辑从殖民地榨取财富，再依照资本投资逻辑将其投资到世界资本循环体系中，从而使伦敦发展为一个世界金融中心，并将其抬升到诸如巴黎、阿姆斯特丹等其他金融中心一样的优势地位。这种优势使得伦敦成为资本融资的首选之地，伦敦将来自世界各地的金融资本家紧密组织起来，以构建起其可以支配的全球金融网络，并享有这个网络所带来的利益，而这个金融网络进一步成为英国支配国际权力体系和塑造国际话语霸权的工具。因此，英国世界话语权霸主地位的取得，虽然有时靠的是大型海上舰队的威胁，但是更为主要和频繁的还是通过及时地支配、调整和扯动国际金融/货币网络的织线来获得的（卡尔·波兰尼，2007：16）。没有一个市场能够挑战伦敦的霸主地位，此霸主地位足以证明它所主张的功能性国际主义（functional internationalism）的正当性，金本位制度使得英镑成为真正的国际货币（Edward Carr，1945：13—14）。

第三，英国以世界政府这种新工具，取代和扩展了威斯特伐利亚体系。与威斯特伐利亚体系基本原则——国际体系不存在任何权威——相比，大英帝国在19世纪建立了与众不同的国际原则和国际制度——受英国自身"法则和规范"支配的世界政府，这一世界政府建立在由英国支配的世界市场的基础上，借此，运行于国际体系的法律、规则和规范等制度都要受制于更高的抽象实体，即一种由英国"说了算"的权威。实际上，卡尔·波兰尼（Karl Polanyi）（2007：5）也认为19世纪的文明是制度的文明，其中关键在于管理市场经济的法律体系。这种权威超越了中世纪统治欧洲体系的国王和教皇所掌握的权力，通过展示英国作为抽象实体的世界霸主地位，成功地在国际体系中增强了国际话语权，使其成为相当于世界政府的那种话语权，一直持续到它的国际话语权机器无法保证自身运行效率和功能之时。

这种世界话语霸权的获得是英国采取海外领土扩张、国内自由贸易、发展资本商品工业的思想和实践的产物。1846年3月15日，英国开始了自由贸易的时代，不再是遵循保护主义旧习，虽然其总是在英国内部反反复复，但是在自由主义浪潮的推动下，英国最先停止与欧洲同伴的多边贸易体系，率先向全世界的商品敞开其国内市场的大门（Paul Bairoch，1993：18—27），这些政策将英国转变成支配世界整个经济体系和运行网络的领导者：在英国的领导下，原先荒芜的殖民地以及落后的地区，开始在英国工业革命的成果——铁路、蒸汽机、船只等现代工业技术的驱动下"快速发展"（Edward Carr，1945：13—14）。

通过将国际市场与国内市场连接，联合王国在世界范围内建立了效忠并依附其财富和权力扩张的国际话语权，对国际体系和世界市场的这种控制，连同对欧洲均势的掌控形成了协同效应，使得英国可以像历史上其他帝国一样能有效地支配世界话语权体系。结果，在英国国际话语权时期，出现了一种在西方文明史上从未有过的现象，那就是1815—1914年的欧洲百年和平（卡尔·波兰尼，2007：5）。

这种持续一百年的欧洲和平，反映了英国空前的世界话语霸主地位及其能力。对于英国在欧洲和全球权力斗争中所有的对手而言，它的硬权力装置（殖民地陆军和海上舰队）使其地缘政治优势（岛国位置）成为决定性的相对优势。但是这些决定性相对优势，并不能解释英国在19世纪中叶显示出来的重建世界，不仅仅是欧洲国际体系，并掌控世界话语权以服务于其国家利益的能力：海上力量以及殖民地权力和岛国优势在19世纪中叶之前就已经存在，缘何在19世纪中叶以后英国才具备支配世界话语权的能力？

要回答这个根本性的问题，单纯地分析英国世界话语霸权如何依靠各种路径构建起来并不充分，还需要更进一步地深入思考和探索。英国世界话语霸权的地位以及能力，源自其控制和支配的权力网络不仅仅服务于英国自身的利益，同时也服务于世界普遍的、共同的利益，即英国的国际话语权不属于自私范畴，而是具有了一定国际公共利益的属性，这与我们以往的霸权主义断言有所不同。源于对"帝国"观念的变化以及英国国家性情的变化，英国对过去只谋求一己私欲的行径深感懊悔，开始了"我为人人"的帝国构想，这种观念在很大程度上源自18世纪末和19世纪初的自由主义理想家和福音派的启示，他们认为不列颠的天职是从物质和道德两个层面帮助愚昧落后的种族（劳伦斯·詹姆斯，2018：380）。

19世纪的《不列颠和平报》（*The Pax Britannica*）见证了英国主导国际话语权的黄金时期。国际经济的相互依赖和相应的秩序是由英国建立和实施，而且是被其他大国普遍接受的支配制度。尽管存在自由的神话，但是英国在必要的时刻还是动用了其军事力量，以保护贸易自由和航运话语权。英国的国际话语权之所以能够确立，用一份重要的英国备忘录里的话说，则是因为它所领导的国际秩序与大多数国家（大多数人）或尽可能多的国家的主要和切身利益密切相关（Robert O. Keohane, Joseph S. Nye Jr, 2011：55）。

与此同时，英国之所以关注其他国家的利益，是因为1776年至1848年间革命巨变创造的国际体系环境。当时在欧洲及美洲等许多地区的革命巨变过程中，掌握政府权力的主要是财产持有者，这些群体关注的是其财产和财富的金融或货币价值，而非传统政治统治者的政治权力。正是这些关注财产和财富的群体构成了英国的拥护者。与此同时，英国巧妙地以其自由贸易、伦敦金融体系等制度，牢牢地吸引着这些拥护者。

与此同时，工业革命提升了英国的实力，率先发展起来的铁路、纺织技术，钢铁的大批量生产、内燃机、电力和能源产业等优势极大地促进了英国把自身的国民企业和其他国家，尤其是北美洲国家的企业联系在一起，形成互补效应。这样英国统治者开始意识到，工业革命赋予了他们发展经济的先机，使得他们获得了能够影响甚至支配世界关键领域的话语权，可以将此当作支配其他国家的无形工具。这一工业先发优势与其殖民地和海军力量一起，使英国取得了在工业、金融以及世界贸易领域的领导权（Harry Magdoff, 1978：36-37）。随着工业革命的发展，英国国力逐渐增强，英国构建自身国际话语权的能力也逐渐提高，从而服务于其帝国扩张事业。

19世纪英国在国际话语权层面的成就是空前的，但是通往成功道路的新颖性不容夸大，因为这些道路在许多年前已经由其他国家开辟出来了，新颖之处仅在于英国将这些道路很好地与国际、国内体系环境整合起来，获得了这些道路统合的优势。

第一条道路——委托机制早在几个世纪之前即已被威尼斯开辟了出来，尽管在19世纪英国的权力和财富达到极致时，委托机制带有某种程度上的消极意义（Geoffrey Ingham，1984：9）。英国的地理位置正好处于19世纪世界贸易的枢纽中心。英国转口贸易的中心地位、海军的霸权地位、伦敦的金融中心地位等，使其看起来像是一个大号的威尼斯或是荷兰国际话语权顶峰时期的复制品，虽然英国的领土、人口和自然资源比荷兰和威尼斯要更为广阔、更为雄厚。

第二条道路则迥然不同，需要我们将19世纪世界政治结构以及海外殖民地之间的关系统合起来考虑，以此我们才能看清它。从更广的视野来看，即站在历史长河中来看，在构建国际话语权过程中，19世纪英国模仿的并非仅仅是荷兰或威尼斯，而是热那亚。19世纪的英国同三百年前的热那亚一样，是一个需要源源不断的智慧和物质资源维持其运作的混合体（Paul Kennedy，1987：48）。19世纪的英国和16世纪的热那亚在世界远程贸易、融资网络、空间布局的结构和战略方面都高度相似，这些网络有助于国际话语权的构建和扩张。

简而言之，19世纪英国创建的世界话语权兼具资本权力逻辑和帝国/领土权力逻辑的属性，而英国对荷兰国际话语地位的取代和扩张，不仅涉及沿着历史上帝国曾经所开辟并遵循的道路向更为庞杂的政治权力结构"迈进"，同时关涉向世界范围内的话语统治和话语权力结构与战略的"回溯"。在这个方面，英国领导的世界资本主义经济的形成与扩张，与其说是以更加有效的手段取代了前现代时期帝国所使用的手段，还不如说是对旧有国际话语权构建手段的延续与更新。

19世纪英国国际话语权领导下的国际社会，既是一种"世界经济"，又是一种"世界帝国"，它无疑是一种全新的世界帝国。这个帝国的独特处和新颖处在于它对在世界范围内被普遍接受的支付手段、世界货币等标准和规范的垄断性支配与控制。对关键性战略资源话语权的掌控，使得其他国家的君主不得不服从，而对世界支付制度和世界货币规范的垄断性控制只要持续一天，就能够使得英国政府以极大的效率治理更大范围的政治－经济空间，而这些空间比先前任何一个帝国可能或实际治理的空间都要大得多。

4.2 工业革命与英国国际话语权的全球布局

　　工业革命在本质上也是一种社会文化现象，而不仅仅是一种单纯的技术和经济现象，它使得欧洲（尤其是英国）在技术和经济上获得了比世界其他地区更大的优势（Carlo M. Cipolla, 1993: 261）。19世纪英国政府的干预改变了英国不断扩张的工业生产和商品组合，通过把成千上万的穷人和未充分就业的普通公民吸纳进入军队（海军和陆军）发展中，从而把社会需求从个人消费品转移到了大型海军和陆军的军需品上。资本货物工业由于公共支出和公共债务得到极大扩张，为冶铁业的快速发展提供了前所未有的动力，荒凉的威尔逊和苏格兰地区建造了新冶炼炉，冶铁业的资本家在这种动力的支持下，积极探索冶铁技艺的创新，这种源于军事的钢铁生产在一定程度上推动了英国工业革命的发生，最终在铁路修建和造船行业找到了突破点。铁路的修建使得冶铁业的订货率提高，也使得冶铁业资本家想方设法地以高超技术生产廉价产品，以寻找新的道路和新的获利来源（William McNeill, 1984: 211-212）。

　　冶铁行业的进步，加上蒸汽机带来的纺织工业机械化，使得英国的资本主义工业生产成为一台强大的机器。英国获得了同一时期其他国家所不具有的国际话语权，而此前资本主义帝国的国际话语权主要体现在经济层面。从14世纪开始，英国就已经开始从事羊毛织物的生产，并且英国生产的羊毛是欧洲最好的。在中世纪最后的几个世纪里，羊毛和粗纺布是英国出口的主要商品（Carlo M. Cipolla, 1993: 201），机械化增加了英国工业生产的品种、数量和范围，使其成为全世界范围的货物供应商，进而成为世界经济强国，为国际话语权构建奠定了坚实的经济基础。蒸汽机和动力织布机彻底改变了世界力量的对比，使得亚洲等非欧洲地区处于"西方人的"（尤其是英国的）影响之下，这种影响不仅仅是经济层面的，还表现在宗教信仰和文明层面（保罗·肯尼迪，1989: 185-186）。英国在19世纪中后期对亚洲、大洋洲、南美洲、中美洲的出口增加了大约六倍，用于机械制造的钢铁出口增加了九倍（Eric Hobsbawm, 1979: 39, 50-51），并且英国还在印度等地建设公路、铁路网、电报装置、港口和土木工程等，借此英国与世界各个地区的联系网络明显扩大了（保罗·肯尼迪，1989: 186）。

　　跟金融贸易体制一样，英国的工业革命也属于资本主义的重要组成部分，但是工业革命不是突然发生的事情，而是一个连续不断的发展过程。它虽然是

18 世纪的新鲜事物，但是 18 世纪末和 19 世纪初英国工业的快速发展源于之前两个世纪的持续积累。在 1640 年前后，英国的工业技术变革、工业活动种类、生产范围等开始扩张，为两个世纪以后英国的工业革命奠定了基础。"把工业主义的兴起看作一个上达 16 世纪中叶下至 19 世纪末工业国家取得最后胜利的漫长过程，要比把它看作是一种在 18 世纪末和 19 世纪初突然出现的现象更加合适。"（John U. Nef，1934：22－23）这个缓慢发展的过程，彻底改变了 19 世纪国际权力背景和权力平衡态势，增加了殖民经济体的依赖性，英国借工业化进程在世界其他地区进行国际话语权的构建，远远超出了风力战舰的限制。这种国际话语权构建在与电报、铁路和远洋轮船结合以后，信息传播成本更低，传播速度更快（John Darwin，2009：20）。

4.3 国际金融制度和英国国际话语权的辩证关系

有关英国兴衰的历史叙事，多关乎海外扩张、殖民地侵占等武力和军事层面的梳理，实际上英国之所以能够成为帝国，也在于其文化、法律制度、管理制度和宪法等内容的成功输出。一个国家的经济命运是由自然禀赋（广义地说，是地理环境等）和人类行为（简而言之，社会文化和历史）共同决定的，这是经济史角度的国家兴衰史。土壤质量、海洋资源、矿产资源、平均温度和湿度等给定因素，在经济发展方面虽然具有举足轻重的重要性，但也有证据表明良好的制度有助于提高一个国家的国际实力。

概言之，英国的国际话语权依赖于其在全球范围内建立起来的一个运行良好的国际政府的制度，而不仅仅依靠权力（Nail Ferguson，2004：584－585）。早在 1840 年左右，英国式的政府和制度形式已经在加拿大确立，随后成功传播到澳大利亚、新西兰和南非。英国作为一个帝国不仅是一个地缘政治实体，更是一个文化创造和富有想象力的人工制品（David Cannadine，2002：20－21，40）。从 1780 年至 1830 年，英国人开始将他们的帝国想象和作为世界主人的思想植入帝国制度和规则中。到 19 世纪下半叶，英国的帝国事业遍布世界各地，这个帝国不仅包括了无数的民族和文化，而且将其代议制政府和自由思想植入其帝国话语权构建过程中（Anthony Pagden，2003：206）。在 19 世纪下半叶，英国不仅加快资本输出，而且在全世界范围内继续扩张金融系统，并使其与伦敦的金融系统保持一致，这些金融机器与相关制度——贷款浮动、经纪人、银行、票据贴现等构成英国调节世界经济和权力的核心手段，它们也组成了英国国际话语权的中心神经。不同制度和组织之间关系紧密、高度统一，并在不同国家之间保持着最快捷、最密切的联系（John Hobson，2005：56-57）。在16世纪，热那亚人通过金融制度来调控和掌握国际体系的话语权，17世纪荷兰人也是如此，到了三个世纪后的19世纪，英国也通过金融制度机器来控制更大的权力系统。

卡尔·波兰尼（2007：5-6）认为，19世纪文明的独特性正在于它是一个以固定机制为中心的制度文明，它确定了19世纪文明史的特征，在众多制度中金本位制度最为关键。通过自由贸易体制和国际金融体制，加上工业革命的积极帮助，英国在19世纪获得了世界话语霸主地位。随后，越来越多的国家和地区加入英国话语支配的体系中，各个国家之间的商业贸易往来成倍增加，在这种状态下，国际社会普遍产生了对主导者的诉求，以维持贸易秩序，而英国恰好扮演了这个角色（Perry Anderson，1987）。1815年以后，由于荷兰和法国的衰弱，英国扮演这个中心控制者的角色再也没有竞争对手了。

几个世纪以来，英国一直是一个富裕的国家，但是它成为一个超级经济大国的时间不超过一百年，到19世纪70年代末，美国在大多数工业指标上与英国持平，并在19世纪80年代初超过了英国。在全球范围内，伦敦的国际话语权是无与伦比的，它在银行业、航运业、保险业和投资业等领域占据着主导地位。由于精明的战略规划和卓越的外交手段，英国即使在失去其经济主导地位后，仍然成功地保持了几十年的世界领先地位。早些时候，当伦敦看到权力向纽约转移时，它做出了一个关键决定，这个决定帮助其将影响力延续了几十年：它选择适应美国的崛起，而不是与之抗衡。由此可见，英国国际地位的衰落不是因为政治上缺乏智慧，而是由于经济衰退（F. Zakaria，2011：328-349）。

如果没有英国的影响，很难相信自由资本主义的结构会在全世界这么多不同的经济体中成功建立。没有英国制度的影响，很难相信议会民主制度会像今天这样被世界上大多数国家采用。印度是世界上最大的民主国家之一，它的精英学校、大学、公务员制度、军队、新闻界和议会体系都仍然有着明显的英国模式。不可否认的是，英国在19世纪开创了自由贸易、自由资本流动，并投入巨额资金开发了第一个现代意义上的全球通信网络，使其可以在广大地区推广和实施控制（Nail Ferguson，2004：680）。

4.4 战略性资源话语权的掌控与英国国际话语权

16世纪，热那亚通过皮亚琴察交易会制度把威尼斯变成其国际体系的一员，通过合同制度独占了在塞维利亚的美洲白银交易，这样循环往复，使得威尼斯的扩张最后成为热那亚扩张的一种手段。为了吸取这样的教训，借助东印度公司在17世纪和18世纪所获得利润，英国在19世纪奠定了资本主义基础，同时还积极扩大了自己的海军力量，稳定了自己的货币影响力（Fernand Braudel，1984：356），使得自己逐渐变得强大。

在16世纪，英国工业主义主要集中在纺织产品的生产，而到了19世纪伊丽莎白女王时期，她和她的领导团队们比同时代的统治者们更加明白和清楚当时世界权力扩张都离不开工业的发展，于是便把英国工业发展的方向由纺织业转向了高附加值行业。工业在高附加值活动中所获得的利润，可以促进其国际话语权的扩张。在此之前，英国只是致力于政治方面的发展（例如殖民地的拓展和国家重组工作），直到伊丽莎白女王将自己的资本权力逻辑与地主统治者的帝国权力逻辑相结合，致力于将英国塑造成世界商业霸主，才真正地将英国推上了世界话语霸主之位。因为，在17世纪，英国虽然在国际政治舞台上已经有一定的地位，但是英荷贸易纠纷使得英国不得不在根本上从属于荷兰体制。在这场贸易纠纷中，英国政府制定禁止生产商出口未经染色布匹的禁令，强迫英国生产商在国内完成纺织品的生产过程，提高产品的附加值，使得英国贸易摆脱荷兰中间商对纺织品贸易施加的限制。但是英国国内上浆和染色的成本较高，技术也不及荷兰，荷兰在上浆、染色、修整布料等技术方面拥有的绝对优势成为荷兰抽取利润的手段，英国政府此条禁令失去了效力。虽然如此，荷兰政府得知英国政府颁布此条禁令以后，1609年左右随即也禁止一切上过浆、染过色的外国布匹进入荷兰境内，这对英国的纺织业（当时是英国国内经济的支柱行业）产生了致命性的影响。一年以后，英国取消了禁令，但是并没有说服荷兰政府撤销其对英国精纺布的禁令（Jonathan Israel，1989：117－119；乔万尼·阿里吉，2022：252－254）。英国政府在经济领域的弱势地位，使其无法通过颁布制度这一方式保护其国家利益，英国纺织品的高附加值由此被荷兰控制，其经济长期处于不景气的状态，加剧了国内社会紧张局势和政治动荡。这种局面的根本原因在于国际社会中商业/金融资本主义发展的重要性要远远大于工业资本主义，而荷兰恰恰掌握了商业/金融资本主义的话语权。

| 兴衰与嬗变 | 国际话语权构建的历史之维

荷兰之所以能够掌控国际话语权并且使英国政府无可奈何，根本的原因在于荷兰处于世界贸易的集散中心并掌控了当时战略性领域——工业领域和商业资本主义的话语权，而不仅仅是因为其在工业技艺和生产水平方面的优势。1609—1621年间，荷兰人取代了英国人，成为一股充满活力、积极进取的力量，破坏了意大利人和法国人在地中海地区古老的商业主导地位。自16世纪70年代以来，英国在黎凡特贸易中的份额，在荷兰人的影响下暴跌。在荷兰占据世界贸易主导地位的情况下，英国人根本无法在航运方面与之竞争。荷兰人获得了西班牙白银，掌控着国际商品贸易，在胡椒和香料分销方面占据主导地位（Jonathan Israel，1989：102）。阿姆斯特丹作为世界商业转口贸易的中心港口，将有利可图的贸易所依赖的商品，如化学品、配料、稀有原料以及燃料等堆放在自家仓库里，那么其他国家在染色、漂白、磨光和精加工方面是无论如何也不能与荷兰竞争的，荷兰以贸易集散中心这一制度掌控着世界商品最为核心的技术和最为重要的利润组成部分（Jonathan Israel，1989：410）。由此可以得知，正是由于掌控了当时国际体系中最具有战略价值的话语霸权，成为商业霸主，荷兰才成为第二话语权体系的霸主。

我们再回到英国的布匹生产，在这方面英国虽然具备生产高质量布匹的技术能力，却缺乏将布匹向世界各地销售的能力，一旦荷兰禁止英国的纺织商品进入阿姆斯特丹集散中心，那么英国在制造技术方面的竞争力和优势将毫无价值。换言之，在当时，如果一个国家被排除在阿姆斯特丹集散中心之外，其物资将无法进行远程贸易。阿姆斯特丹是当时世界贸易转口的中心，世界各个地方的商品在这里集聚而后交易，变成彼此需要的物资，这使得荷兰任何一个行业的制造商都具备掌握核心技术的能力，从而在商业、工业方面富有话语权。一旦这种集散中心地位受到威胁，即使荷兰的工业占据优势，荷兰的话语霸主地位也会被替代。与荷兰不同，英国通过海军力量控制着世界以及世界贸易的关键点，如印度、非洲南端、锡兰、新加坡和香港，以人道主义辅助其海军战略利益，在非洲沿海地区站稳了脚跟，建构起战略性资源网络（Eric Hobsbawm，1996：107）。

英国是成功的替代者，把贸易从阿姆斯特丹集散中心转移到自己手里。在伊丽莎白时代，英国便确定了自己的国际利益，明晰了自己在国际话语权体系中的朋友和敌人。而后，随着工业革命的兴起、海军力量的强大、外交手段和相关制度的共同使用，最重要的是从荷兰政府手里接管了大西洋三角贸易的控制权——英国制造品换非洲奴隶，非洲奴隶换美洲热带产品，美洲热带产品换英国制造品，英国建立了在商业领域的国际话语权（乔万尼·阿里吉，2022：257；Christopher Hill，1967：129）。

英格兰的扩张是有意识的模仿（尼尔·弗格森，2013：4）。跟历史上的其他帝国一样，英国控制了国际体系中最重要的战略性资源的话语权。到了18世纪末，这一战略性资源是商业领域中的转口贸易及其一切有利的条件，包括金融贸易。16世纪末，荷兰由于控制了波罗的海的海军物资和谷物而构建了国际话语权。18世纪初，英国控制了大西洋地区的黄金、棉花、糖、烟草和奴隶等战略性资源的话语权而构建了世界话语霸权（乔万尼·阿里吉，2022：257）。19世纪，英国的工程师们率先意识到通信基础设施作为战略性资源的重要性，尤其是电报的革命性作用。依托早期铁路的基础设施架构，英国开发了连通其殖民地的"信息通道"，到了19世纪50年代，英国在印度建立了足够先进的电报基础设施，还先后铺设了两根海底电缆（尼尔·弗格森，2013：144-146）。但是两者之间仍旧存在根本性的差异，英国世界话语霸权的确立是将资本主义权力逻辑与地主阶级权力逻辑结合起来并往前大大推进一步，而荷兰国际话语权的构建仅仅是严格遵守资本主义权力逻辑进行，这也就是为什么英国不仅能够获得国际商业领域的话语权，而且能够史无前例地获得世界话语霸权。

资本主义权力逻辑战胜了伊比利亚地主阶级统治者，但是由于大西洋贸易的扩张和殖民地扩张，荷兰根本无法同英国争夺大西洋商业霸主地位，最终其在印度洋的贸易中也越来越多地被英国控制，同时西班牙王位继承战进一步加快了英国商业话语霸主地位的构建进程。西班牙政府将自己的部分殖民地市场以及在巴西的黄金供应特权转给了英国，英国迎来了在大西洋地区进行权力扩张的黄金时代。在1760—1832年间，英国成为世界上最大的贸易国、金融帝国和第一个工业化国家（James Curran，2002：48）。工业革命造就了英国的金融革命，1870年，这场金融革命得以深化，英国成为资本的主要输出国。商品和资本的输出使得英国成为一个无形或"不正式的"帝国（劳伦斯·詹姆斯，2018：170）。

在英国获取国际话语权的过程中，起直接作用的是伊丽莎白女王将政府与英国商人银行家结合起来进而建立的联盟。这种联盟在16世纪也出现过，例如佛罗伦萨与法国的合作、热那亚与伊比利亚的合作。这种基于外部政治交换关系形成的联盟增强了双方的实力，但是与之前不同，英国这种联盟所形成的政治交换关系是内部的，其效率和功能比以往都好。

英国国内商人资本家与政治家的联盟，在英国工业革命的不同阶段——从纺织工业扩张到金属工业扩张再到两者同时扩张——逐渐将工业资本主义转换为金融资本主义,从而摆脱了对荷兰金融话语权的附属地位,成为世界秩序的掌舵者,最终掌握世界话语霸权。

英国将转口贸易的控制权从荷兰转移到自己手中,让伦敦取代阿姆斯特丹成为世界贸易的集散中心,那么英国就获得了比荷兰时期大得多的权力(乔万尼·阿里吉,2022:270)。来自殖民地的利润和资金源源不断地进入伦敦集散中心。此外,还有世界车间的功能,例如在 1867 年,英国向印度出口了价值 2100 万英镑的商品,向澳大利亚出口了价值 800 万英镑的商品,向加拿大出口了价值 500 万英镑的商品,还有香港 250 万、新加坡 200 万、新西兰 160 万,英国占据了全球市场的半壁江山(劳伦斯·詹姆斯,2018:170)。在 19 世纪,英国同时行使着世界车间和集散中心的职能,这两种职能相辅相成,相互促进,最终使英国获得了在欧洲权力斗争中的决定性优势地位。

4.5 文化与传媒——英国国际话语权的构建

4.5.1 文明同化

伴随着国际话语权构建的是帝国宏伟的野心,英国人开始把目光从金融转向文化领域,随后英国的制度、行为方式和思想被引入其他地区。尼尔·弗格森(Niall Ferguson,2004:36)认为,大英帝国是英语语言、银行业、普通法、新教、代议制度和自由理念的传播先驱。传媒和帝国统治经验的结合,目的是借助媒体控制人们思想。在一个更加广阔而复杂的领域中,传播的作用应该被广泛地理解为既包括具体的信息、传播渠道和媒体组织,还包括社会文化作用的方式(Chandrika Kaul,2004:1—2)。

事实上,英国社会存在两个非凡特点。第一,非凡的文化接受能力。几个世纪以来,英国人一直与高度发展的地区保持着密切的联系,形成了一种强烈的模仿精神,不断强化自身的文化接受能力。虽然其国内不乏对本地文化和英格兰传统坚守的保守派,但是许多英国人的眼界都非常开阔,拥有好奇心,不断向优秀国家学习。早在 16 世纪中叶,英国就派年轻人前往帕多瓦或巴黎的大学学习,或者送往莱顿学习,在这样一种善于学习和开放思想的环境中,英国人的创新能力得以增强,从而让自己在各个领域做到最好(Carlo M. Cipolla,1993:208)。

启蒙运动以后,源自古希腊罗马、犹太教、基督教和日耳曼根源的启蒙哲学传播到英国，声称西方核心价值观，如理性、个人主义、进步、公民自由、经济自由等理念是普遍性价值观，适用于全人类，但事实上它们是特定文化体系和西方思想传统的产物，并且这种价值观界定的文化体系在地理上仅限于欧洲。启蒙运动以后的世界观将全球划分为"文明的"与"野蛮的"两大区域，区隔两者的范畴是"理性"，这一原则在很大程度上成为政治、社会的主导性原则，指导了世界各地的经济活动。在这种情况下，英国人认为他们是"日不落帝国"，认为不列颠是最文明的。借此，以理性为标准的世界观为所谓的文明地区向"野蛮落后"地区的扩张提供了文化上的"合法性"，这种意义系统产生了控制、取代甚至消灭不符合启蒙运动"文明"定义的经济、社会、政治和文化秩序的逻辑与实践，这是一种更加彻底的国际话语权（Volker Depkat，2004：188）。

19世纪英国的工业化进程和工业革命以及"外部帝国"话语权构建都需要市场和原料，但是非正式的资源获取渠道比正式资源获取渠道所需成本更低，不牵涉烦琐和复杂的行政手续，因此英国只要有机会，就会在拉丁美洲、阿根廷和巴西等其他地区积极建立非正式渠道。为维系帝国势力和国际话语权，英国政府往往会采取不同措施以顺应环境，确保英国在各地的利益，不仅让英国的货物在世界范围内流通和消费，更使得英国的思想和文化被世界普遍接纳，从而为英国构建自身国际话语权营造了良好环境。这种双重政策在19世纪被证明是有效的，各种各样的象征形式——建筑物、雕像、绘画、硬币、彩色玻璃、歌曲、徽章、仪式、博览会都被用来表达英国的思想和进行文明同化。英国在1851年举办了伦敦第一届博览会，英国《泰晤士报》对此进行了详细报道："经过多年的相互疏远和不信任之后，我们今天见证了一部伟大的作品……令人高兴的是，这是一种和平、友爱的行为。"博览会收集来自世界各地的原材料、工业加工品和艺术品，而且将政治思想和社会实践纳入其中。英国通过博览会展示了它的诸多优秀艺术品和工业产品，引起了公众的注意，博览会的门票从1851年的600万张增加到1900年的5000万张（Wolfram Kaiser，2004：46）。这些措施为英国树立了良好的国家形象，建立或加强了其设置国际和国内议程的能力，促进了文化传播。

第二，将海外殖民的力量和帝国中心的力量，借助不同方式统合起来，形成了文化同化趋势：一些是说服性的，一些是强制性的；一些是官方的，一些是非官方的；一些是正式的，一些是非正式的（John Darwin，2019：14）。例如，英国在印度通过传播亚历山大时期以及欧洲古代经典，将《摩诃婆罗多》和《罗摩衍那》与荷兰史诗《伊利亚特》和《奥德赛》进行对比，从中找寻出互文和类比关系，使得19世纪"孟加拉文艺复兴"时期最著名的诗人和思想家，譬如迈克尔·马杜苏丹·特和亨利·路易斯·维维安·德罗齐奥，能够在欧洲古代历史、文学和古代经典的基础上自由发挥，创造出有印欧色彩的传奇，为百姓提供一种盎格鲁-印度的文化想象和未来憧憬。无论是印度人还是英国人都对亚历山大大帝无比迷恋，并且使得印度人将英国人在印度的所作所为视为对亚历山大伟大事业的继承，从而使得英国在东西方传统的基础上建立起帝国话语权（克里尚·库马尔，2019：353-354）。作为日不落帝国重要组成部分的《泰晤士报》认为，印度是"东方的中心"，英国作为传统的守护者，应适时而变，改变对印度的话语策略，重新调整帝国意识形态以考虑被统治者的"情绪和观点"（Chandrika Kaul，2014：1-2）。

在这里需要思考一个根本问题：英国如何使得欧洲文明和自身文化在印度这样一个迥然不同的东方文明内部得到内化，从而为其帝国话语权服务？首先，英国政府借助宗教和欧洲古典文明，让人们把英国文化理想转换为东方印度文化的心理财富，即人类所憧憬的最高成就；其次，这一最高成就和未来理想为文化成员提供的满足具有一种自恋的性质，使得人们对西方文明中已经取得的成就抱有自豪感；最后，西方文化理想所提供的自恋性满足也存在于与东方文化的对比过程中，两种不同人类起源和灿烂文明的对比、类比和互文，为非西方文化的公众提供了不同类型的满足。

4.5.2 一个案例分析——德里杜巴尔

弗洛伊德认为文明最重要的内容源于文明最广义的宗教观念，即文明的幻想（西格蒙·弗洛伊德，2003：2）。英国将欧洲文明与东印度文明成功融合为印欧文明，源于其通过印度本土的思想家提供了一种对人类终极或最高的理想（未来憧憬——亚历山大大帝未完成的盎格鲁-印度的大业），其中最重要的便在于这一文明幻想中。人们开始相信英国所构建的规则有着神圣的起源——在此基础上，英国创造了大量的观念，尤其是借助上帝和自由的观念，建立一个能够帮助人们消除生活危险的道德世界秩序，帮助印度人忍受生活中的无助状态，这种对人类最紧迫、最古老和最强烈愿望的满足，为英国在印度的话语权构建提供了强有力的支持。

因此，要保持帝国话语权，可靠的途径即承认所有文明规则和戒律都具有纯粹的人类起源——直击人类的永恒诉求，无论是精神的，还是心理的。宣扬这些理念不是为了统治殖民地的人们，而是为了保护殖民地人们的利益，以殖民地人们的利益为前提。英国在他国开疆拓土构建自身的国际话语权，但几乎所有的民族都在其统治下得到庇护，英国的征服和国际话语权更像是为了全人类而非自己的利益——所谓的"我为人人"(克里尚·库马尔，2019：383)。

当地社会在殖民力量托管下形成以欧洲文明为基底的自治后，人们会对英国的规则和宗教训诫采取更加友好的态度。一部分人，例如托马斯·麦考利(Thomas Macaulay)并不关注欧亚共同的历史，而是放眼欧亚未来，认为相当一部分印度人在将来会被同化或被吸收进入英国文明体系中，并且主张在英国和被统治者之间建立一个传达信息的阶层。这个阶层虽具有印度的生物属性，例如肤色和血统是印度的，但内在却是英格兰人，具有英格兰人的观念、品位和道德，从而将印度盎格鲁化，这是欧洲文明使命的核心所在(克里尚·库马尔，2019：361-362)。

但这并非意味着文化的渗透、同化和信息的传播畅通无阻，英国的文明输出和传播在以欧洲人为主的白人自治领域获得成功，不过在非白人区，英国虽将政治和法律制度引入了当地，但是这一做法也是极为谨慎的。在19世纪下半叶，英国不再将其文化强行灌输到不同文化和文明传统的民众身上，尤其是1857年印度爆发了民族起义以后，随后英国政府收回了东印度公司的行政权，尝试在当地建立更系统、更稳固的统治。1877年，英国最具帝国思想的政治家本杰明·迪斯雷利(Benjamin Disraeli)宣告维多利亚女王拥有"印度女皇"的尊称，于是以维多利亚女王为名义在印度举办了各种仪式活动。在1877年的帝国大会上，维多利亚女王正式成为"印度女皇"，会场布置奢华，极具戏剧性，随后这一仪式不仅成为印度贵族展现其忠诚、英国彰显其帝国气度的平台，而且成为英国展现其大国权威的契机，例如女王登基50周年和60周年的庆典。这一系列仪式活动的巅峰是1911年在德里举行的觐见仪式，规模空前绝后(David Cannadine，2002：111)。

英王加冕为印度皇帝的典礼——德里杜巴尔(Delhi Durbar，杜巴尔源自波斯语，意为"朝廷")——一共举行过三次，分别是1877年维多利亚女王(Alexandrina Victoria)、1903年爱德华七世(Edward Ⅶ)、1911年乔治五世(George V)。每一次场面都极为盛大，不仅有助于创造一个"独特的皇室和仪式化的王国"，而且为英王开辟了一条新的政治驯服路径。1911年12月12日乔治五世的加冕，全印度600多个王公赶到德里朝觐。印度在此之前还进行了精心的筹备工作，仅乔治的新皇冠就花费了印度6万英镑，还从印度各地召集了25万群众聚集在德里杜巴尔广场(David Cannadine，2002：111)。作为当时最有影响力的报纸，《泰晤士报》详细报道了杜巴尔加冕典礼，并且提前进行了新闻策划和修辞选择。各种形式的大众媒体——报纸、音乐剧、歌剧、

兴衰与嬗变 | 国际话语权构建的历史之维

绘画、胶片电影、摄影、小册子和书籍，塑造了英王至高无上的媒介景观。乔治·珀西·贾科姆·胡德（George Percy Jacomb Hood）被专门委托为国王的艺术家，可直接从国王的金库中获得 400 英镑的报酬。同样，皇家摄影师欧内斯特·布鲁克斯（Ernest Brooks）、查尔斯·厄本（Charles Urban）和新闻录影带公司 Kinemacolor 被指定拍摄这一过程。其他几家公司，包括 Gaumont、Pathé、Barker Motion Photography 和 Warwick Trading Company，派出了代表，杜巴尔"媒介事件"将英国塑造成如《泰晤士报》所说的：英国是唯一真正的帝国，是一个非常值得世人骄傲的帝国。整个 1911 年夏秋季节，英国舰队街为 12 月即将到来的盛会营造了一种令人期许的气氛，与加冕仪式相关的事情——奢华的舞会、花园派对和体育活动——都得到了显著报道，且辅以精美照片。路透社、《每日快报》和《卫报》同样对此次加冕仪式进行了报道，例如当皇家游行队伍离开德里后，《每日快报》宣称：当地人（印度人）的热情是毋庸置疑的，而实际上皇家游行队伍被警察隔离得非常严格，人们几乎被拒之门外，很少有人能认出乔治五世，印度公众也被官方要求——不要欢呼、不要随意走动、不要举手等，所谓的热闹场面和帝国景观都是媒体建构的（Chandrika Kaul，2004：21—44）。

在 1911 年 12 月 12 日杜巴尔加冕典礼开始的前三天，乔治五世在杜巴尔建立了一个"神圣营地"用以安排印刷公告、新闻机器和工作人员。国王宣布公告后，以密封信件的形式发布新闻通稿。与"神圣营地"相辅的，还有囊括英国舰队街的记者和其他国家记者的记者营，驻扎记者营的记者每人需要交付 120 英镑的一次性费用。更重要的是，为了补充德里的十个电报局，英国还创建了更新和更复杂的通信基础设施，设立了一个 24 小时运作的"加冕杜巴尔"办公室，以及享有"加冕杜巴尔"办公室同等地位的"杜巴尔电报局"。"杜巴尔电报局"设立了一个中央电话交换机，所有邮局都配备了公用电话设施，收费为 3 分钟 4 安娜。每个记者营地除一些可供政府使用的官方路线外，还配备了电话。在平民和军营中心设定了"加冕杜巴尔"邮局，方圆 5 英里内设有 24 个分局和 125 个信箱，这一邮政系统由 200 多名工作人员、150 名邮递员、80 名马车夫和 16 名检查人员组成，每天平均发送 25000 封邮件，接收 50000 封邮件（Chandrika Kaul，2004：37）。

此外，还有人专门负责仪式程序和预算估计。仪式预算为 100 万英镑，尽管印度政府声称最终的花费为 66 万英镑。为此次加冕典礼，拉合尔梅奥艺术学院（Mayo College of Art）校长巴伊·拉姆·辛格（Bhai Ram Singh）还设计了两个圆形剧场，一个较小的圆形剧场可以容纳 12000 名王室和政治要人，另一个大得多的圆形剧场可容纳近 50000 人——6000 名学童、8000 余名平民和 20000 多名士兵。典礼仪式活动现场安装了无线电报站，巡洋舰和国防部为皇家安全护航，设法保证杜巴尔和伦敦之间的电报通畅。此后，英帝国管理者逐渐意识到新闻界对政治和大众舆论的影响力，以及开发新通信技术的战略意义（Chandrika Kaul，2014：34）。

同一年，当印度将首都由加尔各答迁往德里时，埃德温·勒琴斯（Edwin Lutyens）和赫伯特·贝克（Herbert Beck）设计了融合欧洲和印度传统要素的新德里形象，清楚地展示了英国就是莫卧儿（德里曾经作为莫卧儿帝国的首都）的继承者。英国的政治权力和至高尊严通过这些仪式被加强，并且通过电子通信设施被投射到更广阔的世界。这一建筑和杜巴尔加冕仪式相互呼应，构成了印度人的集体记忆，使得人们有了一种压倒性的感觉——"新国王的到来，新时代的开启"。

基于此，英国文化开始影响印度人的生活。没有英国的印度越来越不可想象，特别是新德里的城市建设和设计，不仅体现了印度的传统要素和风格，也有意地呼应了英国其他殖民地的建筑特色（特别是南非），以此强调印度是英国的一部分，强调英国的整体统一性。借助诸多象征意义和文化方式，英国全面控制印度。当时的印度已经成为英国世界性话语权掌控的第二中心，无论是作为象征，还是因为地缘政治的因素，在 19 世纪末 20 世纪初，如果没有印度，英国很难获得帝国地位，更难确保其国际话语权（克里尚·库马尔，2019：366-369）。

4.5.3 传媒的力量

与克里斯托弗·哥伦布、达·伽马等地理大发现和荷兰等国的大征服时代相比，随着英国向世界其他地区销售货物，全球化速度成倍地加快，整个世界都被纳入英国话语霸权控制下的全球化过程中（Eric Hobsbawm，1979：32）。1866 年大西洋电缆的建成将伦敦和纽约之间的通讯时间从大约一周缩短到几分钟。英国工业革命推动了蒸汽船、电话、喷气式飞机的发展，进一步缩小了信息通讯的距离和成本（Robert O. Keohane，2011：232）。虽然不再是领土和领域的新发现与新征服，但是在 19 世纪，英国依靠自由贸易体制和先进的通信技术将整个世界编织进一个大话语网络中（Chandrika Kaul，2014：1-2）。英国国家报业和路透社作为有影响力的信息传递者，在英国国际话语权建构过程中起到了非常重要的作用。1908 年路透社新闻分支机构——印度联合出版社（API, the Associated Press of India）成立，以对印度进行文化渗透（Chandrika Kaul，2014：8）。英国掌握了这个网络总的控制线，只要稍稍牵动一下其中的织线，就能获得前所未有的话语霸主地位。

4.5.3.1　英国国际话语权与印刷业

相较于意大利城市国家和葡萄牙、西班牙、荷兰，英国拥有之前不曾有的各种新式传播手段和传播技术，报纸、杂志、电影和广播，这些新的传播技术和传统手段一起塑造着帝国的影响力，构建起英国的国际话语权。印刷文化主导了16世纪到19世纪。19世纪以降，电话、广播、留声机和收音机等新电气媒介确立了电子文化，19世纪80年代以后，电话成为欧美大众的熟悉之物，并与音乐和戏剧转播相结合（吉见俊哉，2013：22-106），风行一时。

16世纪，英国国王和议会之间的紧张关系使得英王担心印刷品会被用来挑动叛乱，所以英国对印刷品的控制——通过出版许可制度等方式——比较严格，以致当时英国的新闻主要是通过手稿和信件交换网络大量流传。到了17世纪早期，伴随英国国内政治形势紧张的升级，国王开始审查信件。在1618—1648年间，出现了一种新型的印刷品——新闻报（coranto），这种两面印刷的一张新闻纸汇集了各种内容，以战争新闻为主。17世纪30年代，英国每年出版624种出版物，1641年为2000多种，1642年为4000多种，英国的信息生产能力逐渐增强（汤姆·斯丹迪奇，2015：129-141）。

由于报纸直到18世纪末都不被认可，报业被认为是肮脏和低下的事业，因此在1800年之前，很少有报纸能达到1000多份的发行量（I. Asquith, 1975），这主要是因为报纸价格昂贵，因此许多报纸在很大程度上不得不依赖于政治赞助，例如政治津贴、经济补贴、政治广告和政治信息分发等。1624年荷兰人布鲁克在统治者摩里斯（Moris）的号召下设计了印花税方案，随后在1660年、1665年、1671年、1686年、1694年分别被丹麦、法国、部分北美地区、奥地利和英国等国家采用。从17世纪末到19世纪初，印花税加上广告税和纸张税形成的"知识税"，使得报业被牢牢掌控在英国王室手里。19世纪中叶，英国政府废除了印花税，报纸的发行量越来越大，报纸的影响力和威望随之提高，跨越英国边界，覆盖越来越多的人群。我们可以看到在19世纪的印度，媒介形态与政治实践之间有着密切的联系，印刷品和文字被英国国王空前地使用，大规模动员、宣传和支持异教徒等概念已经成为大英帝国的口号，对文化渗透感兴趣的不仅仅是政治精英阶层，受过英国教育的印度人参与的酒吧和俱乐部，媒体、小册子和各种印刷品都有助于灌输、发展和维持英国的话语霸权（Chandrika Kaul, 2014：7）。

4.5.3.2　英国国际话语权与广播

除了印刷业在英国国际话语权中的重要地位，广播也是不容忽视的。从

20世纪30年代开始,英国广播公司培养了一种亲密的、对话式的谈话风格(D. Cardiff,1980),还生产了许多针对印度殖民地的节目,每天有67分钟和45分钟的英语文艺谈话节目,用于展示英国文化偶像。乔治·奥威尔(George Orwell)非常赞同这些广播,认为这些节目听众人数虽然只占据印度人口的5%左右,但是也吸引了分布在南亚、东南亚和西方等地区的听众。它的谈话主题覆盖了从中国文学革命、科学与魔术、托尔斯泰的诞辰、微电影到街头男人等各种各样的话题,此外还有一系列具有政治性的节目(Chandrika Kau,2014:138)。

始于1932年的圣诞节英王讲话,英国广播公司(BBC)开播便大获成功。同一年,BBC的帝国服务开播,固定向英国覆盖的地区进行广播。在此之前,1924—1925年英帝国在温布利召开博览会,吸引了全球1700万游客到访,新生的BBC第一次参与了博览会的现场广播,并且确立了其作为英国国家广播电台的地位。BBC在创始人里思勋爵(约翰·里思,John Reith)的带领下,致力于推广英国的思想,巩固英国的国际话语权。20世纪20年代初,BBC就已经开始着手以Reith为首的印度广播公司(IBC)的筹建工作,并由英国广播公司对印度广播公司的节目进行控制,不符合英国利益的内容不会进入印度广播节目单。当1932年圣诞节国王讲话转播到印度时,印度广播公司播放了一个半小时的特别节目(Chandrika Kau,2014:142-148)。殖民大臣威廉·奥姆斯比-戈尔(William Ormsby-Gore)曾在1937年5月的一次BBC广播节目中阐述如何在全球范围内进行福音派和自由主义思想的传播,而戈尔所在的部门掌管着共拥有5500万人口的40个直辖殖民地和托管地(劳伦斯·詹姆斯,2018:381)。

从1904年开始,英国设立非官方帝国日(5月24日),这一节日于1916年变成官方庆典日,在20世纪二三十年代成为万民同庆的节日。每到这个节日,英国就会有公众音乐会和广播节目,首相也会参与演讲。此外还有以庆祝为主题的一系列塑造英国国际话语权和影响力的电影:《轻骑兵的冲锋》(1936)、《四片羽毛》(1939)、《古庙战笳声》(1939)、《桑德斯河》(1953)等,这些电影改编自当时流行作家,例如埃德加·华莱士(Edgar Wallace)、G. A. 亨蒂(G. A. Endi)、约翰·巴肯(John Buchan)等人的作品(克里尚·库马尔,2019:384-385)。

此外,英国还专门成立了市场委员会,借助传播的力量让英国的商品得到其他国家消费者的接受,市场委员会推出了"购买英国"或"购买英国商品"的口号。市场委员会的电影部门在导演约翰·格里尔逊(John Grierson)的带领下，围绕如何推广英国商品这一主题，创作了不少具有影响力和质量极佳的商品纪录片。此外，书籍、宣传册、海报、电影、演说以及在学校、火车站、十字路口的宣传品简单地重复着英国的价值观，并获得了极大的成功（克里尚·库马尔，2019：385）。

第二次世界大战前夕，英国梅富根城战役的英雄贝登堡勋爵（奥莉芙·圣克莱·贝登堡，Olave St. Clair Baden-Powell）领导的童子军运动和女子童军运动，彰显了英国的品行，并有效地巩固着英国的帝国影响力。1908年贝登堡勋爵印发了《童子军手册》，并在两次世界大战期间举办了大型国际童子军联欢会，世界各地的童子军相聚英国。由于英国掌握着童子军选拔和考核的话语权，以英雄如亨利·劳伦斯（Henry Laurens）、戈登爵士（查理·乔治·戈登，Charles George Gordon）、非洲的弗雷德里克·卢吉（Frederick Lugi）等为考核对象，这一运动不仅弥合了英国国内社会阶级和宗教的裂痕，增强了国家内部的凝聚力，还传播了英国的国家形象（克里尚·库马尔，2019：386）。此外，1919年英国外交部率先建立了一个政府新闻办公室，1930年左右，英国政府重组了其宣传机构，将新闻管理的权力交给了总理办公室，并限制记者进入其他政府部门，而媒体管理人员与总理亚瑟·内维尔·张伯伦（Arthur Neville Chamberlain）及其同僚之间经常进行高层接触，政府和新闻界控制者之间形成了一个无形的联盟，共同进行信息外交（James Curran，2002：38）。英国通过建立经济、社会、文化上的更加牢靠和稳固的联系，通过不同的传播技术塑造帝国形象，构建国际话语权，这是历史上前所未有的局面。

在这里，我们还应该注意到，英国在世界范围的帝国话语权构建路径与罗马帝国曾经采取的路径具有一定的相似性。1869年英国殖民地常务次官查尔斯·阿德利在一篇关于政府政策的评论中区分了英国的"罗马元素"和"希腊元素"。英国在国内更多的是希腊元素，而在国际层面更像是专制统治的罗马。罗马的政治思想对19世纪英国的影响是巨大的，当时诸多历史学者从罗马的经历中吸取教训，将英国和罗马进行类比，认为两者都担负着全球化与文明传播的使命——"罗马是早期文明传播的主要来源，那么英国后来继承了这一使命"，英国通过制度、语言、法律和商业，在更广阔的世界塑造了新的族群，构建了新的认同，比起罗马的法律和制度的影响更大。与此同时，英国还通过交通和通信的发展带来了铁路、蒸汽船和电报，这使得英国比罗马更有实力在更短时间和更广的空间内传播其文明（克里尚·库马尔，2019：375-376），借助现代通信科技，英国打造了罗马不能与之相较的帝国话语权。

5 全球霸权时期：
美国国际话语权的构建

5.1 第四国际话语权——美国国际话语霸权时期

意大利学者安东尼奥·奈格里（Antonio Negri）将帝国主义看作一个发散性的权力网络，有着数不清的节点，美国构建的国际话语权当属于这样一个权力网络。美国通过国际制度、超国家组织以及其他全球性力量和结构构成了其帝国话语权网络中的节点（麦克尔·哈特，安东尼奥·奈格里，2004）。美国以此控制整个世界，这种控制比以往其他国际话语权时期更具有垄断性（李慎明，王立强，秦益成，2016：78）。在1914年之前，国际话语权斗争围绕着商业/资本利益和殖民地利益的斗争展开，而殖民地利益的背后也是商业/资本利益的博弈，这种博弈以欧洲为中心展开。实际上，互联网技术出现之前的世界只是西半球的世界。随着互联网技术的出现，全球才真正地连接起来（Anne-Marie Slaughter，2009），美国借此将其国际话语权向全世界延伸。

然而，美国国际话语权的全球延伸并非一蹴而就，因为直到19世纪末，英国还掌握着世界话语权。到了19世纪70年代以后，联合王国才开始失去对欧洲的控制，此后也很快失去了对全球的控制（乔万尼·阿里吉，2022：75）。在这个时期，英国掌握世界话语权的能力和占据世界话语权中心的地位被不断崛起的美国替代。美国拥有比英国更为先进的传播技术、更丰富的资源、更为强大的国民经济和更为雄厚的军事力量。在第二次世界大战以后，美国依靠自己的实力，让自己成为吸引欧洲乃至全世界范围内的资源、劳动力和资本的"磁石"。虽然英国依靠着《金融时报》和BBC在国际话语舞台上仍然享有一定的影响力，但是英国的国际话语影响力已然被削弱。

兴衰与嬗变 | 国际话语权构建的历史之维

美国有着远离国际权力博弈和权力斗争主要场所的绝对地缘优势,能够发挥离岸平衡器的作用,加上没有受两次世界大战的破坏性影响,反过来两次世界大战在某种意义上加快了美国世界地位抬升的速度。此外,美国还处于世界贸易枢纽的重要节点上(20世纪初世界贸易的节点转移到大西洋)(William R. Thomas, 2009:23),因此美国能够在国际权力竞争中按照其国家利益调整国际话语权战略。

英国国际话语权构建经历了三个阶段,其中在第一个阶段试图收编旧有霸主荷兰的话语权网络,随后再进行殖民地扩张和海军实力的发展。在非西方殖民地内部实施制度建设、文明同化、媒体控制等是英国掌握世界国际话语权的重要策略。美国并未像英国那样试图将先前的国际话语权主导者纳入自己的统辖范围,而是直接强大自身实力,增强综合吸引力,吸引着世界上最具有创业精神、创造力和意志坚强的人前往美国。具体而言,美国依靠将自己发展为具有强大吸引力的"磁石",吸引其他国家主动加入和主动吸附到美国身边及其制度战略中,从而构建起国际话语权。在这一方面,美国采取的措施是向世界推销其廉价的商品、令人眼花缭乱的技术和诱人的流行文化/大众文化,美国感兴趣的不是领土,而是市场和贸易(Peter J. Hugill,转引自William R. Thomas, 2009:50)。

当然这并非说美国采取的路径是全新的,一开始,美国试图模仿英国,向英国学习,寻找海外殖民地,增强自身的海军力量,但美国并未在海外积极拓展殖民地,而是在北美洲内部拓展领土,这实质上延续着英国的帝国话语权构建逻辑:将资本主义权力逻辑与领土权力逻辑结合,将原住民赶走,以盎格鲁-撒克逊白人文化在技术、器物、文化、制度和组织上改造北美,并且按照资本主义权力逻辑重组北美空间(李剑鸣,1994)。

自20世纪60年代以来,美国以好莱坞为中心的电影工业逐渐成熟,传播着美国的价值观。例如当时风靡全球的"007"系列电影,詹姆斯·邦德(James Bond)作为阻止一切灾难的超级英雄,受诸多国家民众喜爱。这个中心与世界其他部分的联系,与其说是依靠武力的胁迫,还不如说是通过信息、财富、价值、观念、梦想和精神的吸引力以及其国际制度战略——使得其他国家主动向美国靠拢来实现的。

5.2 体系条件与美国国际话语权

5.2.1 体系条件：战后秩序重建

1945年以后，欧亚整体都陷入了混乱状态，为美国构建国际话语权创造了体系条件。美国总统哈里·S. 杜鲁门（Harry S. Truman）将前总统富兰克林·德兰诺·罗斯福（Franklin Delano Roosevelt）全球新政的设想降格为美国秩序。对日本和西欧的重建成为美国控制全球话语体系和秩序的"桥头堡"，这就将杜鲁门设想的按照美国利益重塑世界秩序变成一个更加容易达成的目标。在此过程中，美国政治精英们非常清楚，要想促使保守的国会议员们从财政谨慎态度转向对世界话语秩序重建的支持性态度，营造对共产主义威胁的恐惧，比任何关于成本－效益核算或以国家利益为主的呼吁都要有效得多，最终马歇尔计划得以在美国国会通过（David Calleo，2009：7）。这一计划正式启动了美国政府按照自己的蓝图来重塑西欧的过程，也启动了美国将欧洲纳入自己话语权系统的过程，它的目的是建立一个欧洲合众国。

卡尔·波兰尼（2007：5）认为19世纪的文明发生了崩溃，尤其是金本位制度崩溃，这样就不得不牺牲其他制度来挽救它，结果却是徒劳无益。而能够拯救局面的，是建立一个国际秩序，授予其超越国家主权的有组织的权力，以恢复力量平衡体系——先是欧洲协同体、金融集团（haute finance），后是国联，这在某种程度上是对罗斯福和威尔逊观点的重申，并且当时罗斯福政府已经开始着手构建一种国际制度和在欧美国家控制下的国际秩序。但是这个由美国提出的措施却遭到了欧洲国家的反对，欧盟不会轻易接受这一制度（卡尔·波兰尼，2007：25）。

因此，于1913年组建的联邦储备系统还只是一个没有经验而又松散的机构，尚不具备赋予美国控制世界金融体系话语权的能力。当时，美国无论是在思想上还是在组织上都完全从属于英国，这导致美国国际话语权在很长一段时间内并没有随着财富和国家实力的上升而增强。第二次世界大战带给美国的财富和权力的再分配并没有立即转换为美国改变世界经济和政治体系运作的能力。第二次世界大战以后，世界体系陷入混乱，这种混乱为美国将国家实力转换为更改国际秩序、重构其国际话语权的能力提供了良机。美国立即抓住此次机遇，调节了自己在国际金融系统和世界经济等关键领域中的话语权部署战略，从而逐步替代了英国在世界范围内的话语权。

兴衰与嬗变 | 国际话语权构建的历史之维

20世纪是民族国家之间权力冲突和斗争不断升级的时期,两次世界大战加剧了国际体系混乱,为美国提供了重塑国际话语秩序前所未有的时机,并且美国拥有得天独厚的自然资源和地缘优势。当世界话语霸权争夺大战开始时,美国早已踏上了通往世界话语权舞台中心的新道路,这在之前的历史中是不曾有的。先前的意大利斗争、西班牙王位继承战争、英法百年战争都没有立即将无政府状态的国际秩序推至国际体系混乱,例如英法霸权斗争时期的国际无序状态是100年之后才在社会抗议和民众叛乱浪潮之下逐渐演变成整体体系的混乱,但是在20世纪,大国之间的权力斗争一出现便呈现公开对抗局势,国际话语秩序立即被国际体系混乱裹挟。三个世纪以来,英国以海上霸权在国际均势体系中起到了均衡作用,但是随着英国逐渐失去这一决定性地位,第三种力量崛起,殖民边疆消失,20世纪的国际格局更加复杂。在20世纪,不仅有大国之间的战争,有无产阶级的反抗,还有非西方国家基于民族国家意识觉醒的反抗(汉斯·摩根索,2007:435-439)。

在英国工业革命时期就已经快速发展的资本主义经济,将民众划分为有产阶级和无产阶级,资产阶级追求财富的权力和权利被放置在无产阶级利益之上,无产阶级群体被排除在外。在这种权力体系之下,国家表面上致力于提高人们的生命水平(所谓的健康管理)和提高无产阶级的社会福利,其实质是为资本经济的发展而进行的生物政治,资产阶级通过权力机器装置将无产阶级纳入资本主义经济生产的大机器中(米歇尔·福柯、汪民安,2011)。在19世纪末,随着国际政治斗争和冲突的加剧,无产阶级的工业生产活动成为西方国家的中心成分,接连的大国冲突使得工业和世界经济被强行架上战争的马车,战争对工业生产的要求不断增加(Anthony Giddens,1987:223-224)。"战争需要人力,而且最紧迫的问题是协调军事需求和工业需要……一切无法直接支援战事的工业都不得不降低到最低规模"(费利克斯·吉尔伯特、大卫·克莱·拉奇,2016:147)。矿工和炼钢厂的工人被拉入战争中,无产阶级和工人阶级成为战争人力的最关键组成部分。在战争工业化或者工业战争化的过程中,无产阶级的权力增强了(Edward Carr,1945:19),在这种情况下,无产阶级与资产阶级治之间的社会地位发生了变化。

国际体系不仅被无产阶级的反叛(1917年的俄国革命)划分为无产阶级和资产阶级的对抗,在第二次世界大战之后,以无产阶级领衔的社会革命也演化为民族解放运动的形式在整个非西方世界展开。由此,19世纪大英帝国领导下的话语霸权和话语秩序终结,国际社会陷入了混乱状态。1945年,许多美国政府官员已经开始敏锐地觉察到国际社会对一种新世界秩序的渴求,而且美国当局也认为新世界秩序的构建是解决国际社会混乱无序状态的唯一手段和方式（Franz Schurmann，1974：44）。

美国抓住了这个机遇，同 19 世纪的英国一样，率先意识到需要通过恢复威斯特伐利亚体系的原则、规范及相关制度，进而在旧的国际体系的基础上继续治理并重建世界秩序，以此构建起国际话语霸权。同历史上的其他帝国一样，美国对国际体系的重建建立在国际社会普遍存在的社会共识基础上——该话语霸权国不只是追求和保护自身的国家利益，而且还体现了国际社会的共同利益和普遍诉求。美国统治者提出设立联合国、布雷顿森林体系等国际制度，并解决了自 1917 年以来一直存在于国际社会中的国际社会体系混乱问题，因此，上述国际共识大大增强了。

5.2.2　美国如何把握体系条件中的机遇

就国际社会普遍存在的问题而言，从一开始，美国政治精英和统治者的认识比其他大国统治者们的认识更为深刻和准确。从多个角度而言，无论是列宁计划还是威尔逊的国际制度计划（"十四点计划"），都有某种乌托邦式的道德理想主义色彩，反对现存的国际体系，呼吁以全世界为中心，而不是仅仅着眼于欧洲利益和矛盾，重构世界秩序。列宁和威尔逊都号召国际社会否定先前的欧洲体系，不管这种体系是遍及整个世界还是仅存于欧洲地理范畴内。不同的是，列宁号召的是全世界范围内的无产阶级反抗帝国主义，实现无产阶级自决和捍卫自身的话语权，这种号召催生了威尔逊提出的"十四点计划"。"十四点计划"具有超前意识，但本质上是企图通过国际联盟等国际制度来操纵国际秩序（汪津生，1999）。

1945 年以后，在民族意识觉醒的影响下，无论是非西方的民族国家还是西方的民族国家，都想重建国际体系，获得自决权，进入国际社会并被接纳为国际体系的正式成员。在这种背景下，美国通过构建联合国等一系列国际组织、平台和机制，并在全球"民族自决"意识增强和"非殖民化"的基础上将所有国家凝聚在一起，从而构建起美国全球话语霸权。

20 世纪 40 年代出现了一个以美国为中心的，并由美国组织和治理的新的世界秩序——美国主导下的国际话语秩序。这个新的世界话语秩序主要轮廓已经初见端倪：美国运用布雷顿森林体系建立了世界货币体系的话语权基础；在日本长崎和广岛，通过新的武力手段，美国显示了新世界话语权秩序军事基础的模样；在旧金山，通过联合国宪章，美国规定了世界政治和话语权秩序的新规范。罗斯福的最初设想及其后来继承者在较小规模上的改变都变成了现实，通过国际制度的部署和安排，世界权力（话语权）空前地集中到美国手中。原来的大国——法国、意大利等已被削弱,有丘吉尔撑台的英国也避免不了衰落的命运;德国在欧洲称霸的努力正在垮台;日本在太平洋和远东的努力亦是如此。19世纪末和20世纪初被学者们经常预言的两极世界变成了现实。国际话语权秩序从"英国说了算",转向了"美苏说了算",而美国作为超级大国又是两者中的遥遥领先者(Paul Kennedy,1987:357)。

在1929年大萧条后的20年时间里,世界仍旧是一片废墟,而美国的权力和财富却达到了无与伦比、前所未有的程度,但美国不是第一个从世界战争、世界混乱和世界经济困难时期获得巨大权力和财富的国家,15世纪的威尼斯、17世纪的荷兰、18世纪的英国都有过类似的经历。跟先前在世界体系混乱中获利的国家一样,美国在两次世界大战期间的权力获取,也是通过为世界其他国家提供保护和维护共同利益实现的,但是由于美国特殊的地理位置和领土规模以及它处于两个世界经济的中间地位,世界体系越是混乱和动荡,美国所获取的利益和权力也就越大。

一个国家在世界体系混乱中重建国际话语权秩序和体系的能力,取决于这个国家对有利时机的辨认和把握。毫无疑问,美国抓住了这个时机。罗斯福总统首先意识到了这个时机,便把"一个世界主义"的国际新秩序嫁接到这个时机上(Franz Schurmann,1974:40-42),在杜鲁门把这个设想付诸实践以后,世界体系变成了由美国主导的资本主义世界话语秩序。

5.3 美国国际话语权构建路径

5.3.1 跨国公司与美国国际话语权

20世纪跨国公司的出现,在一定程度上重构了以领土主权为核心且互相分割的国际体系格局,国际体系发生了内爆,形成了弗雷德里克·詹明信提出的"后现代超空间"(postmodern hyperspace)——全新的、去中心的、网络化的世界(Fredric Jameson,1997:497-498)。显然,这个后现代超空间是一个没有中心、融为一体的流动空间。跨国化的联系在国际体系中产生了一个"非领土性的空间",子系统各自为营,总体秩序内私域扩张,全球权力的连续性和增长的流动性摧毁严密的社会控制网络(齐格蒙特·鲍曼,2002:12-13)。而跨国公司在这个后现代超空间中爆炸性增长,成为由领土国家构成的现代国际体系格局变革的主要因素,因为这个后现代超空间是世界资本主义组织结构"内在化"过程的产物(Joh G. Rugge,1993)。

今天的跨国公司（包括跨国传媒公司）并没有替代民族国家的政府机构，但是跨国公司所产生的新颖观念和新组织方式，改变了其所在领土内人们的言说方式和内容，甚至影响着人们的生活方式。跨国公司在某种意义上超越了民族国家，并在此过程中给民族国家带来了全新挑战，这种挑战不仅仅是经济层面的，也是文化和价值观念层面的（陈安国，2000）。

从这些跨国公司母公司所在的国家来看，跨国公司实际上不仅是控制国际体系的强有力工具，也是一种构建国际话语权的有效路径。跨国公司可以把问题政治化，通过把母国利益嵌入国际生产和国际贸易，从而掌控国际经济话语权。例如，在石油输出国组织（Organization of the Petroleum Exporting Countries，OPEC）主导价格上涨和1973—1974年石油禁运之后，南北贸易问题的议程被跨国石油公司改变。20世纪70年代初，随着美国跨国公司的宣传，加上美国跨国公司在过去20年中的迅速增长，这些公司的议题和话语在联合国议程中占据着重要地位（Robert O. Keohane，Joseph S. Nye Jr，2011：27）。美国大型企业因其规模、技术、资本和市场准入等优势，被视为欧洲市场的霸主。欧洲国家接受美国跨国公司的国际话语权，尤其是其在生产层面和结构层面的话语权，因为它们担心如果没有这些美国跨国公司的支持，情况会更糟（Stephen D. Krasner，转引自Thomas Risse-Kappen，1995：270）。

在热那亚国际话语权时期，热那亚通过其移居在国外的商人银行家团体控制欧洲国际金融体系，从而掌控了国际话语权，这个体系是由汇票制度、与西班牙政府签订的合同制度和其他相关的贵金属贸易流动组成的。在后现代超空间中，这个国际话语权体系便是一个由遍及世界的电报机、电话、收音机及广播电视等现代媒介技术所联通的跨国公司网络而形成的复杂体系。这种新话语秩序借助新的交通基础设施和新的信息传播工具，建立了有利于政治控制的新机制（戴维·赫尔德，安东尼·麦克格鲁，戴维·戈尔德布莱特等，2001：56）。虽然热那亚国际话语权时期没有什么可供使用的现代通信设备和技术，但是它实际也有自己的通信网络，这个网络由传统书信、新闻纸等信息网络构建起来，所以有学者就断言，在16世纪，葡萄牙和西班牙已经成为热那亚人的"印度群岛"。热那亚成功地通过控制国际金融话语权，从而将西班牙帝国的权力和威尼斯的利益追求，变成了自我话语权扩张的强大引擎（J. H. Elliott，1970：96）。

现代铁路、电报、广播电视及互联网技术的突破性进展是19世纪末的事情，当时新型号的快速汽船、摩尔斯码及电报、海底电缆等现代信息传播工具纷纷出现,将不同地区联络起来,使得建立在信息传播基础上的控制体系成为可能(戴维·赫尔德,安东尼·麦克格鲁,戴维·戈尔德布莱特等,2001：58—59)。欧洲国家借助这些现代信息工具,不仅协调了从一个中心到另一个中心的信息流通,而且随着美国在海外投资份额的增大,这些通信网络与跨国公司网络一起形成了一个覆盖全球的话语权控制网络,产生各种国际机制和跨国组织,美国管理层能够监控跨国公司在他国的情况,并调节其利益,获取永久性的话语权力和继续发展的源泉。随着时间的推移,以直接控制和基于个人权威的国际话语权,由于其固有的不稳定性,逐渐让位于新的话语组织和活动形式,这通常以新国际行为体——跨国公司和国际组织的出现为特征。

今天这些跨国公司的高层们借助现代通信技术,比17世纪荷兰股份公司的老板们,也比19世纪的英国控制东印度公司更加高效和自如。17、18世纪的特许公司体制和20世纪的跨国公司体制之间的类比,不应该被过分夸大。特许公司是部分政府性质和部分企业性质的组织,并排斥其他类似的组织。这类公司数量很少,而且与欧洲主权国家之间有着密切的联系,甚至由国家主导。在19世纪末20世纪初出现的跨国公司却是严格的企业组织,它们在功能上超越多国领土和管辖范围,专门从事某种特定的行业生产。这类公司的数量之多是早期特许公司无法比拟的。跨国公司削弱了民族国家在国际体系中的中心地位,但这并不意味着国家在国际话语权建构过程中不再重要。在全球化和反全球化并存的格局中,国家仍然扮演着非常重要的角色,并捍卫着自身的国际话语权。

美国通过将世界内化到跨国公司或者基金组织中来构建其国际话语权(Robert Reich,1992：114)。这些跨国公司(包括跨国传媒公司)将他国的财富、权力部分转移到美国政府手中。这有点像17世纪荷兰政府借助荷兰印度公司和19世纪英国借助东印度公司,将其他地区性商业话语权——基于波罗的海贸易的话语权和基于印度洋殖民地的话语权转变成世界话语霸权。在20世纪,美国跨国公司的全球扩张,构成了与意、荷、英三国构建国际话语权路径"相仿"的重要表征。

17世纪和18世纪的特许公司与20世纪的跨国公司之间存在根本性的差异。例如荷兰东印度公司和英国东印度公司是半企业、半政府性质的组织,目标是扩张和经营殖民地的领土,榨取殖民地的利润、资源,与其他类型的组织互相排斥；而美国在20世纪的跨国公司是去除了政治性质的纯商业组织,只承担着纯粹企业商品生产和经济谋利的专门职能,但是与其他类型的组织则形成了竞合关系,而非排斥性关系。尽管如此,这些公司在构建和扩大美国在全球范围内的话语权方面都起到了关键作用。

跨国公司的爆炸性增长，提高了其他国家对美国文化和权力的接受程度，减少了两者之间的排斥，例如分布在全球各地的麦当劳、肯德基、沃尔玛、美孚、苹果、福特、通用、花旗银行、壳牌等。一开始，这些跨国公司就作为一种世界范围的资本积累体系，不受任何国家权威的约束，并且将国际话语体系中的每个成员都置于自己的"制度或规则"约束之下。这种跨国公司制度的出现，是美国国际话语霸权显著的代表之一，它重塑了现代国际话语体系，削弱了民族国家的权力，继而出现了超国家组织的"跨国主义"——如北美自由贸易协定、欧盟之类的集团，使得一些学者认为跨国公司的出现使得民族国家的权力和功效被削弱（Peter F. Drucker，1993：141-156）。

但是实际上，主权国家对国际结构的影响并没有被削弱。以跨国公司为例，美国的跨国公司进入他国，需要符合他国的国内结构，尤其是政治结构、社会结构和文化价值观。不过，美国跨国公司之所以如此强大，不仅在于其符合了他国的价值观和规则，更在于其凭借强大的资本和技术能力，传播了母国所携带的文化。因此，美国乃至整个西方在世界上的话语权主导地位，与其说是西方物质能力和权力的产物，不如说是西方自由主义思想被跨国行为体，尤其是跨国公司（媒体和商业公司）传播的产物（Thomas Risse-Kappen，1995：288）。

美国式的国际话语权，通过资本主义生产体系和国际制度、文化全球传播等方式构建起来，为其全球权力布局创造了千载难逢的机会。这种国际话语权建立在文化大批量生产的基础上，并在纵向合并、实行官僚管理的大公司组织内部进行，辅助全球制度网络的构建、交换和协调（韩雪晴，2019）。

5.3.2 信息革命与美国国际话语权

在整个20世纪，现代主义者宣称技术变革将极大地改变世界，例如齐格蒙特·鲍曼（Zygmunt Bauman）认为，在现代技术的影响下，社会成为"流动性社会"（liquid society），流动的个体失去共同体的安全保护，不再相信政治共同体能够解决个体所面临的结构性危机（2007：264-268），而斯拉沃热·齐泽克（Slavoj Zizek）指出现代技术使得国际政治进入了"后政治"时代（莫雷，2015），所谓的政治讨论和政治实践蜕化成"没有政治的政治"，政治问题的讨论被替换为精英之间的理性对话、协商和妥协，政治冲突被转化成为文化冲突。从19世纪末期开始，跨国传媒公司的发展以及其他全球性文化力量的扩张，加速了现代主义者所言说的趋势。

第二次世界大战后，信息文化产业和通信产业的跨国公司逐渐增多，无论是从其组织形式还是从其文化产品销售量来看，都具备了国际属性。到20世纪70年代，大型媒体娱乐公司和电信公司在诸多国家出现，这被学者们视为"地球村"的重要组成部分。到了20世纪90年代，全球范围内出现了20家大型信息文化跨国公司：索尼、百代、Rank、BBC、Pearson、路透社、贝塔斯曼、Matra-Hachette、Havas、Elsevier、宝丽金来、世界新闻集团、环球公司、时代华纳、迪士尼、ABC、CBS、McGraw和Viacom，等等，其中大部分来自美国（戴维·赫尔德、安东尼·麦克格鲁、戴维·戈尔德布莱特等，2001：484—490）。

信息就是力量，信息革命具有深刻的政治含义，美国无疑抓住了以互联网技术和计算机技术为核心的信息革命的先发优势，使得文化的全球分化与信息区隔迅速展开，"从欧洲现代化开始，文化流动主要沿着帝国控制的路线，从西方流向世界其他地方"（戴维·赫尔德、安东尼·麦克格鲁、戴维·戈尔德布莱特等，2001：513），并且引发技术鸿沟、数字鸿沟、知识鸿沟、信息贫富差距等问题。例如，整个非洲人口约占世界总人口的14%，在2001年却只有不到1%的全球互联网用户，其中95%在南非，而当时仅美国和加拿大就拥有全球98%以上的互联网协议带宽。显然，美国是全球互联网的中心，美国和苏联控制了世界一半以上的地球同步轨道。除了尼日利亚，撒哈拉以南的非洲地区直到独立后才有了电视，互联网发展更是缓慢（S. T. K. Boafo, 1991：103—124）。

在跨国传媒公司（其经营范围覆盖了从图书出版、印刷、新闻信息服务到广告、娱乐、电影等领域）出现以后，全球范围内的话语权格局发生了变革，以德国、法国和英国为主的模式逐渐被美国模式取代（姚登权，2004：81），而在此之前，即19世纪信息系统的大部分内容都是由英国人生产和提供的。随着电影院和留声机的出现，情况发生了变化，美国文化开始浮出水面。从1910年开始，美国电影就在英国市场上占据了主导地位；在留声机热潮的推动下，20世纪二三十年代美国音乐曾在多个国家流行，并在1940年主导着英国的流行音乐市场；美国电影、美国黑人音乐、美国肥皂剧、美国广播逐渐进入其他国家社会生活的方方面面，并成为他国百姓日常生活的一部分（James Curran, 2002：29），这些大众流行文化成为美国掌握世界话语霸权的基础。

随着美国跨国传媒公司在全球的谋篇布局，其他国家对美国政策、文化和制度的认同逐渐增强。低传输成本的信息革命为美国创造了一种新的信誉政治，向全球传播着以个人英雄主义、自由平等、梦想希望等要素为核心的美国文化。美国梦和美国文化通过跨国传媒公司的努力，日益成为美国的一种权力资产。美国政治精英和相关国际组织本身已经投入了相当大的精力和政治资本来推动国际社会对美国制度和文化的认同，而跨国文化公司和传媒公司以及其他相关产业公司的逐渐兴起，又进一步推动了美国国际话语权的全球发展。

在这方面，美国国际交流署（International Communication Agency，ICA）花费了大量的金钱和时间，在友邦国家中强化重要精英分子的亲美意识，而非尝试改变他们的政治立场。与美国不同，英国广播公司国外部则采取了另一种路径：不论其言说对象的政治立场和政治信仰如何，一概采取公正客观的言说路径，试图去扩大它的影响力（郝思悌，1988：275）。第一次世界大战爆发后，美国在 1917 年成立了第一个宣传机构——公共信息委员会（Committee on Public Information，CPI，又称克里尔委员会），成员包括美国社会舆论研究专家沃尔特·李普曼（Walter Lippmann）和"公关之父"爱德华·伯奈斯（Edward L. Bernays），其职责是负责发布战争消息，配合政府宣传工作的需要，此机构随即成为美国第一个由政府主导的制度化的话语权构建机构，直到 1919 年才解散。第二次世界大战爆发后，美国在 1942 年 2 月设立了"美国之音"电台展开对外言说，1942 年 6 月成立美国战时信息办公室（United States Office of War Information），负责统一组织、管理和规划美国当时所有的媒体类型——包括报纸、广播、出版、电影和与战时相关的海外宣传活动，使用一切媒体技术向全世界讲述美国故事，并在 1946 年 6 月成立了战时新闻局（Office of War Information，OWI），代表美国政府发布战争消息（张焕萍，2015：108-114）。

第二次世界大战结束之后，美国总统杜鲁门顺应国内和国际形势的变化，解散了服务于战争宣传需要的战时信息办公室、泛美事务局、国际情报局等信息机构，保留了战时信息办公室的海外分支机构——美国新闻处（United States Information Service，USIS），确保了美国海外传播渠道的畅通。1946 年美国国务院下属的国际信息与文化事务办公室（Office of International Information and Cultural Affairs，OIC）取代了战时机构所发挥的功能，随后在 1947 年这一组织又被改名为国际信息与教育交流办公室（Office of International Information and Education Exchange，OIE），一年以后美国国务院又将此机构一分为二，分为国际信息办公室（Office of International Information，OII）和教育交流办公室（Office of Educational Exchange，OEX），前者专门负责对外信息传播活动，后者则主要负责国际文化交流和教育活动。1952 年 1 月 16 日，美国将国际信息办公室与教育交流办公室合并起来，成立了国际信息署（International Information Administration，IIA），一年以后美国总统德怀特·戴维·艾森豪威尔（Dwight David Eisenhower）将国际信息署与共同安全署（Mutual Security Administration）和技术合作署（Technical Cooperation Administration）的海外信息宣传功能结合起来，在1953年8月统一创建了独立于国务院的美国新闻署（U. S. Information Agency, USIA）。美国新闻署的成立标志着美国冷战时期对外言说战略的最终确立。

美国的流行文化，以平等主义和自由主义潮流，以本土化策略，融入各地文化和政治语境中，这些信息和思想起到了选择性过滤和修饰的作用，例如美国电影根据中国不同省份的不同口音进行配音，以适应中国观众的观影习惯。信息和美国流行文化的传播提高了全球对美国思想和价值观的接受度和认可度。20世纪的全球化是以美国为中心的，因为美国掌握着信息革命的战略性资源和核心动力，主宰着世界的电影、电视和电子通信，全球信息网络的大部分内容都是由美国生产的，美国在这些网络中的核心地位构建了其国际话语权。

此外，美国还通过幕后收买、利诱等手段使得其他国家的媒体从业者充当其代言人，与公关公司合作传播有利于美国的新闻和舆论，例如2005年美国国防部与几家大型公关公司签订了价值数亿美元的合同，传播有利于美国的话语，并通过向伊拉克"自由媒体"秘密支付酬金的方式在伊拉克内部让自己的声音"借船出海"。由此，美国不仅在伊拉克国内设立系统的对外传播机构和战略，而且通过不同方式在其他国家设立言说渠道和平台（张焕萍，2015：140-141）。此外，还形成了如图5-1所示的美国广播网络的雏形，以服务于美国的国际文化传播战略（张焕萍，2015：138-139）。

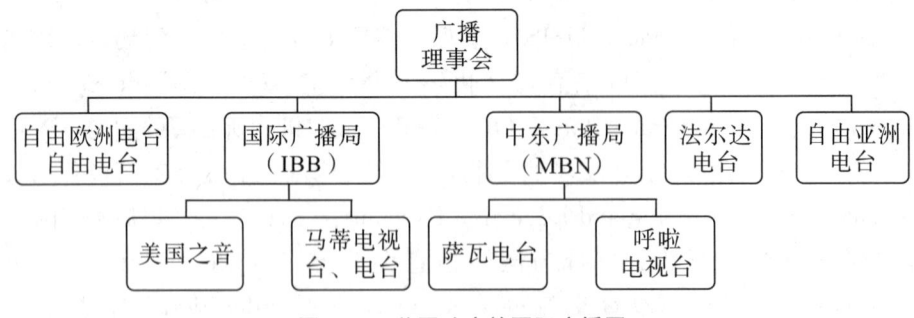

图 5-1 美国政府的国际广播网

冷战结束以后，美国随即调整了其国际话语权战略部署。1999年10月，美国新闻署并入国务院，而美国新闻署国际广播电台旗下的美国之音、自由欧洲电台、马蒂电台、自由亚洲电台等相关机构转入独立联邦机构"广播理事会"（Broadcasting Board of Governors，BBG）管辖。直到2010年，巴拉克·奥巴马（Barack Obama）推出了《国家战略传播架构》，美国国际话语权构建由公共外交、信息外交、公共事务、信息战、信息运作、心理运作、战略影响等改为"战略传播"路径（张焕萍，2015：142-143）。

5.3.3 国际制度——美国国际话语权的确立

除了上述"战略传播"路径，早在1915年美国就开始诉诸制度战略，并将其作为构建国际话语权的重要路径。借助民主国家之间存在的高制度黏性（stickiness，此黏性高于非民主国家），美国建立了诸多制度共同体，如北约等。实际上，西奥多·罗斯福（Theodore Roosevelt）早就意识到20世纪的美国不可能像英国在19世纪那样建立完全单一的世界话语霸权。世界太大，也太混乱，美国无法按照它原来的设想构建国际秩序，特别是按照罗斯福和威尔逊等政治家设想的通过世界政府完成，在这个过程中，美国不得不与其他国家分工合作。

最终，罗斯福的"一个世界主义"和相关国际组织设想在美国国会未被通过，而是形成了一个妥协性的国际组织——1948年的"关税和贸易总协定"——通过协定而非一个严格且正式的国际组织来进行多边谈判。当然，这并非意味着美国国会不支持通过国际组织、国际协定等国际制度来构建国际话语权。

1909年，国际政府组织与国际非政府组织的比例是5∶1，20世纪50年代末到70年代初，这个比例为7∶9，20世纪70年代末到80年代，国际非政府组织的增长率超过了国际政府组织，1988年联合国统计到4518个国际非政府组织和309个国际政府组织，这一比例超过了14∶1。由此可以看出国际结构的制度化趋势，这种制度化趋势是以非正式理解和正式协议为基础的。目前制度化形式的鲜明特征是国际非政府组织和跨国公司的增加（Thomas Risse-Kappen，1995：10-11）。

国际制度的许多重大进展都是在1947年（杜鲁门主义）、1963年（禁运条约）以及冷战时期形成的（Robert O. Keohane，2011：40）。随着冷战拉开序幕，美国统治者采用了杜鲁门的"自由世界主义"而摈弃了罗斯福的"一个世界主义"，并在治理世界体系时以美国来代替联合国所扮演的角色。此时，美国国际话语权构建的主要关注点是通过各种形式的合作将美国融入世界范围的社会网络中，因此采取了强有力的全球主义立场。在此过程中，美国外交政策的手段和目的被改写为一种独特的现代话语，强调维护和培育一个全球社会，其新颖之处与其说是为了传播美国梦，不如说是让美国梦继续存在；与其说是为了将美国价值观强加于世界，不如说是为了保持发达国家已经享有的生活方式（Frank Ninkovivh，2014：2—4）。由此，美国国际话语权的范围、规模和有效性，以及以此为目的而部署的文化、金融、外交和军事等手段的集中程度都远远超过了19世纪英国国际话语权时期。现代国际话语体系就这样通过美国的国际制度安排和相关国际组织设计被纳入美国话语霸权中，并相应地减少了国际成员所享有的权利。

当然也有迹象表明美国霸权的衰落，这在约瑟夫·奈（2015：166）看来是"权力转移"，在基欧汉看来是"后霸权"时代的到来。并且基欧汉等学者认为制度是维持美国霸权衰落后世界和平与稳定，并减缓美国霸权衰落速度的有效方法。在基欧汉这里，制度是"后霸权"时代的战略性资源（罗伯特·基欧汉，2006：1—7）。但是联合国组织、世界银行和布雷顿森林体系等国际组织和国际机制在20世纪80年代及90年代重新恢复活力，这表明美国统治者非常清楚这样的事实：即使像美国这么富有和强大的国家，也需要借助国际制度在一个日益混乱和多元化的世界中维护其国家利益。

1931年英国退出国际金本位制，1944年布雷顿森林协定生效。布雷顿森林体系的核心是国际货币基金组织的成员国将其货币设定和维持在相应的官方面值，并且只有在与国际货币基金组织共同协商的情况下，才能改变这种面值，以纠正一国国际收支中的"资金不平衡"。英国曾为个别国家寻求更大的行动自由，但是美国拒绝了这一建议。国际货币基金组织获得了相当大的权力，但是因为国际货币基金组织的投票规定和配额大致成比例，因此它实际上由配额最大的成员国控制。1946年，美国在国际货币基金组织中拥有超过32%的投票权，英国只拥有16%的投票权，虽然其他国家的投票权有所提升，但是在国际货币基金组织的整个生命周期里，美国都有权否决其他成员的决定（Robert O. Keohane, Joseph S. Nye Jr, 2011：68）。

5.3.4　文化渗透与美国国际话语权

5.3.4.1　文化的界定

在中世纪，世界话语格局因为宗教差异被划分为伊斯兰教和基督教两种格局。在英国霸权时期，世界话语权格局被划分为西方宗主国和东方殖民地：在西方宗主国眼里，殖民地缺乏立国资格，属于朝贡区。在美国话语霸权时期，世界在"白人至上，西方至上"的意识影响下进一步被划分为"文明区"和"不文明区"，欧美地区属于文明区，欧美以外的地区则属于不文明区。在不文明的话语标签下和"西方至上"等思想体系影响之下,非西方国家无论是在话语、思想还是实际行为,都被剥夺了最基本的言说权,西方国家将自己的话语霸权凌驾于非西方国家之上。

有关文化的界定仍是一个充满争议的问题,在不同的研究框架中有不同的含义。文化可以是艺术的产物,包括高雅艺术和大众文化,如文学、戏剧、电影、音乐、绘画、雕塑、舞蹈、建筑、民间故事等。文化也可以是克利福德·格尔茨(Clifford Geertz)所界定的一种意义系统,这种意义系统是由人类行为基本结构形成的意义之网,它为人类提供社会角色模型和身份概念,定义了核心价值观和行动模式,影响人们的思维方式和生活方式。它能解释人们所生活的世界,为人们提供方向,从而使得人们能够采取有意义的行动(Clifford Geertz,1973:5)。正是如此,文化才会被国家视为在国际舞台上实现政治目标的重要工具。

5.3.4.2 美国文化外交与美国国际话语权

文化外交是法国人在19世纪后期发明的一种政府活动,它试图在非政治的层面上吸引国际受众,主要工具是语言教学、教育交流和其他形式的文化接触——所有这些似乎是无害的,但实际上文化外交是一种政治活动,目的是在文化的伪装下为国家利益服务(Philip Taylor,1997:78-79)。

美国文化外交起源于对苏联外交政策的回应,面对反美主义威胁,美国开始了宣传攻势。通过广播节目、电影和出版物,美国的政策制定者们在国际社会传播了"进步、自由和幸福"等观念,这种精心构建的意义和文化向往,目的在于说服其他国家采用民主资本主义,加入美国阵营。在第二次世界大战以后,美国逐渐发现国际社会对它存在歪曲和偏见。1945年12月,时任负责美国公共事务的助理国务卿威廉·本顿(William Benton)认为有必要出台一项系统的信息传播计划来纠正国际社会对美国的负面印象,纠正国际社会对美国财富的仇恨和对美国商品的抵制。和本顿一样,美国驻苏联大使哈里曼(Averell Harriman)也发现,国际社会普遍对美国有着相当大的偏见。1946年1月20日,哈里曼解释了苏联如何利用美国的罢工、种族歧视、性别歧视和失业问题,号召国际社会抵制美国。1948年7月,美国国务卿乔治·马歇尔(George Marshall)提出要尽可能调用资源纠正有关美国(道德)的错误或扭曲的国际成见。

实际上,随着美国领导地位的逐渐巩固,在某种意义上,美国必然招致一种怨恨,这种怨恨在罗马取代希腊成为当时世界领先强国时也曾出现过。但另一个超级大国——苏联的存在,为这种取代提供了一种制衡,它也为我们提供了另一种看待世界的视角。1950年3月13日，布拉格电台嘲笑美国妇女被物化，苏联播音员告诉他们的希腊听众，美国的广告总是展现女性腰部以下的身体部位。1956年，苏联电视台把美国男性描绘成"半罪犯、粗人和不道德的人"，把女性描绘成"处于卖淫的边缘、丑陋、邋遢而且很傻的人"（Laura A. Belmonte, 2004: 81-83）。

为了回应苏联的"巨大冒犯性宣传攻势"（gigantic offensive propaganda），1954年美国国务院罗伯特·海勒·塞耶（Robert Helyer Thayler）向德怀特·戴维·艾森豪威尔（Dwight David Eisenhower）总统提议设立一个国际紧急事务基金会，用以支持美国的文化外交。

首先，成立一个由国会领导的国际文化关系署，用于指导国际教育交流服务，引导东西联络职员、文艺会演人员、教科文组织联络职员、秘书处和文化艺术交流委员会的工作，由此展开国际文化合作。其实早在1938年，美国已经是一个国际文化外交的大国，到1959年变得更加强大，以致国务院说服总统艾森豪威尔成立这个专门的国际文化关系署来协调15个独立机构的工作。

与此同时，国际文化关系署还与其他政府部门展开合作，形成协同效应，这些政府部门涉及美国新闻署、美国国会图书馆、美国原子能委员会、史密森学会（Simthsonian Institution）、美国国家科学委员会等多个部门。此外，还借助私人力量展开文化外交，其中有福特基金会、洛克菲勒基金会、卡内基基金会、美国教育协会、亚洲基金会、美国的大学/教会和专业组织、商业和工业私人力量等。

其次，美国公共文化外交涉及的项目，在1959年包括音乐、戏剧、芭蕾和运动，音乐主要分为经典音乐和爵士乐，到后来无所不包。在1959年，美国共开展了1183次文化外交活动，其中拉丁美洲287次、非洲153次、欧洲121次、东欧48次、近东和南亚221次、远东343次。20世纪50年代末，美国国际声誉下降，国外反美情绪高涨，促使美国更加重视文化外交战略。1959年《国际文化交流和贸易公平参与条例》（The International Cultural Exchange and Trade Fair Participation Act）确立了文化外交的永久性地位。艾森豪威尔总统在签署该法案时曾表示，他希望基于谎言的不信任将逐渐让位于基于真相的国际理解。从1954年到1959年，140多个美国表演艺术家和运动员团体前往90多个国家进行文化交流。其中，爵士音乐和现代舞蹈团尤其代表了美国的文化生活和流行文化，将美国文化带到世界各地（C. F. Mcgovern, 2012）。

5.3.4.3 大西洋文化社区的建立

促进国际关系是美国在西欧扩张霸权的必要但不充分条件，学术交流和文化交流等促成了美国对欧洲思想的渗透和影响，也促成了西欧的"大西洋化"和大西洋共同体的形成，沃尔特·李普曼（Walter Lippmann）无疑是大西洋共同体理念最有影响力的倡导者，其在很多专栏中对此进行了讨论，强调大西洋社区构建对世界的重要性。在20世纪40年代，美国在"大西洋化"进程中扮演了至关重要的角色，这一点与西方先前的格局相比是新的。作为战后唯一的强国，美国有能力在西方强大的意识形态结构的基础上进行霸权叙事，美国借助媒体，尤其是跨国媒体，大力宣扬"大西洋共同体"的概念和话语。在1939年，美国出版社哈蒙德卖出了30万张欧洲地图。学者、商人和决策者也参与其中，例如时代出版公司（Time Inc.）的媒体大亨且与外交决策机构有密切联系的亨利·卢斯（Henry Luce）曾积极参与大西洋共同体的话语生产。大西洋共同体被视为冷战的副产品，而实际上美国在大西洋地区的霸权叙事植根于20世纪初英美的和解（Marco Mariano，2010：80）。但是如果我们想要解释几十年来"大西洋化"这一现象，仅仅从国家行动和经济力量角度出发是不够的，由于"思想不能自由流动"，建设大西洋共同体需要国际机构和国际平台提供信息交流与思想交流的契机，需要一定的国际制度提供对话交流的规范和程序，以便各国政府之间进行沟通和对话（Oliver Schmidt，Jessica C. E. Gienow-Hecht，Frank Schumacher，2004：125）。

实际上国际交流的急剧扩张是美国"新威尔逊主义"战略的一部分，罗斯福的"一个世界主义"并没有被用来解决战后秩序重建问题，其目的是确保美国霸权。美国将欧洲精英（文化、政治、经济等领域的精英）融入大西洋化进程中，这些学界、政界、商界等领域的精英被美国政府视为未来的"潜在领袖"（Thomas Risse-Kappen，1995：3—6）。

5.3.5 传媒与美国国际话语权

5.3.5.1 美国广播和电影的全球布局

除了文化外交，美国还出版了一系列能够改善其国家形象的漫画和宣传资料。例如1955年2月，美国新闻署出版了《俄罗斯儿童投掷手榴弹》一书，批评苏联对儿童的摧残。马尼拉的美国新闻中心分发了10000张海报，宣传幸福的家庭生活不能存在于共产主义计划中，该机构还精心制作了反映正面美国家庭形象的海报。1955年，美国对外传播了15万份德国和西班牙版的《通过家庭生活建立社区》一书，这本图文并茂的书展示了充满爱和责任的美国家庭生活。此外，1953年美国新闻署还经常传播有关美国普通家庭的故事，尤其是有关美国家庭妇女典型角色的故事（Laura A. Belmonte，2004：83—85）。

20世纪50年代和60年代，当电视在发达国家已经确立了自己作为国内主流媒体的地位时，国际交流仍然主要依靠无线电广播进行。1945年，苏联有1000多家电台专门播放"噪音墙"（a wall of noise），其频率与来自西方的俄语频道相同。到1962年，这一数据增加到3000多，苏联在干扰西方广播上的花费比美国自己在广播上的花费还要多。但是在国际社会中，美国之音广播电台（The Voice of America，VOA）、英国广播公司国际频道（BBC World Service）和德国之声（Deutsche Welle）被合称为"声音"（The Voices），其可信度明显高于苏联广播（Philip Taylor，1997：41）。

20世纪30年代初，美国电影行业脱离了主要的卡特尔协议。根据这一协议，各大电影公司将世界划分为不同的势力范围。此后，在一代人的时间里，美国电影业发展为一个全球性的产业。两次世界大战让欧洲电影工业遭受了巨大的损失，却为美国电影业创造了发展机遇。欧洲国家发现很难与好莱坞电影业相竞争，"经典好莱坞风格"充斥着欧洲市场，像苏联干脆直接禁止进口美国电影。但不发达国家发现，如果它们试图采取类似苏联这样的举措，会招来美国国务院的愤怒，从而危及美国给予的援助，连带着也会致使西方大国减少给予的国际援助。当然，美国国务院早就认识到了自19世纪20年代以来的一个重要事实，即"电影背后的贸易"。尽管它并不总是对美国的形象有利，比如说，黑帮电影所描绘的美国形象充满暴力，但好莱坞电影带来的好处超过了这种负面影响，这也是美国驻外领事馆被要求每年至少提交一次电影发展情况报告的原因。的确，在20世纪50年代初，一些人认为好莱坞的产品形成了"新的马歇尔计划"（Philip Taylor，1997：44—45）。

20世纪30年代，美国商业广播电台在拉丁美洲不同地区建立了广播中心，这些广播中心连同国内私营媒体的利益，使得社会听不到非商业、公共和国有电台发出的提高"公共服务"的倡议。哥伦比亚广播公司（Columbia Broadcasting System，CBS）和美国全国广播公司（National Broadcasting Campany，NBC）作为美国两大商业广播机构，分别经营着美洲卡迪纳（连锁）和泛美卡迪纳网络，在整个美洲大陆都有分支机构。这为美国商品进入该地区提供了渠道，也为美国广告公司，如 J. Walter Thompson 和 McCann-Erickson 创造了商机。这一战略奏效了，例如巴西非商业性的广播中充斥着可口可乐、通用汽车、李维斯牛仔裤、大众汽车和许多其他美国产品的广告（Oliveira，1993：116—131）。

在战后初期，第三世界尤其是拉丁美洲，被美国的国家和企业规划者视为重要的消费市场。大众媒体的渗透在这一目标中至关重要，美国所有主要的网络公司，连同 Time-Life，都在拉丁美洲的电视行业中进行了投资。例如，到 20 世纪 60 年代，美国广播公司（American Broadcasting Corporation，ABC）在 24 个国家拥有 54 个拉丁美洲和其他第三世界电视台的部分所有权（Williams，1975：40-41）。因此，美国的节目和美国价值观变得流行起来，"我爱露西""摩登原始人"和"蝙蝠侠"成为该地区流行文化和流行词汇的一部分。

美国以一种全球商业文化，征服了第三世界的广播和印刷媒体，使宝洁、高露洁、可口可乐等品牌在不同地区、各个村庄、千家万户留下了印记（Herman，McChesney，1997：21）。即使西欧和日本已经加入了全球广告公司的行列，其文化贸易的风格和价值本质上仍然是美国的（D. K. Thussu，1998：63-82）。广告时代可以被看作美国人在全球范围内对 19 世纪麦考利关于英国在印度教育政策的再现：创造"一个阶级、血统和肤色虽是印度的人，但内在品味、观点、道德和智力却是英国的印度人"（B. Anderson，1983：86）。在巴西，几乎所有在电视上播放的电影都来自好莱坞，尽管巴西本身就是一个重要的电视节目出口国。其他大多数第三世界国家也同样沉浸在美国进口文化产品中，并被"一些有东西可卖的全球企业集团"所主导（M. Traber，K. Nordenstreng，1992：14）。

5.3.5.2 美国电视的强大力量——以 CNN 为例

1962 年，美国在境外拥有 5300 万台电视机，首次超过了美国本土的 5000 万台。当不发达国家想要构建自己的电视生态系统以摆脱西方的控制时，它们找到了一个突破口：当时发达国家已改用彩色系统，因此不发达国家采用被发达国家弃用的单色发射技术，以此来形塑自己的媒体独立性和自主性。尽管这种方式成本较低，但不发达国家发现，代价仍是巨大的，技术引进并不等同于具备了内容生产的独立性，不发达国家仍旧需要从西方国家的内容中选择，以弥补自身内容生产力的不足，从而降低内容生产成本。因为西方提供的现成内容比自己独立生产的内容成本要低得多。这在本质上是文化帝国主义，这些从西方引入的电影和电视节目等文化产品携带着攻击本土文化和意识形态的消息（Philip Taylor，1997：44-45）。

在 1980 年以前，印度是一个主要的电视节目和电影生产国，以在技术领域和流行文化方面的自力更生而闻名。然而，自 20 世纪 80 年代以来，印度政府在媒体发展方面已经转向了更多的外国投资和广告，以更城市化、更精英化、更西方的娱乐方式提供内容（M. Pendakur，1991：234-262）。印度的电视和有线电视供过于求，包括鲁珀特·默多克（Rupert Murdoch）的星空卫视（Star TV），这导致印度电视市场充斥着不同版本的"谁想成为百万富翁"、法国时尚频道、好莱坞重播、美国式的游戏节目、MTV、英国广播公司、美国有线新闻网、迪斯尼、CNBC、发现、索尼娱乐和电影频道、6 MV 频道等（D. Lerner，1963：327-350）。

  20世纪80年代，美国媒体管制稍有放松，出现了国际商业窄播电视服务，如CNN。对年轻观众来说，还有音乐电视（MTV）。美国电视节目在全球占据了主导地位，从索尔福德到新加坡，人们都以此为参照。从这个意义上说，《达拉斯》和《王朝》成为马歇尔计划的延伸。事实上，美国制作的电视节目确实成功地出口到地球上几乎每一个国家。20世纪80年代，电子新闻采集（Electronic News Gathering，ENG）出现，即时的新闻报道和来自偏远地区的现场报道改变了美国国际话语权构建的实践。在"信息高速公路"到来之前，美国有线电视新闻网（Cable News Network，CNN）已经成为美国媒体领域最具活力的代表。CNN曾被嘲讽为"鸡肉面条新闻"，反映了20年前这项实验的大胆程度，但是其外部机构CNN International在1991年海湾战争时期收入为1360万美元，到1994年收入达1亿美元，这使得CNN成为国际事务中不可避免的参与者。

  CNN高管约翰逊（Tom Johnson）坚持认为，CNN的目标既不是帮助也不是阻止任何国家的外交官为海湾危机或任何危机寻求解决方案，其目标是提供与当天事件相关的所有新闻和所有观点的公正平衡的报道。除了外交官，世界上所有人都能从这种信息公开中受益。CNN被描述为世界权力精英的共同参照系，这是一种全球性的政党路线，允许领导人召开电话会议（Philip Taylor，1997：85，95）。

5.3.5.3　互联网与美国国际话语权

  网络空间被称为虚拟空间，其中也存在权力博弈。在分析美国国际话语权与网络空间的关系之前，需要对网络空间的来源进行一定追溯。网络空间的概念产生于科幻小说，特别是赛博朋克（cyberpunk）科幻小说。随着威廉·吉布森（William Gibson）、布鲁斯·斯特林（Bruce Sterling）、帕特·凯迪根（Pat Cadigan）和尼尔·斯蒂芬森（Neal Stephenson）等作家作品的广泛传播，它们为国际社会提供了一套有远见的框架。在这个框架内，计算机网络的前景被大胆地预设。赛博朋克作家在网络空间中创造形象，并对电子人进行探索。计算机网络的发展在现实中构成了网络空间定义的第二部分。首先，提供了创建和维护网络空间的技术历史。阿帕网（ARPANET）和互联网等政府资助网络的出现，以及 FidoNet 和 Usenet 等合作网络的出现，都成为美国利用互联网技术构建国际话语权的重要组成部分（Tim Jordan，1999：5-6）。互联网技术将全球网民连接起来形成一个超越民族国家的"虚拟社会"——超国家/后国家社区（post-national/post-statal community），这一技术推动力与跨国公司和全球市场一起塑造了一个地方与全球混合的国际秩序（M. Berger，D. Borer，1997：241-247）。

需要注意的是，网络空间、互联网和信息流空间是迥然不同的。网络空间包括互联网和流动空间，也包括一些可能没有连接到互联网的其他计算机网络，并包含不属于流动空间的资源。一些企业创建专用网络来满足自己的信息需求，避免使用互联网，而没有联网的全球计算机网络则提供一些服务，比如金融交易（Tim Jordan，1999：170-171）。因此，我们在理解美国在网络空间中的国际话语权时，不能简单认为是信息流动，其范围和内涵要比信息话语权更为广泛，包括技术、协议、标准等多重话语权。

此外，一个更为普遍的事实是，互联网技术在产生之初就内嵌着西方（美国）文化，并且存在着技术霸权。对互联网主机数量的分析显示，1998 年 7 月，78％的主机存在于英语国家，而互联网在很大程度上是在假定英语为通用语言的情况下设计的。这导致英语语言在网络空间中成为一种文化统治，一些文化被排斥和被边缘化。基本的问题是，因特网在很大程度上是基于这样的假设设计的：认为美国信息交换标准码（ASCII）足以传输语言，它通常提供 128 个字符，最多 256 个字符，远远低于现代日本人所需要的 7000 台，也远远低于中国台湾地区所希望的 15000 台。ASCII 甚至不完全支持罗马字符，如法语或德语（J. Shapard，1993：257，268；Jerman-Blazic，1996：46）。ASCII 被认为是控制电子邮件协议的标准，这意味着电子邮件的基本设计使得发送除英语以外的任何语言的电子邮件都变得困难（J. Bourbonnais，F. Yergau，1996：51-52）。Usenet 还假定 ASCII 是一种标准，并且 Web 设计实际上也是基于英语语言（不是基于 Web 页面的语言，尽管这也是事实，但是在访问或生成 Web 页面所需的技术上使用的是英语）。ASCII 的使用提供了一种通用的标准，使因特网得以迅速发展，这是事实，但当任何为计算机网络开发一种更加包容性语言基础的尝试，都需要各个国家之间进行长期的谈判时，这一谈判成本使得 ASCII 标准的便利性更加突出（J. Shapard，1993：255-269）。在这个过程中，美国规定了网络空间交流所能够使用的特定语法，掌握技术标准和支持某种语言意味着支持一种文化或文明，显然网络空间迄今为止仍然受到 Anglo-civilisation 的控制（F. Fanon，1986：17—18）。

随着互联网技术的发展，目前以美国为代表的西方国家在网络空间中越来越强调数据安全，并将其扩展到其他领域，旨在维护全球数字资本主义的多元方向，并将网络空间的治理争议从数据安全和隐私问题扩展到物质福祉、发展正义等问题上（Y. Hong，G. T. Goodnight，2020）。

5.3.6 现代化与美国国际话语权

美国通过传媒和文化外交等多种方式，为世界创造了一种生活富裕、生产繁荣、社会进步的愿景，这是美国社会政治关系国际化、重塑战后主要伙伴关系以及世界经济关系更加普遍化的思想基础（Mark Rupert，1995：45）。杰西卡 C. E. 吉诺－赫克特（Jessica C. E. Gienow-Hecht）的文章描绘了美国文化全球传播的三个发展阶段。第一个阶段是第二次世界大战初期，诸多外交官和冷战者哀叹美国没有在全世界利用自身力量，在国外促进美国文化产品。这种促进，在他们看来可能会带来更多的物质利益。第二个阶段发端于 20 世纪 60 年代，并持续了 15~20 年。在这个阶段，知识分子拒绝将世界的"美化"作为文化帝国主义。第三个阶段即 20 世纪 90 年代以后，有学者开始解构"文化帝国主义"概念，从而证明美国全球文化入侵。例如一些理论家扩大了"文化帝国主义"概念，使它转向全球现代化的含义；而其他学者试图表明"文化帝国主义"没有文化强加和胁迫的性质，而是一个正在发生和进行的复杂的文化交流（C. J. Bertrand，1987）。

20 世纪 60 年代，大规模电子媒体时代到来，美国家庭的电视拥有比例从 1950 年的 9% 上升到 1960 年的近 90%，正如佩里·安德森（Perry Anderson，1998：88）所言，电视是战后世界具有历史性意义的第一次技术进步。新媒体带来的是一种无法想象的力量组合，改变了人们对真理、个人和国家等诸多概念的理解。在很大程度上，人们借助电子媒体比之前借助印刷品更加便利地参与了各种形式的现代化进程，美国借此向世界传播了自由、个人主义、现代化，而这些概念被美国政府赋予了文化和政治意涵，成为美国文化外交的具体路径和实施策略。从美国新闻署等政府机构到文化自由大会（CCF）等半政府集团，再到福特基金会等私人组织，都把美国文化定义为优越的现代文化，优于世界其他国家，从而形成新的文化模式。他们借助现代化的一系列概念和态度，在形式技巧下对情感进行包装，倡导自由美德和个人主义。政府和现代主义学者之间有着频繁的互动。美国国务卿阿奇博尔德·麦克什利（Archibald MacLeish）和詹姆斯·安格尔顿（James Jesus Angleton）在 20 世纪 30 年代于耶鲁大学经营一家现代主义杂志；威廉·J. 凯西（William J. Casey）在伦敦战略服务局（Strategic Services London Office）工作，然后在詹姆斯·劳克林（James Laughlin）的跨文化出版物董事会任职，随后在里根的领导下管理中情局；诺曼·霍姆斯·皮尔森（Norman Holmes Pearson），另一位在耶鲁大学教授现代主义文学的伦敦战略服务退伍军人，和美国中情局之间有着密切的联系。对西方资产阶级自由主义价值观的肯定，是美国现代主义文化战略的重要部分（G. Barnhisel，2015：1-21，256-257）。

显然，对现代化美好面的强调和宣扬属于美国文化外交的范畴。借助现代主义的思想、价值观念和概念体系，美国文化被传播到世界各地。美国文化外交与其他国家相比，一个显著的特色是其主要通过私营部门、商业协会、基金会、贸易团体、专业组织、私人关系等进行。在1938年，美国还成立了第一个专门负责文化外交的部门——文化关系司（the Division of Cultural Relations），1948年美国国会出台了一部美国信息和教育交流法（Smith-Mundt Act），用于资助海外信息传播和文化外交活动，规定美国政府在进行文化外交时，要尽可能通过合同或其他形式来约定，并利用私人机构，包括美国的新闻、出版、广播、电影、电视等机构，通过好莱坞电影、跨国公司、百老汇剧院、商业设计等多种形式，统一调配社会资源服务于其文化外交战略（G. Barnhisel，2015：1-21，256-257）。

总之，第二次世界大战以后，美国在反法西斯同盟的基础上利用外交策略建立了联合国、国际货币基金组织和世界银行等国际制度，还建立了布雷顿森林体系以及世界贸易组织。美国以自身强大的贸易实力和金融实力建立了一个由美国控制的全球贸易和资本网络话语权，这使得美国在战后一直作为世界的领袖之一（白海军，2011：232）。

5.4 比较视野下的美国国际话语权

与热那亚时期、葡西荷时期和英国霸权时期一样，美国的国际话语权生成和构建也是一个在替代中扩张和重建的过程。英国以自由贸易主义制度对威斯特伐利亚体系的替代虽是局部的，却是真实的。维也纳会议所恢复的行为规则、规范、标准和原则，为国际体系成员如何安排国际和国内关系留下了充足的空间和余地。在英国国际话语权时期，其他国家有相当的能力脱离英国的控制，因为当时的英国并没有支配国际体系的绝对能力。国际均势和国际法需要在国家之间而非在国家之上起作用。在美国时期，这种控制则更为严格一些。

兴衰与嬗变 | 国际话语权构建的历史之维

在国际话语权兴衰过程中,"旧体制"不仅仅是"存留"而已。相反,当旧话语霸权被一个新的话语霸权替代时,"旧体制"会不断地被立即重新启用。英国通过新的和更复杂的形式恢复了曾经在荷兰话语霸权下已经被替代的帝国统治的一些方面,在扩大了的空间和社会的基础上重建了现代话语统治体系。同样,美国国际话语权战略也以新的和更复杂的形式恢复曾经在英国话语霸权下已经被替代的一些方面,并加以扩大。但与之前不同的是,现代资本主义世界体系伴随着更新与重建这种双向运动,将会发生转变,要么是在原有基础上重构,要么是出现一种全新的体系。

与19世纪的英国相比,美国的国际话语权已经大大限制了其他主权国家按照它们想要的方式来安排国际社会体系和国内社会体系的权力与权利。在人权、民权、民族独立等事情上,各国政府受到美国构建起来的国际话语权束缚很大,其自由程度与历史上相比要小得多。在罗斯福起初对世界秩序的设计和安排中,这些限制几乎完全等同于替代国家主权这个层次:罗斯福设想的国际社会体系安排必须以美国权力至上为标准,其目的是让当时处于战后混乱状态的民族在意识形态层面凝聚在美国方案之下。借此,在1943—1945年,即第二次世界大战接近尾声之际,以美国为代表的西方政治精英和战略家企图首先在西方社会内部建立一种制度性和结构性的相互依赖关系,最终形成了以布雷顿森林体系为代表的制度安排(Franz Schurmann,1974:68)。布雷顿森林体系的建立也标志着国际权力向美国转移(李慎明、王立强、秦益成,2016:56)。在这一系列转移过程中,美国以其贸易国(资本贸易权力逻辑)的身份参与国际体系运作,从而确保了政治上的胜利和更为关键的经济上的成功(Peter J. Hugill,转引自William R. Thomas,2009:49)。

与此同时,美国还积极构建了一些其他的国际制度,其中最重要的是联合国。它一方面满足了非西方国家对富强、独立等现代化进步的想象,另一方面也迎合了西方国家在战后对世界和平与安宁的普遍诉求。这个制度安排和设计具有革命性的政治含义。

联合国这一机制的出现使得世界政府第一次由一个抽象的概念变成了切实存在的具体机构。在19世纪,各国代表提出了构建国际联盟,这一联盟后来停留在了襁褓中,而在美国政治思想的指导下,美国统治者领导了联合国这一国际机制的构建过程。与19世纪英国创立的国际话语权相比(联合王国的话语权更多是经济层面的话语权,其之前的帝国也是如此),美国领衔创建的联合国是政治和经济双重层面的国际话语权,并且是一种政治理念(Franz Schurmann,1974:71)。罗斯福的"一个世界主义",即为了全世界人民的利益和安全,将非西方国家和西方国家全部纳入美国正在构建的国际治理体系和话语权体系中——这也成为美国遏制苏联的主要方式。罗斯福的政治理念和理想是想通过联合国这一世界政府概念的制度化变成美国在全世界推广其治理体系和构建美国国际话语权的主要路径,尤其是在冷战期间,联合国这一组织成为美国称霸全球的一个工具(马克·马佐尔,2015:185)。但是,罗斯福的这种"一个世界主义"的理想主义被美国社会内部的改良现实主义思想压制,罗斯福的后续继承者不愿意冒险,在前进的过程中"向后"倒退了一大步。

联合国、国际货币基金组织、世界银行以及布雷顿森林体系等国际制度成为美国构建其国际话语权的主要工具,因为如果不使用这些制度性工具的话,美国国际话语权不仅不会获得合法性,也不会拥有如此长久的生命力。

5.5 美国特有的国际话语权生成路径

美国构建国际话语权的过程,有着这样一个先后顺序:首先效仿历史上其他国家,尤其是效仿英国,让自己在商业金融领域获得话语权,然后在金融话语权的基础上构建国际话语权。在20世纪五六十年代,世界银行与国际货币基金组织在国际体系中根本不具有任何话语威力,也起不到任何作用,当时具备话语权的是美国联邦储备系统下的美国国家中央银行。到了20世纪七八十年代美国霸权危机时期,布雷顿森林体系才首次在全球金融领域中获得重要的地位。与此类似,在20世纪50年代初期,联合国大会和联合国安理会只是在美国说服国际社会干涉朝鲜内战合法化时才发挥辅助性的作用,而之前只起到很微弱的作用,并且在朝鲜战争之后这些国际机制和国际制度在调节国际矛盾与国际冲突方面的作用也丧失了。直到20世纪80年代末90年代初,联合国等国际组织才真正具备了话语权,这是因为当时商业/金融领域的话语权由美国国家银行转到了世界银行、世界货币基金组织等组织手里,这些组织和制度才真正恢复了活力。

与此类似,美国通过关税和贸易总协定将贸易方向的控制权留在了美国政府的手中。在20世纪,美国之所以能够获取控制和影响世界贸易的话语权,从而构建起在国际政治领域的话语权,原因就在于美国把自己的贸易推向了一个更高等级,其借助跨国公司获取了国际事务中的支配地位,获得了比其他国家或者盟友更多的优势(Susan Strange,1996:135-136),并在与英国等联盟国家的合作关系中占据上风,在贸易谈判中获得话语主导权。因此,与英国

兴衰与嬗变 | 国际话语权构建的历史之维

国际话语权相比，美国国际话语权是通过将贸易自由的话语权掌控在自己手里，主动编织了多边网络，并将自己置于这个多边网络的中心而生成的。最终，欧洲各国、日本以及韩国、印度等国家都被编织进美国多边大网（关税总协定等机制）中，形成了一个由美国主导的国际话语权网络。

但是，通过国际制度来构建国际话语权，需要考虑到这样一种情况，即政治上的制度安排与经济上的现实考量之间的关系，有时现实层面的经济/利益考量会使得政治上的制度安排失灵。需要强调的是，在美国国际话语权扩张达到极限时，联合国等制度性工具的辅助作用并未萎缩，而这是美国未重走英国国际话语权战略老路的原因。联合国、世界银行和布雷顿森林体系通过维持自身的存在，使美国国际话语权获得了更多的合法性和正当性。与此形成鲜明对比的是，在英国国际话语权时期，英国缺乏这种具有相当的合法性、永久性和可见性的跨国组织及国际制度。

当然除这个事实外，美国的国际话语权在某种程度上既是对英国战略和路径的承继，又是对英国国际话语权战略的否定：在承袭方面，美国同英国一样都抓住了国际社会日趋升级的混乱时机，并趁机重建和扩大了威斯特伐利亚体系；在否定层面，美国则采用了一种完全不同的制度工具。

在冷战期间，美国设计的国际制度和国际组织在世界秩序中的话语权为美苏权力博弈所削弱，尤其是罗斯福的政治理念——"一个世界主义"的设想在非西方民族和世界无产阶级领域被降级了，但是这在另一个层面加快了美国重组资本主义（欧美）话语联盟的进程，例如自第二次世界大战以来，美国一直致力于与澳大利亚和加拿大构建一个基于持续协商的联盟关系，从而维护其所制定的制度。事实上，早在1951年美国和澳大利亚以《澳新条约》（ANZUS Treaty）就已经确立了两国的正式联盟关系；在1965年，应约翰逊总统和皮尔逊总理的要求，梅切尔大使和海尼大使制定了联盟内部进行协商的具体程序和步骤（Robert O. Keohane, Joseph S. Nye Jr, 2011：148-150）。除了与澳大利亚和加拿大建立联盟关系，美国还在国际领域建立了庞大的联系网络，毫无疑问，如果不是因为20世纪四五十年代积累的政治斗争和意识形态竞争将美苏两国置于你死我活境地的话，美国构建话语联盟的进程会慢得多。

但是，制度和联盟构建只有在双方具有共同的利益和认同时才有效。在锁定联盟对象以后，试图去引起他们的注意力，尤其当这些对象具有不同的政治立场、文化底色、意识形态和价值观念时，这无疑是一件困难的事情（郝思悌，1988：277-278）。因此，在构建自身国际制度性话语权的过程中，美国采取的是荷兰曾经采用过的伙伴关系的路径。约瑟夫·奈（2013：72）认为，国际组织和国际机制通常会通过影响最初偏好、设置国际议程和界定议题领域来制定规则,而国家则尝试通过国际机制和国际组织来影响国际权力较量中筹码转移的规则,这就是关系权力——软实力的路径。通过互相吸引的伙伴关系,实现国际话语权的构建。

5.6 美国国际话语权的分散

5.6.1 国际话语权博弈与美国话语权衰落

1914 年之前的国际体系存续有两个重要基础:第一个基础是英国能够维持和支配的欧洲均势;第二个基础是英国和殖民地之间的贸易顺差。但是这两个基础在第一次世界大战中遭到了严重破坏,在第二次世界大战之后则完全被摧毁(Alan S. Milward, 1970: 44-46)。东印度公司对英国在 1914 年维持欧洲均势过程中发挥着至关重要的作用,印度为英国提供了巨大利润。借助东印度公司,英国向中国贩卖鸦片,获取亚洲的资源,并使得美国处于贸易逆差的地位。此外,美国能够为英国提供丰富的原材料,也能为英国提供强大的战争物资保障,但是美国独立之后,这种格局被彻底改变,英国不仅在北美,而且在印度洋都丧失了巨大的优势(Alan S. Milward, 1970: 44-46)。

随后,在第二次世界大战期间及之后,国际话语权博弈的车轮转动了起来。在整个非洲和亚洲地区,几十个新的主权国家独立,这波独立浪潮与去殖民化运动结合起来,开始生发出改变英国主导的国际话语秩序和话语力量格局。但是这种刚刚萌芽的力量,被美国在世界范围广泛分布的、半永久性的海外媒体、海外机构基地网、跨国公司抑制。在历史上,从来没有过哪个国家像美国这样能把自己如此众多的力量(包括跨国公司)如此广泛地驻扎在其他国家的领土范围内(Stephen Krasner, 1988),即使是英国在印度建立的东印度公司和相应的力量分布也无法与美国相比较。

越南人民的成功抵抗,标志着从 1917 年俄国革命开始的进程达到了极点,于是西方和非西方重新组合,形成第一世界、第二世界、第三世界并存的国际话语格局。原先的非西方话语力量几乎全部纳入第三世界,而原先第二次世界大战后由美国主导的西方话语联盟则分成了三个明显不同的部分:北美、西欧和澳大利亚加上日本,构成了第一世界话语权结构;在不甚强大的两个部分中,一部分(苏联及东欧)组成第二世界话语权结构,另一部分(拉丁美洲)与亚洲话语力量联合组成第三话语权结构。自第二次世界大战结束到越南战争，非西方世界的话语权力量似乎发生逆转，日益强大。在某种程度上，这既是原先的西方资本主义国家国际话语权一分为三的原因，也是原先的西方资本主义国家国际话语权一分为三的结果。

然而，这并非意味着第三世界、第二世界在与第一世界之间的国际话语权博弈中赢取了胜利。实际上，资本主义西方的话语势力似乎已经变得比以往更加强大了。苏联受日益动荡的世界经济的影响，迷失了方向，陷入一片混乱，又受到第二次冷战的巨大压力，被挤出了"超级大国圈层"，失去了在国际话语舞台的决定权。在缺少两个超级大国相互争斗的情况下，第三世界国家不得不与从苏联解体出来的各个部分展开话语竞争，以便获得西方资本主义的市场和资源。西方资本主义在美国领导下迅速着手利用形势，巩固它在全球话语部署方面的实际"垄断权"，即进一步强化自身的话语霸权。

此外，美国由于其独特的地理位置，并没有面临像英国那样来自近大陆大国的威胁。在19世纪上半叶，美国从殖民重商主义经济转向商业农业经济的同时，集中精力改善国内运输系统，建立国家货币，并在1803—1853年间通过征服和购买领土，成为横跨大陆的国家（Joan Hoff Wilson, 2008: 30-31）。此后不久，1860—1865年的内战实现了南北统一，随后美国通过关税等方式保护国内工业的发展，辅助横贯全国的电报系统和铁路系统，美国国内经济迅速发展。在1918—1920年，美国银行家以纽约取代伦敦，掌握了国际金融话语权，随后美国逐渐代替英国在国际社会上的地位，成为"老大哥"。以英国为基础的战后货币体系之所以脆弱，不仅源于20世纪20年代世界金融形势的不稳定，还在于整个政治结构无法有效维护和支持英国在金融领域的国际话语权，法国退出，美国也不准备采取有力行动予以帮助，最后导致英国失去了国际金融话语权（Robert O. Keohane, Joseph S. Nye, 2011: 119）。

从1950年朝鲜战争到1973年越南战争结束的23年时间，是世界资本主义历史上最有利可图和最持久的利益增长时期，也是美国国际话语权进行扩张的黄金时期。特别关键的是1968—1973这五年，美国通过灵活的汇率制度替代了主要国家与美元或黄金与美元之间的固定比价制度，这一汇率制度和美国设计的其他国际制度相互强化。一方面，美元汇率制度使得美国控制了国际货币领域的话语权；另一方面，以国际援助的方式为其他政府提供帮助，使得美国可以对它们施加压力。这些要素最终使美国在20世纪70年代完成了其国际话语权构建：政治和经济双重层面的国际话语权。

后来，在20世纪70年代的其他时间里，美国的国际话语权战略开始以基本忽视世界政府职能为方向，其统治者认为既然世界无法再按照他们设想的方向和战略来统治，那么就让世界自己统治自己，美国的声望和权力在经历1980年人质危机和伊朗革命以后急剧下降，但是由于整个世界统治的制度体系大部分是以美国为代表的西方国家设计和安排的，因此即使遭遇危机，整个世界话语权体系实际上仍旧掌控在以美国为代表的西方世界手中。

5.6.2 分散不等于陷入危机：挽救

世界话语权力体系发生了有利于第二世界和第三世界即"东方"和"南方"的逆转，第二世界和第三世界展开了话语联盟的构建活动，这种联盟自20世纪50年代的万隆会议就已经开始了，加剧了国际权力转移，也使得美国产生了危机感。

正是资本主义制度及其国际话语权所取得的成功，破坏了维持其自身的社会制度与国际合法性的基础，并在发展的过程中不可避免地创造了使自己无法延续的条件，这在美国权力危机或者当下国际社会认为的国际权力转移下，不是没有道理。实际上，对这一认识最准确的描述是资本主义国家正在通过什么样的措施，加强、维护和延续自己的国际话语权。

在半岛电视台、RT等国际话语主体以及社交媒体平台兴起以后，看似美国国际话语权受到了一定的冲击。确实，网络媒体为国际社会组织和个人提供了前所未有的言说渠道和言说平台，但是要说世界各国人民获得均等的话语权，说得轻些，是为时过早。实际上，互联网技术使得资本主义世界和世界其他地方之间的权力鸿沟变得比以往更宽（Giovanni Arrighi，1991），话语权差距更大。

并且，当我们在言说新兴话语主体借助互联网技术分散了美国国际话语权时，还应注意到这样一个现实：虽然网络空间带来的一个重要政治变革是出现了一个重塑民族国家权力的全球体系，在这个网络空间中，信息传播规避了诸如在民族国家内部对广播媒体所实施的控制，使得全球信息流动不受边界的限制，并赋予了一些不发达国家民众以及媒体一定的言说权利。但是，在这个网络空间中，鲁伯特·默多克（Rupert Murdoch）已经垄断太平洋地区的媒体市场，比尔·盖茨（Bill Gates）控制着全球80%的个人电脑操作系统，特德·特纳（Ted Turner）通过CNN新闻频道主导着全球新闻报道。由此，福山的"历史终结"与其说是现实主义民族国家历史的终结，不如说是超现实或虚拟跨国社区的开始，一轮新的话语权角斗的开始。基于虚拟化逻辑而非具体现实的新逻辑，可能构成国际话语权博弈的主导原则。鲍德里亚构想当今世界新秩序是仿像社会，全球跨国网络打破了传统的象征体系，美国跨国传媒公司和资本主义构建了一个"超现实"的集体秩序。由此,这些现象与事实提醒我们,美国国际话语权并没有伴随着权力转移而迅速消散:互联网技术和网络媒体仍然是美国控制"实相"转变为"超现实"的密码(M. Berger,D. Borer,1997:241—247)。

6 国际话语权兴衰嬗变的内在逻辑

6.1 国际话语权兴衰嬗变的历史脉络

在过去 500 年里，意大利城市国家在 1494 年之前掌握着与长途贸易有关的国际话语权，随后这个体系出现了结构性的变化，在这一结构性演变过程中，一些国家越来越具有全球经济和全球政治视野，而一些国家则更加关心地区和本土问题，不太关注全球议题。虽然对于这些结构性演变模式和形式存在争议，但是普遍接受的事实是：1945 年左右，作为全球体系的领导者，英国向美国转交权力；在此之前，1815 年工业化的英国取代了商业化的英国，1714 年英国取代了荷兰，1609 年荷兰人取代了葡萄牙人（William R. Thompson，2009：56）。毫无疑问，霸权的长期理论对于解释国际话语权兴衰至关重要，它为我们思考国际话语权兴衰提供了时期划分的基础和结构转型的时间表，每个时期内都有着独特的国际话语权构建方式和特征。在第一和第二国际话语权时期，经济和军事实力奠定了国际话语权构建的基础，世界经济技术和制度创新先驱者占据了优势，就抢占了先机；在第三和第四国际话语权时期，即英国国际话语权时期和美国国际话语权时期，新的国际话语权领导者更加重视联盟关系、规则制度、传媒文化和技术创新等路径。总体而言，西方国际话语权的兴衰史是资本主义制度化的过程，其具体兴衰历程和所牵涉的要素见表 6-1。

表 6-1 西方国际话语权兴衰：历史比较的视野

要素	第一和第二国际话语权时期（14—18 世纪）	英国国际话语权时期（19—20 世纪）	美国国际话语权时期（1945 年至今）
变化中的权力形式	脆弱的政治联盟，重叠的权威结构，城市—国家，地方权力，汇票制度，远航技术创新	现代民族国家，殖民地全球布局，海军，海底电缆，电报技术	两极—单极—多极，非国家行为体，网络技术
制度基础设施	最小程度的国际规则，多边框架：从条约到联盟组织，特许公司制度	超国家的国际规则、组织和国际制度的雏形	全球政治制度、国际组织及全球通讯和传媒基础结构
话语权的制度化	很少，但是外交与国际社会的规制已经开始出现，尤其国际金融领域制度已经存在	国际话语权的规则、体制与国际法的尝试性但脆弱的发展	国际法、国际体制、超国家话语规制结构出现
话语互动的表现	少量的印刷信息互动，多数的战争、金融贸易对话、君主和商界精英私人之间的信件来往	殖民地文化同化、传媒的初步跨国宣传（主要是印刷品和广播）、非正式互动	全面的国际制度设计、系统的媒体和文化战略、网络话语权的争夺、非国家行为体之间的交流

实际上，自联合国等国际制度产生起，国际话语权在实际上和原则上都被美国控制着，美国把自己的国际话语权战略与国际制度相结合，并将自己的权力凌驾于国际制度之上。这与之前时期有些类似，世界话语权体系在某国政府有意识的治理之下，才得到重建和扩展。而且，之前的帝国是以这样一个透彻认识为前提的：国际话语权的构建和扩展，需要掌握战略性资源的话语权，而这一战略性资源在不同的时期有着不同的面貌，其中较为重要的两种是：解决国际社会普遍问题的机制和满足国际社会共同利益的制度。只要掌握某一种促使国际社会秩序运作良好的制度，就能以较小的成本掌控世界话语权，就像热那亚通过汇票制度、荷兰通过证券交易所制度、英国通过东印度公司殖民制度、美国通过联合国等制度，牵动国际社会网的总线，就能掌控整个网的走向，从而真正地构建起国际话语权，实现国际话语权的制度性存在，进而借助这种制度性话语权更改国际社会运行的其他制度、组织和机制。

国际话语权兴衰变迁，是从一条路线转向另一条完全不同的新路线，抑或是沿着单一路线发展，还是处于两者之间，不完全是由某一时期内多个话语网络和权力格局之间的博弈决定。相反，资本主义世界国际话语权反复出现的扩张和重建，总是在特定的权力组织、话语结构和资本网络中出现。这些机构处于特殊的有利地位，通过控制、组织和调节世界信息网络，可以把相关的资源和资本转化为自己的话语资本和话语优势。

国际话语权兴衰史还显示出，如果一种制度越是受到正式管理机构的规范和调控却又不能充分满足社会的需求，解决共同的问题，就越是容易产生摆脱这种制度控制的非正式路径。非正式路径是对正式化路径不足的回应，其包括人情（关系）、客户主义、互惠网络。当一个体系越是官僚化、规范化和计划化，又不能满足社会需求时，它就越会倾向于创造出脱离系统控制的非正式机制。这些非正式机制在正式制度的夹缝里生长，利用正式制度的缺陷来扩大自己的生存空间，并通过弥补正式制度的缺陷与在制度内部产生利益团体和联盟来实现永久化存续，因此是正式制度本身创造了自己的反面——非正式机制和非正式制度（Larissa Adler Lomnitz，1988）。

由于国际社会包括多个政治和地理辖区，因此更难用一种正式制度来调控、组织和规划，所以在历史上，热那亚、荷兰和英国都采取了辅助于正式制度之外的非正式路径，例如与政治精英的私人联络、与其他盟国的非正式伙伴关系、早期的文化外交和后来的文化同化等，这些非正式的制度对于资本主义西方国家在不同历史时期掌控国际话语权也起到了和正式制度一样重要的作用，并且国际话语权的每次更迭和转移，其动力都源自处于国际制度——无论是正式的，还是非正式的——机能失调。美国提出的联合国、世界贸易组织等制度，是对英国话语霸权体制机能失调做出的反应。

国际话语权兴衰并不是世界话语权的结构和秩序回到之前的状态，相反，在历次更迭中会形成新的结构，这一结构和秩序比之前的要复杂得多，并且不同国家的国际话语权体系从形成到占据主导地位，所涉及的要素和范围在不断加大，进程也不断加快。

本质上国际话语权兴衰的背后是国际权力的兴衰和变更。在历史上，每一次国际社会主导国的权力危机都标志着一个国际话语权时期向另一个国际话语权时期的转移和过渡，这些过渡和转移时期为能够抓住历史机遇的国家创造了机会，使它能够在一个更广泛、更大的基础上重建国际话语权秩序，解决国际社会面临的共同问题。这一过程势必会比较漫长，但是迟早会达到这样的时刻：旧的国际话语权秩序被新的国际话语权秩序代替。

与此同时，在梳理西方国际话语权兴衰历史的过程中，并非不考虑非西方国家。实际上西方国家的话语霸权已经发布了很多裁决，其中重要的裁决之一，便是将整个非西方国家和社会，如非洲的撒哈拉地区、亚洲的诸多落后地区，都宣布为"无关紧要的"和"不文明的"地区，这些地区被认为对整个世界秩序的运作无关紧要,尤其是在苏联解体之后,这些非西方地区就彻底与世界秩序体系脱钩。这些国家在被以美国为代表的西方国家宣布为"多余的"之后,其在国际话语权舞台上,无论是国际组织还是国际媒体上的话语权一直处于被忽视的状态,这些国家多以"负面的"形象被西方媒体言说。这在学界已经达成共识,但是这并不意味着非西方世界不重要。

6.2 国际话语权兴衰史中权力、制度与话语的辩证关系

6.2.1 国际话语权兴衰史中的权力和制度

国际制度的形成离不开国际共识和国际权力结构的支持,只有得到国际权力结构和国际共识的认可时,制度才具备恒久性(赵明昊,2012)。当前的国际权力秩序虽然承继了威斯特伐利亚体系的诸多理念,在一定程度上缓解了国际社会在无政府状态下的安全困境,又通过制度和规则促进国际社会由"霍布斯式"的敌对状态走向了"洛克式"的合作状态,但是,我们并不能因为这样一种状态不完全受以美国为代表的西方国家的控制,就认为其属于非西方国家。将来,我们无法再用西方和非西方这样二元思维来划分世界话语秩序,未来世界话语秩序的复杂性也不必然局限于西方/非西方这种二元划分结构,它会比这种二元结构更为复杂,冲突和分歧也会更加多元(赵明昊,2013)。

当下的国际危机不仅是权威危机,还包括与此相关的信任危机、功能危机和正当性危机。新兴国家对以美国为首的西方统治秩序日益不满,在诸多领域提出自己的诉求,期望修改现有国际制度,而与此同时,西方大国不会轻易放弃自己的制度性权力。例如1974年成立的国际能源署,表面上规定了按照各国在全球石油消耗总量中的比例来确定投票权,但实际上投票权并没有让渡给诸如印度和中国这样的能源消耗大国,也没有分割一部分给作为能源供应大国的俄罗斯,显然多元的发展和新兴国家的崛起并不能快速改变国际权力结构,人类也不必然顺利进入一个平等的多元主义世界。虽然发展中国家在一些国际组织和机构中的席位、发言权和投票份额有所增加,西方大国在制度性权力方面有部分让渡,但不能认为国际制度结构发生了根本性的变革。在21世纪,多边合作的规范和制度基础将变得更加薄弱,因为新兴国家和西方国家之间不可能存在相同的世界观、价值观(约翰·伊肯伯里,2013:序言7—8)。在一个权力分散的网络化世界或多节点(multi-modal)世界中,国际社会的垂直

等级结构逐渐被网络化结构取代，一切都处于互联的关系中，因此，对权力的理解不能再局限于传统的思维中，其不仅来自军事、政治、经济、文化等层面，更在于对全球互联关系网络的掌控，如果能在多节点网络格局中建构起共同体，并占据这个共同体的中心节点，成为各方联系中的重要桥接点，有可能会成为最有权力的国家（Anne-Marie Slaougher, 2019: 94）。

此外，实现国际话语权的制度性存在是服务于国际社会和国家利益的手段，而非最终目的，最终目的——国家利益和国际社会的和平——有诸多方式和途径，制度只是其中之一。美国提供了制度等公共物品，并在由多边规则和机制所组成的松散体系中构建了其国际话语霸权。美国的话语霸权和制度性霸权相互融合，实际上，它们彼此依赖。但并不是说这种制度性基础具有永恒性，它也会减弱，从而使得美国在这个体系中运用权力的权威也会减弱。

国际话语权嵌入在国际秩序中，意味着首先要厘清国际秩序的各种不同逻辑，以及清楚权力、制度和话语是按照何种方式结合在一起，而后我们才能回答国际话语权何以能够行之久远。我们最常援引的世界政治理论建立在全球体系"无政府状态"这一假设之上，这一体系源于民族国家之间的权力竞争和扩散。在国际秩序兴衰过程中，主要国家都会寻求和维持符合这种秩序的规则与制度。关于世界权力斗争的最基本问题是：谁来发号施令，谁能得到好处。

围绕权力展开的斗争首先是一场大国为维护自身安全和利益而展开的博弈。一个国家如果想要真正地进入国际权力中心，就不能只是局限于国际权力的斗争，而是要从长计议，从秩序构建的角度入手，建立符合国际权力逻辑和国际秩序的一系列更广泛的制度、规则，以制度和规则创造适于实现共同利益的国际环境，随后界定这一体系的权利、角色和权威关系也会按照这种方式被建立起来。我们可以更进一步地思考关于国际制度性权力的深层问题：什么是制度性权力？它如何被创立？从其逻辑和性质来看，国际制度性权力存在哪些不同类别？

显然，在不同国际话语权兴衰周期内，主导国都会致力于构建国家间关系的规则和制度，但是也会看到这些制度性秩序和权力的瓦解或转换。历史上，国际制度性秩序和权力格局的瓦解或转换通常发生在战争之后，战争本身让战前国际体系所包含的规则和制度安排的最后一丝合法性消失殆尽（约翰·伊肯伯里，2013: 9）。国际秩序是通过界定和指导国家间互动关系的国际规则和制度安排体现出来的。稳定的规则和制度安排往往需要借助协议、非正式机制或其他别的方法被确立下来，国家根据可以界定它们角色和互动方式的一套系统性原则、规则和制度来行事（Janice Mattern, 2005: 30），随后国际无秩序状态就会转为有秩序的状态。

一般情况下，国际秩序可以通过制衡（balance）、统制（command）及赢得同意（consent）三种方式来确立并获得稳定性。每一种方式都代表着确立和维持秩序的一种不同的机制或逻辑。在制衡的国际秩序中，秩序通过国家直接的权力均衡来维持；在统制的秩序中，强大的主导国家会负责组织和运行这个秩序，具有等级性；而赢得同意的国际秩序是围绕着协商一致的国际制度、规则和规范等建立起来的。在构建有共识性的、以规则为基础的国际话语秩序时，国家之间的权力差仍然存在，但是规则、制度和规范会反映出国家之间经过谈判达成的互惠性协议。在这里制度、规范和规则作为治理机制得以运行，相对于国家权力的使用，制度具有部分的自主性。规则和制度是国家用以对全球体系中其他国家的行为进行一定程度控制的工具，需要在政策自主性和以规则为基础的承诺之间做出平衡（约翰·伊肯伯里，2013：11，41）。

制度权力构建者，在这里是民族国家主体，需要通过牺牲一些政策自主性来换取其他国家按照更可预测和更符合该国心意的方式行事，这一切都要通过制度化的协议变得可信。与此制度相关的动机、选择和环境解释了为何国家会对规则和制度做出不同的反应和承诺（约翰·伊肯伯里，2013：22）。而制度的逻辑与国际权力或国际秩序的逻辑多少有些不同，其不是建立在统制或势力均衡基础上，而是建立在同意的基础上。

国际话语权的构建需要具有支配性的权力优势——军事的、技术的、经济的——作为基础，并利用这些优势建立由外交、政治、媒体和商业关系构成的全球话语体系。英国和美国建立起一套大体上得到国际社会同意和认可的规则与制度，世界市场和国际政治则会围绕着这些规则和制度运行。英国将金本位作为一种可以促进世界范围内的贸易和投资的制度加以倡导。第二次世界大战以后，美国利用它的权力优势使世界经济重新开放并创立了一系列政治和同盟机制，以赢得同意在西欧内部构建起制度共同体（制度联盟）（约翰·伊肯伯里，2013：49）。在西欧，以赢得同意构建起的制度联盟，是以共享的利益和政治为基础的，各国基于自身利益加入这一制度体系，这些规则和制度约束了权力的施展。自由主义理论假设，各国在建立合作性的世界秩序方面有着深厚的共同利益，而这种合作性的世界秩序是基于互惠和法治原则建立起来的，各国愿意为了共同的利益而进行合作。

在第二次世界大战结束后的十年中，美国是全球多边治理的重要建设者和倡导者。在美国的倡导之下，全球制度建设以一种前所未有的方式快速发展，涌现了联合国、国际货币基金组织、世界银行、北约及其他一系列制度和管理体制。美国在制度构建过程中采取的是一种"环境"（milieu）战略，试图塑造对其他国家运行的环境，从而影响和改变他国的最初偏好与行为。

6.2.2 制度、话语与国际话语权的辩证关系

一般而言，在历史的某一个时期，一个国家具备控制国际制度的权力、技术和财富，那么这一时期的国际制度安排和制度设计在较大程度上也将由其所主导（刘靖华，1997：215-218）。权力决定制度构建，制度保障了话语权，话语权进而影响制度制定，这种话语权最终又维护了国家的权力地位。从15世纪开始，分别是意大利城市国家、荷兰、英国和美国先后借此建立了符合其国家利益的国际话语权。

第二次世界大战以来，国际社会已经制定了一套具体的规则、规范和程序，指导各国和跨国行为体在多个领域内开展工作，包括国际货币制度、跨国公司管理制度、国际航运制度、国际电信制度、国际贸易制度、环境保护制度、渔业保护制度等，这些制度可以是正式的条约和协定，也可以是非正式的协约。国际制度是国际权力结构之间进行政治和经济谈判的中间因素，权力结构（国家间权力资源的分配）深刻地影响着国际制度的性质（Robert O. Keohane，Joseph S. Nye Jr，2011：7）。

规则和制度是国家通过让其他国家的政策行为更具有可预测性而对自身环境施加某种控制的途径（约翰·伊肯伯里，2013：72）。实际上，制度、规范和机构之间相互关联。为管理和规范国际关系中的关键问题而发展起来的制度，往往是在相关规范的基础上（包括具有法律约束效力的和不具有约束力的）逐渐变成具有强制性并充满实质性内容的软机制，并在与该制度有关的机构建立和巩固之时开始运作。规范基于三角结构：第一，一个基础理论定义了要被规范的行为；第二，实施和执行——要做什么；第三，规定制裁的方式，如果违反规范的行为被处置以后，处置不被履行和尊重，将会受到什么样的制裁（Grame P. Herd，2010：5-6）。

制度确立的方式有两种，一种以关系支配，一种以规则支配，但是最坚实的还是将两者结合，即以规则为基础的关系构建秩序能够成为一种有吸引力的支配战略。因为在某种程度上，权力、制度和话语三者并不对立和矛盾，而是可以通过复杂的途径和相互增强的方式进行合作，互相强化。现代西方国家的崛起以及它们相对于其他社会群体和阶层地位的增强，与一步一步地限制国家的权力并将其权威嵌入制度、规范和规则中有关。制度性框架使得国家权力制度化，从而使得国家在国际社会更有权威性，制度在国际领域的重要程度正如权力之于国内领域。

当代马克思主义和新马克思主义学者认为，现代政治的外部局限性主要源于世界资本主义生产和交换制度。资本主义制度作为一种西方世界制度性权力产生的一个重要来源，主要是通过跨国资本的力量，它既表现在跨国公司的经营上，也表现在国际制度的构建层面，以此影响和制约各国政府的内部政策，特别是其经济和社会福利政策。资本主义政府建立了国际机构：政策协调的非正式安排以及世界银行和国际货币基金组织等正式国际组织，资本主义制度现在比以往任何时候都更是一种密切联系和相互关联的国际体系，形成了一种国际资本主义共同体（R. Keohane，1990：165-194）。

在美国的制度性话语权部署过程中，总统伍德罗·威尔逊（Woodrow Wilson）是大力推进者，但是当时威尔逊却没有得到美国国内社会的支持，威尔逊的失败不仅有国内因素，更为根本的是美国的制度性话语权部署没有得到欧洲同盟的支持，例如当时的法国希望得到更为传统的、具有约束力的安全保证，而不是美国主导和控制下的安全保证，国际权力的分化加速了这一失败进程。但是在1944—1951年间，美国及其盟国进行了人类历史上最为彻底的国际秩序重组，在美国的倡导之下，西方工业国家（包括日本）建立了一系列新的安全、经济和政治制度（约翰·伊肯伯里，2008：108-161）。

国际法和外交规则构成了国际社会的规范框架和制度体系，它们几乎完全是以欧美为中心的（朱迪斯·戈尔茨坦，罗伯特·O. 基欧汉，2005：116）。从1914年开始形成的国际组织，在全球通信、工业标准、知识产权、国际贸易、国际劳工、国际秩序、国际争端、国际人权、国际救济等领域制定了系列制度，为20世纪建立一种有助于工业资本主义稳定和扩张的国际话语权秩序与一个更加全面的全球规制体系奠定了基础（戴维·赫尔德、安东尼·麦克格鲁、戴维·戈尔德布莱特等，2001：62）。

6.3 世界霸权、历史际遇与国际话语权

6.3.1 世界霸权与国际话语权

帝国作为注重军事和战争能力并以领土扩张为主要目的的政治统治形式，延续了长达数世纪之久（戴维·赫尔德、安东尼·麦克格鲁、戴维·戈尔德布莱特等，2001：45）。帝国不仅仅是政治实体，而且也体现了权力和影响的等级差异。我们可以用霸权统治结构为背景，对帝国进行勾画。但霸权不同于帝国，霸权是在一组形式上平等的政治主体中的主导地位，而帝国统治则是消除

了这种起码形式上的平等（赫尔弗里德·明克勒，2008：5-6）。

15—17 世纪，欧洲呈现出权力割据状态，权力之网由公爵、王国、公国等领地组成，并参照宗教教义来解决国际冲突和矛盾，形成了基督教社会的话语权秩序（H. Bull，2002：27-29），教皇成为现代民族国家出现之前整个西欧社会的至高权威。15 世纪，现代民族国家开始在英国出现；1648 年《威斯特伐利亚和约》确定了国家主权的原则和规范之后，出现了绝对君主国家（法国、普鲁士、西班牙等）和立宪国家（荷兰和英国）；19 世纪前后，现代民族国家成为欧美国家的"典型的正常的国家形式"（王威海，2012）；19 世纪末和 20 世纪中叶，民族国家拓展到全世界，构成了一个民族国家全球体系（周平，2009）。

这些现代民族国家构成了国际霸权兴衰和国际体系革新的主要参与者，在体系革新过程中掌握和实施主宰权或领导权的国家被认为是世界强国，它们进而掌握国际话语权。但是霸权兴衰和体系革新没有改变国际话语权中权力借以沉浮兴衰的基本逻辑和根本路径，这些基本逻辑和根本路径以其稳定性而成为本书探讨的国际话语权兴衰的基本规律。

与国际霸权相较而言，本书所采用的"国际话语权"是一个国家在国际社会具有裁决国际事务是非、领导国际议题的能力和文化影响力等。原则上，这种权力可能只涉及在特定时间里对所建立的体系进行管理、规则制定、议题设置和信息网络掌控的能力。这种权力与因行使"知识和道德领导权"而扩展的主宰权关系密切，葛兰西的文化领导权理论提出：统治集团的霸权地位通过两种方式来实现，即知识、道德领导权和主宰权。实际上，统治集团在实施知识、道德领导权之前，就已经获得了主宰权（Antonio Gramsci，1971：57-58；徐庆利，2005）。

这是对约瑟夫·奈权力观念的再阐述。约瑟夫·奈将权力分为硬权力和软权力，硬权力意味着使用武力或者其他物质性力量所施加的威胁，而软权力则是认同、许可、吸引力的结合。国际话语权作为一种软权力，虽然不具有强制、支配和控制等威胁的内核，但也可以产生一种类似于强制性权力的影响力、控制力和吸引力，产生道德领导权和文化领导权。在这里，国际话语权并不被看作主要依赖于强制而形成，而是被视为一国由于能将所有引发国际矛盾和国际冲突的问题置于"共同利益"层面而获得的权力。

霸权（hegemony）这个词，从其词源学意义"领导权"（leadership）和派生意义"主宰权"（dominance）来看，通常指统治关系，所以葛兰西的文化霸权概念很有可能是在运用这个术语的比喻含义。我们有必要简明地追溯葛兰西的思考历程，以厘清话语权中权力的内涵，在此过程中我们面临两个问题：

第一个问题，关系"领导权"的双重意义。领导权最先由马克思提出，随后由葛兰西深化和扩张，最后再由查·墨菲（Chantal Mouffe）和厄尼斯特·拉克劳（Ernesto Laclau）进一步阐释为话语领导权（张缨，2011）。领导权在指国家内部统治阶级和非统治阶级之间的关系时，为主导阶级对服从阶级的引导，而在国际政治或国际传播领域，一个扮演着支配角色的国家只有引领着国际社会朝着共同期望的方向发展，并且在此过程中被认为是在追求国际共同利益时，才能获得其他国家的承认，获得支配或领导的合法性和正当性，以此才能行使领导权的职能。借用约瑟夫·奈的话来说，这第二种领导权可被称为"违反自身意愿的领导权"，因为随着时间的流逝，它加剧了权力争夺的竞争程度，而不是提高了霸权。这两种领导权（硬权力和软权力）可以共存——至少可以共存一段时间（约瑟夫·奈，2015：100-120）。但是只有第二种意义上的领导权方可界定为真正意义上的权力。

问题之二，关系这样一个事实：在国际体系层面上界定共同利益比在单个国家层面上要更加困难。在单个国家层面上，该国与其他国家权力的相对增加非常重要，而且基本的衡量尺度为公众（也就是指国家）追求利益是否成功（乔万尼·阿里吉，2022：37）。但是，在国际范围内衡量全球共同利益以及其他国家的实际利益，其困难程度要大得多。全球意义上的话语领导权实质上很难不受其他因素的挑战，因此区域性的或者地区性的话语权更为牢固。

只有各国相互之间追求的权力或利益被其他国家主动认可和承认时，我们所理解的世界话语领导权才可能出现。事实上，在国际体系中对话语权力的追求仅仅是硬币的一面，它参与界定国际组织的战略和结构。硬币的另一面是把国家的权力增加到新的非物质限度。一个国家能够成为国际话语格局的主导国，是因为它具备通过不同方式和路径将自己追求的国家利益转换为符合国际社会共同利益的能力。

6.3.2 历史际遇——体系条件与国际话语权

历史上的大国，在充分考量其国内政治权力结构和国际权力结构以后，会将其对这种权力结构的把握与国际制度构建结合在一起，并寻找其中存在的有利条件，以此来确立其国际话语权地位。例如，在这个过程中，美国政治精英将美苏对抗问题政治化，激发了更广泛的国内利益集团和官僚机构的注意，国内集团的特殊利益和政治领导人所认识的国家利益相互强化，这就引出了国内政治战略与国际话语权构建相结合的问题。

一般而言，一国的国家战略可能不仅仅由国家领导人对国际体系的话语权和领导地位的看法决定，还会受到国内不同利益群体的影响。要将这分散的利益群体所关心的议题联系起来，进而使得国际权力结构与国内利益统合起来，政治化是美国经常采取的策略。这里的政治化指借助议程设置使得某一个国际政治问题成为政策议程上的优先事项，引起国内社会关注（Robert O. Keohane, Joseph S. Nye Jr., 2011: 138）。例如，在筹建布雷顿森林体系和实施马歇尔计划等过程中，美国政府为了应对国会的反对，将这一国际制度的确立表述为旨在与苏联进行的抗衡，并且宣称第二次世界大战以后国际社会需要借助这些制度进行秩序重建，而美国本身具备领导世界秩序并从中获益的能力。在"体系混乱"的情况下，这类宣称在美国国内和国际社会都赢得了一定的支持与信任，不仅使得国内更加支持这些制度，而且使得处于体系混乱中的其他国家感觉找到了可以依靠的"老大哥"。

在这里，为了理解世界话语霸权体系的根源，我们有必要进一步区分"混乱"与"无政府"两种状态。虽然这两个术语经常可以换用，但实质上二者并非一回事。"无政府状态"实质是"缺乏中央权威统治"的状态，并非完全是失序状态，也存在有序的无政府状态，因此我们可以将国际社会秩序进一步划分为"有序的"和"无序的"两种无政府状态。"有序的无政府状态"概念由人类学家最先提出来，他们试图以此解释他们所观察到的有关部落体系可从冲突中产生秩序的趋向。这一趋向一直在中世纪以及现代统治体系中起作用，因为在这些体系中"缺乏中央统治"不是指缺乏组织机构领导，而是在一定的限度内，冲突可以产生秩序（秦亚青，2005: 44-45）。

相比之下，"无序的无政府状态"指的是国际社会处于一种完全缺乏组织和秩序的混乱状态（陈宗权，2009）。这种状态的出现是因为冲突逐步升级超出了临界点。在临界点以内冲突往往可以引起强大的抵消性趋向，而当体系混乱到达顶点时，会产生对秩序重建和回归的强烈诉求，只要能满足这种国际社会对秩序的普遍需求，便可以抓住构建国际话语权的新机遇。

在历史发展过程中，那些能够抓住机遇的国家是在新的环境中能够解决关键问题或掌握战略性资源话语权的国家，从而在一定程度上恢复了国际合作和国际共意。换言之，国际话语权的沉浮兴衰不是发生在恒定不变的国际体系和独立扩张的权力结构中。相反，世界话语权体系本身是在不断调整中形成的，并且调整的范围和因素愈来愈繁杂。总体上，现代国际话语格局的网络化、制度化和技术化倾向更加明显，新特征也不断涌现。

6.4 现代国际话语权体系的根源及其启示

6.4.1 国际话语权的根源：历史透视

实力最持久的国家是那些能够进行制度合作并通过制度使用其权力的国家（约翰·伊肯伯里，2008：17），国际话语权最持久的国家有可能也是那些进行制度合作并通过制度构建国际话语权的国家。但是，不同于国内秩序，在国际社会，制度具有弱强制性和高变动性，即相较于国内制度的稳定性，制度在国际社会更容易受到权力变迁的挑战和影响（Stephen Krasner，1995b：117）。

拿破仑战争以后，英国开始着手以制度方式进行战后国际秩序的重建，比美国早了近一个世纪。过去各种历史关头，英国曾以全面而长远的方式界定其国家利益，不仅仅关注眼前利益的实现，而且还寻求更为长远、精致的利益安排，有时甚至会为长远利益牺牲眼前利益。英国领导人确实曾经寻求利用暂时的实力优势确立一个有利而持久的权力秩序，他们认为，维系一个持久的秩序，最好的途径是确立相互满意的规则和制度。英国提供了某些适度的自我约束保证，以获得其他国家对制度和程序的认可，从而将大国捆绑在一起，以达成普遍协议。为普遍协议的达成，英国一方面努力保持同盟间的团结，放弃具体利益点的争执，另一方面通过强化同盟关系等方式强化其制度性话语权。

1919年第一次世界大战以后，美国成为世界话语权秩序重构的领导者，它提出了比英国更加雄心勃勃的制度议程，致力于将所有国家约束在基于规则的普遍联盟中。这些制度倡议比1815年英国带到维也纳的倡议更为全面：美国想要成立一个按照更为严格的规则和义务运行的世界性民主联盟——一个国际联盟，这是一个更为法制化的、基于规则的权力管理和争端解决的机制，这一机制将取代权力制衡（约翰·伊肯伯里，2008：81，107）。

对规则的需求和对规则的寻找是认识者的第一本能，这也就是为什么规则、制度一直以来都非常重要（弗里德里希·尼采，2007：218）。荷兰国际话语权通过将资本主义世界运行转换为金融制度和证券交易制度等而建构起来，英国国际话语权的构建则进一步扩大了荷兰战略所涉及的框架和范围。此外，英国还凭借它对欧洲均势的支配、对以英国为中心的密集而广泛的世界经济的掌控以及对一个全球性联合王国的控制，最终成为"日不落帝国"（Terence K. Hopkins，1990）。美国对旧有国际话语权体系的扩张和替代是同步进行的，并且主要通过超国家组织和制度来实现，其中最明显的是布雷顿森林体系、联合国和世界银行等超国家制度，它们在现代国际体系中首次被美国制度化，而这些制度使得因两次世界大战而变得混乱的国际秩序恢复到之前有序运作的状态，这也是美国国际话语权合法性的根源，它重建了战后的国际政治秩序（Mark Rupert，1995：43）。由此可见，无论是热那亚的汇票制度、荷兰的证券交易所机制、英国的金融制度，还是美国构建的国际制度，这些历史轨迹证明了制度性权力在构建国际话语权过程中的作用，而美国延续至今的国际话语霸权也证明了制度性话语权的生命力。

从1865年国际电报联盟建立开始，众多国际组织发展起来，其功能是保障国际社会有序运行。现在的问题不是创造或确立一个单一的霸权或权威来管理世界事务从而构建起国际话语权，而是如何在一个更加复杂和多元的国际社会中为解决国际问题而建立相应的国际制度。在全球治理语境中，国际话语权的诉求已经逐渐扩展到欧洲以外的国家，并且在更大范围内发展起来，从而加速了全球化的趋势。

鉴于此，以制度方式构建国际话语权的本质内容——制度性权力、话语对制度的影响力、话语权的制度性存续等，在资本主义国家话语权兴衰过程中已经存在过，并且在现实主义和建构主义视角下有着不同的内涵，因此制度性话语权并非完全由历史界定，也不单单只能依靠制度这一条路径，它在本质上是政治经济文化等综合因素的产物。

6.4.2 国际话语权的演进逻辑：基于历史的总结

根据霸权周期理论，热那亚国际话语权时期大约持续了220年（1560—1780），荷兰国际话语权时期持续了大约180年，英国话语霸权持续了130年，而美国话语霸权从确立至今大约80年。在这个过程中，国际话语权构建的复杂程度逐渐增加。从热那亚共和国、联省共和国、联省王国再到美利坚合众国，每一个国家在其话语权时期所采取的路径既有相同的地方，也有不同的地方，既有延续，也有创新。

热那亚国际话语权在兴起和全面扩张时期，实际上只是面积较小且以商业方式进行管理的城市国家，却依靠金融制度（汇票制度等）和对商业网络话语权的掌控，构建了超越热那亚自身地域的国际话语权，并把欧洲国家之间的竞争转化为自我权力和资本扩张的动力。

在第二国际话语权时期，荷兰实际上也是一个领土面积较小的国家。不过与热那亚不同的是，荷兰结合了正在崛起的民族国家的某些特点，比热那亚组建了更多、更大和更复杂的话语联盟组织与力量，从而可以遏制法国和英国，获得比热那亚大得多的国际话语权。

兴衰与嬗变 | 国际话语权构建的历史之维

在英国国际话语权兴起和扩张时期,英国作为一个享有地缘优势的岛国,它依靠自身的独特优势和体系环境带来的机遇,将资本主义权力逻辑与地主/帝国权力逻辑结合起来,一方面积极扩张殖民地,另一方面积极发展资本主义经济,把一切有利的资源和利益都转换为扩张其国家权力的源泉,形成一定的良性循环,从而成为世界上第一个真正意义上的霸主,获得了史无前例的国际话语权。

在美国国际话语权兴起和扩张之时,美国凭借自身独特的地理优势、丰富的自然资源和广大的领土面积,以及强大的硬实力——发达的工业经济和强大的军事实力,可以对任何一个跟其作对的国家实施经济制裁或军事威胁。辅助其全面的媒体产业和文化战略,美国在全球范围内传播自己的文化和价值观念,形成美式文化的全球化。

由此我们可以得知,资本主义国家的国际话语权构建和演变,其复杂程度、规模和权力在不断增加,并且在某种程度上还具有这样一种规律:同时向前和向后,向后看是模仿前者,向前是在前者的基础上提高、完善和推进。荷兰国际话语权通过效仿热那亚国际话语权战略和结构来实现自身的国际话语权构建,尤其是模仿金融制度和货物集散中心机制,但也在模仿的基础上推出了全新的证券交易所机制。荷兰以阿姆斯特丹为中介形成的商业集散中心和合资特许公司体制,成为资本主义话语权在西方地理范围内的构建和扩张的先驱,以此构建了自己的国际话语权。同样,与荷兰相比,英国则以一种更加复杂的、更新的和范围更大的形式恢复了旧有话语权构建路径。在美国国际话语权战略中,我们也可以看到荷兰、热那亚和英国曾经采用的路径——制度构建、联盟构建、文明同化等路径——的影子,而且美国把大部分非西方国家的国际话语权以更高的效率纳入了以美国跨国媒体集团和跨国公司为中心的美国话语霸权之下。此外,国际话语权周期并非线性演进,而是在稳步发展、遭遇危机、革新重建中演进,存在着一定的重叠和非线性特征,这是一个更迭交替和相互推波助澜的前进状态。概言之,历史上资本主义国家的国际话语权,存在着成长的初级阶段—扩张阶段—革新重建这样的演进逻辑。

从这个意义上看,19世纪英国国际话语权构建在很大程度上重复了早已存在并且已经确立的模式。唯一不同的是,英国的帝国话语权除了以资本主义权力逻辑为基底,还依赖英国的工业资本主义制度、殖民地主义制度、经济民族主义制度等要素进行扩张。等到1870年,当其国际话语权扩张不再服务于帝国权力和利益时,英国就像310年前的热那亚话语体系和130年前的荷兰话语体系一样，很快从帝国全面扩张的领域回归到专门领域的国际话语权构建活动中。

这种模式被100年后的美国效仿和重复，美国在其霸权衰落以后，转向了专门领域的国际话语权构建实践，以制度确保其国际话语权的后续影响，跟前几个国家所采取的措施有些类似，这样可以被理解为国际话语权的构建和世界政治经济扩张之间存在同一基本锚段，当一国政治经济权力扩张时，其国际话语权自然也会扩张。总的来说，国际话语权的构建可能与政治经济权力扩张同步增长，这并不是在美国时期才出现的模式，而是早在几个世纪之前就已经存在，只是在美国时期，这一模式更加明显地体现为国际政治制度，而之前几个时期采取的是更显隐性的方式——经济领域的制度，以经济领域的制度性话语权构建具有国际影响力的话语权（权力和权利），从而在更多领域（制度领域或非制度领域）发挥控制力，并且以一种特定的组织结构为基础，这种组织结构的生命力又在逐渐扩张过程中被国际话语权扩张本身所破坏。

历史的脉络和方向逐渐清晰：资本主义国家的话语权发展成为一种世界性的话语权，借助的是将自身的某种制度发展为世界性的制度，并且在此过程中把握好机遇，以政治交换关系/话语联盟构建和战略性资源掌控等方式，辅助于不同的权力扩张逻辑构建起来的，这些方式综合运用得越好，所花费的时间就越短。但是，资本主义国家国际话语权构建的这种模式露出了某种缺陷和障碍：对国际话语权自我封闭式的追求和强化，削弱了国际话语权的生命力。笼统地说，资本主义帝国国际话语权生成路径有着一种朝向资本和利益绝对增长的倾向，无论其在什么样的体系环境中生成和进行，资本主义国家国际话语权构建的目的是要维护其权力扩张和资本增长。权力和资本的自我扩张既是起点，也是终点，资本主义国家国际话语权只是为了资本主义帝国而扩张，而不是相反。因此，资本主义国家国际话语权在其演变过程中，会与自己所处的国际社会关系之间产生持续不断的冲突，进而引发难以解决的问题。

实际上，我们可以更加准确地来阐述资本主义国家国际话语权的扩张跟资本扩张之间的矛盾。这是因为，资本主义国家国际话语权作为一种世界性的权力，只是到了美国（第四）国际话语权时期才真正成为一种"世界体制"，也就是说，它实现了权力的全球化存在和制度化过程。然而，资本主义帝国话语权的真正障碍是其自身，其国际话语权的扩张与世界的发展经常处于紧张状态，并且有时会引发公然对抗。

兴衰与嬗变 | 国际话语权构建的历史之维

在 16 世纪初,城市国家已经无法在国际体系中扮演国际话语秩序的主导者,逐渐被基于商业/金融体制且超越地域的"国家"取而代之,这些处于民族国家和城市国家之间的"国家"在构建国际话语权(当时主要是在金融和商品领域)时,有时会紧密合作,一旦两者合作的收益降低,伙伴关系也会结束。到 17 世纪末和 18 世纪初,国际话语权构建过程中采用的这种合作关系变成了民族国家和特许公司之间的伙伴关系,但是斗争的内容和实质并没有发生本质性的变化;到了 19 世纪,英国的崛起在某种程度上改变了这一国际话语权斗争格局,在新技术兴起之后,在海底电缆、电报、电话、广播等电子技术的帮助下,英国真正地将自身的话语权以更快的速度和更广的范围在全世界构建了起来。

此外,由历史梳理可以得知,西方发达国家在国际话语权体系中的优势是经过长时间沉淀和积累而成的,这种积累不仅仅是物质层面的,更是形成于国际规则、全球制度的主导作用与影响中。现有国际社会的主要规则和制度基本上是在西方资本主义国家的主导下建构和形成的,无论是在原初逻辑设计、内容安排还是运作程序上都暗含着西方资本主义国家的利益底色。

现在国际社会的这些既有规则和制度由于全球化和反全球化双重力量的作用而处于不稳定状态。在这方面,西方国家主动意识到将原本具有普遍主义倾向的国际制度推向全球,可以减少构建新制度和新规则的成本,而且还可以维护其主导地位和既得利益(戴维·赫尔德、安东尼·麦克格鲁、戴维·戈尔德布莱特等,2001:15)。

自第二次世界大战以后,发展中国家在反对殖民主义和帝国主义的过程中形成的集体认同被全球资本主义和市场经济的竞争意识弱化,在意识形态、经济、政治等多重层面上很难达成共识,并且对经济战略和经济利益的重视削弱了政治上的协调合作,彼此协调的集体认同和行动就更难达成。然而,西方国家在形成话语联盟关系方面比发展中国家和第三世界国家更为容易,一是因为他们拥有共同的古希腊或古罗马文化、宗教信仰、民主观念,在文化、意识形态和制度等方面具有较高的可通约性和共同性;二是因为西方发达国家在地理位置上相距较近,且数量少于第三世界国家和发展中国家,减少了达成话语联盟的成本,地缘优势增强了集体认同/行动的可能性,使得它们更容易沟通;三是因为西方发达国家长期把握着国际社会的体制,是既得利益者,并且主导着制度、规则制定和修改的话语权,长期的话语沟通使得西方国家学会了如何为了共同利益而采取行动(戴维·赫尔德、安东尼·麦克格鲁、戴维·戈尔德布莱特等,2001:15—16)。

7 结　论

7.1　研究结论

7.1.1　关于历史的思考

实质上，资本主义国家国际话语权的兴衰可以被设想为一场肇始于西欧的冒险和一出随后在全球范围内实行西方宗教的、科技的、经济的、政治的价值标准的现代性演进，其背后是资本主义全球化（李慎明、王立强、秦益成，2016：248）。这种现代性经历了基督教福音传播、殖民化、去殖民化和全球化（世界化）的阶段。与这种世界范围内的话语霸权地位和支配行为相伴的，是西方伦理价值观、经济理性原则、经济增长原则、绩效原则等层面的输出，它们在世界范围内以现代性的名义被复制（让·鲍德里亚，2017：1—76）——所有的帝国都试图自我复制。罗马时期，西班牙、高卢和不列颠行省的城镇，无论是建筑还是布局，都复制罗马和其他意大利城市。英国在其殖民地，尤其是在欧洲人聚集的南非、澳大利亚和加拿大复制"英格兰"或"苏格兰"，复制英国的官僚体系、制服、勋章、庆典仪式、生活方式等，权力到了哪里，复制就延伸到哪里（克里尚·库马尔，2019：461）。

在这个复制过程中，西方资本主义国家通过话语权（政治的、经济的、宗教的等）来控制世界上的其他国家和地区，充当非西方国家以及西方小国的范例。这个过程虽然经历了几个不同的阶段，但是所采取的路径具有一定的类似性：第一，使用其政治模式、消费文化、理性原则等裹挟其他国家；第二，通过对价值观和文化的可操作性复制来确定其国际话语权，这种复制起先是借助电报和通讯社，接下来是广播和电视，到现在是一体化网络平台和流媒体，一种全球性的网络垄断真正确立；第三，以资本主义经济制度的名义，资本借助抽象系统——电子化的、数字的、虚拟的抽象化机制，确立一种金字塔式的权力机构（让·鲍德里亚，2017：1-76），使得英美等西方国家成为全球范围内的话语权掌控者。

此外，资本主义世界话语秩序和权力秩序的确立实际上也是一种司法和制度构造过程，继《威斯特伐利亚和约》之后，欧洲政治家提出的国际秩序观念陷入重重危机，这种危机在第二次世界大战末期随着联合国等国际联盟的产生得以解决。与国际联盟同时产生的，还有其他国际制度。国际制度常常隐藏在不同的国际组织和平台中，借此，欧洲政治家提出的国际话语秩序观念走向了全球秩序观（迈克尔·哈特，安东尼奥·奈格里，2003：4）。

四个国家——热那亚共和国、联省共和国、联合王国、美利坚合众国曾经都是大国，它们的统治集团都在国际话语舞台中扮演着领导者的角色。但是，从结果来看，这四个国家却是非常不同、性质渐异的大国。它们能够控制的话语网络和范围，一个比一个大。

这样我们就能看到，在过去500年中，历史上主导国际权力的国家建立和扩张国际话语权，不仅与为流动资本而展开的竞争相关联，而且与国际制度的形成有关。这些国际制度被赋予了协调、组织和控制的能力，以维持国际环境的有序性。在过去的500年中，资本主义国家国际话语权扩张的基本条件一直在不断地被重新创造。每当世界规模的国家利益博弈在任何特定的时间内达到极限时，国与国之间的长期话语斗争和博弈就会产生。在此期间，那个控制着或开始控制着最丰富的国际话语权资源的国家，往往也获得促进、组织和调节一次新的、规模和范围比前一次更大的话语权扩张阶段所需要的权力和组织能力，从而重塑国际话语权力格局。

在18世纪，英国借助蒸汽机和冶铁等先进技术改变了国际力量格局。蒸汽机增进了英国的航海能力，拉近了大英帝国各个部分的联系，尤其是与印度的联系。在私营企业的支持下，电报系统在19世纪出现，并且依托早期的铁路基础设施架构服务于物资和资本流通。到19世纪50年代，印度的电报基础设施已经足够先进，大英帝国利用电报管控和掌握印度舆情和话语，还可以迅速传递暴乱信息和兵变信息。但是，在大英帝国的世界话语权构建过程中，最重要的还是海底电缆，马来乳胶解决了这一问题。1850年，第一条海底电缆铺设成功，1866年第一条跨大西洋的海底电缆建成，电报成为英国控制世界话语生产的电力神经系统（奈杰尔·克利夫，2017：374-396）。英国的商业通道借助铁路和电报等现代通信技术，从海上延伸到陆地深处，将远离海洋的地区同帝国中心连接在了一起（Nail Ferguson，2004：169）。

行文至此，总体上本书系统梳理了资本主义国家国际话语权的兴衰沉浮，并在历史梳理的过程中，回答了资本主义国家国际话语权兴衰和嬗变历史中存在着怎样的规律和逻辑。

7.1.2 关于制度的思考

当下世界各国都更多地从制度和机制确立的角度考虑因应之策。一种建立在新现实基础上的制度机制不仅可以使得世界范围的其他国家以更有效的形式分享世界和平，有效遏制战争等国际冲突，也能为各国进行外交提供稳定的预期。

一种透明度高的制度安排，的确能够稳定各国的贸易预期，减少不确定性，进而也降低冲突和战争的可能性。但问题是，这样一个透明度高的制度安排怎样才能建立起来？如何公正地建立起来？它建起以后的作用和功效如何？是否能够行之久远？它如何避免只反映少数特定大国的利益而为广大国际社会主体所接受？毫无疑问，需要建立的是各国为了长远的共同利益而进行的利益、实力甚至观念上的妥协性制度，而非偏狭的局部制度，既然是这样，这种妥协就很难是均衡和对称的（刘靖华，1997：104-105，106）。由于霸权和均势的交替存在，要构建制度性国际话语权不是一件容易的事情。制度性话语权的关键在于制度的构建，而制度构建的关键在于各国为了共同利益而进行的利益、观念层面的相互妥协和合作。

制度性话语权的构建依靠的不仅仅是认同，还要分析所依存的国际秩序类型，在均势秩序类型下，国际社会是无政府状态，各个国家之间实力均衡。现实主义者将无政府国际体系作为理论基础和基本出发点，以国家利益为核心，得出的观点自然是悲观的。自由制度主义者以制度安排为出发点，克服国际社会无政府性质，观点是乐观的。但是自由制度主义者将制度安排看得过于重要，也无法从现实中找到很好的例子来证明制度安排可以克服国际社会的无政府性，因为发生在现实中的很多国际冲突和战争，例如海湾战争，不能用这一逻辑来解释。自由制度主义者还无法充分地论证制度安排可以克服无政府状态这个根本特点，忽视了历史文化传统对不同民族和国家影响深远这个根本性的问题。不同的文化传统和价值观念会生产出不同的生活方式和行为方式，它们对合作和冲突都有重要影响，这无疑会增加国际合作的交易成本。自由制度主义者试图以理性自私和自由民主来取代世界上丰富多彩的历史传统，从而使得分析逻辑归于一元，显得有失偏颇（刘靖华，1997：106-107）。

此外，如果我们预先假设了制度的公正性，从而对制度安排可能而且实际上被大国操纵进而谋求霸权这一点避而不谈，要追求比较优势的最优化就难以行得通。只有在公正的制度安排中，才有可能实现比较优势的最大化。

兴衰与嬗变 | 国际话语权构建的历史之维

相互依赖的确可以产生某种有效的制度安排，但是，它往往是以依赖的不对称性和不平等性为代价的。例如布雷顿森林体系算是当时设想比较完备的制度安排，其以美国控制的经济制度塑造全球化的世界市场。这种通过制度形式实现财富和权力持续增长的设想被西方学术界称为"三位一体的总战略"（M. J. Peterson，2005：92）。美国通过马歇尔计划等重大措施使得这一制度安排产生了极大的效率。但是这一制度从根本上反映了美国的霸权利益，导致系统体系内部发生分裂，进而促使布雷顿森林体系走向瓦解（刘靖华，1997：108）。

总之，由于经济发展不平衡、历史文化传统不同等诸多因素的综合作用，构建国际话语权所需要的成本依然很高。既有的制度安排无法确保比较优势的最大化。国家间的安全竞争和安全困境仍旧存在。应当承认，全球相互依赖在一定程度上促进了制度认同和接受的可能性。但建立在相互依赖基础上的制度安排，难以摆脱现实国际权力结构的影响，尤其是大国权力和利益的影响，因此我国在构建制度性话语权的过程中，需要重视大国现实主义逻辑。

例如，1904 年德国拒绝签署只规定德国和英国殖民利益的条约，等时机成熟以后再提出建立一个防守同盟。但是英国政府基于现实利益的考量，并不想等到这个"时机成熟"，于是转向了法国，并于 1904 年 4 月 8 日与法国签署了《英法协约》（Entente Cordiale）。这份协约正式规定了有关英法殖民分歧的主要事务，主要内容是法国放弃在埃及的权利，而英国承认法国在摩洛哥拥有首要利益，并承诺对法国实现控制摩洛哥的计划给予外交支持。1905 年，即一年后，这个有限的暂时性条约已经让两国结成了紧密的伙伴关系。在这些事情之前，俄国的立场发生了改变。整个 19 世纪，英国和俄国之间的对立一直是欧洲外交政策的基本元素（费利克斯·吉尔伯特、大卫·克莱·拉奇，2016：127）；当时英国的盟约是与俄国对抗，英国政府放弃"光荣独立"政策后签订的第一个条约是承认日本在朝鲜的特殊利益，以此阻碍俄国在远东的扩张。随后，俄国转向与德国合作，寻求德国的支持。

构建国际话语权，除了要了解国际权力格局，还要有全球化发展方向的设想，这一设想要能得到全球社会的认同。目前全球化发展设想分为三种：第一种是自由主义的国际主义，认为国际社会通过负责任的国际组织和国际体制，依靠共同权力和共同的责任，以权力代理人为工具改革现有国际治理秩序；第二种是激进的共和主义，认为国际社会通过自治的共同体进行自我治理，以人道的治理和人民（直接）参与民主为途径，试图替代现有全球治理结构和国际制度；第三种是世界主义，国际社会在世界主义之下通过共同体、国际组织、世界主义的民主法律来治理国际社会，强调制度和法律的作用，最终的目的是重建全球治理（戴维·赫尔德、安东尼·麦克格鲁、戴维·戈尔德布莱特等，2001：15）。目前我国通过对世界主义局限性及其当代困境的剖析，同时基于以和平、公平、正义、民主、自由、发展为核心取向的全人类共同价值的新世界主义展开全球设想，推动国际社会同心协力构建人类命运共同体（李文明、刘婧如，2021）。

7.2 研究创新与不足

本书论述资本主义国家国际话语权兴衰使用的方法是在历史事实梳理的基础上，采用比较分析方法——"融合式比较"。这种兴衰不是随意假设的，而是建立在全球霸权体系更迭周期基础上，是根据现实主义国际权力视角从实际和理论两个方面去论述的，并且有着明确的目标，即要对资本主义国家国际话语权兴衰史中折射出来的根本性规律以及国际话语权的生成逻辑有所认识。比较被融入对研究问题的界定中：它不是研究的框架和书写的外表，而是实实在在的实质性内容。从历史研究中得出的资本主义国家国际话语权的兴衰，既不是一个预想整体的附属部分，也不是说明某种状况的孤例，它们是说明资本主义国际话语权扩张的唯一历史进程中彼此关联的实例。这些话语权兴衰和更迭周期本身组成了资本主义国际话语权的历史演变进程。

以这种方法论述资本主义国家国际话语权的历史以及在历史中总结国际话语权的生成路径，有其局限性。与此同时，我们也不能将制度作为国际话语权构建的唯一途径，而是需要深入探讨制度、权力和话语之间的关系及其运作的深层基础，如果只是停留在制度层面的分析，会忽视国际社会中存在的不平等问题。关于资本主义国际话语权周期的观点，来自布罗代尔等历史学家关于资本主义权力（政治和经济、军事等权力）和国际霸权演变作为世界权力上层的观点。这是本书论述的主要强点，又是它的主要弱点。它是强点，因为"国际霸权"作为上层经常被提及；它是弱点，因为它很容易使我们忽视作为中层或下层的非西方国家的国际话语权诉求。由于作为上层的各种话语言说实践和由这些国际话语权构建活动产生的历史资料易获性较强，所以这个上层层面成为学者的首选，而国际话语权的中下层被放置在了"阴影地带"。

在研究过程中，本书努力对被忽视的中下层阴影地带投去一道光束，这样做不是为了说清楚中下两层发生的国际话语实践，除非它跟具有决定性的上层国际话语权兴衰周期本身的动力和演变有直接相关性。当然，这样必然遗漏或者没有说清楚很多内容，包括世界话语体系研究中很多的边缘领域——非洲或拉丁美洲等国家的国际话语权构建活动并没有被充分纳入考量范畴，只是在第三世界话语权斗争中有所提及，但是限于篇幅和精力，我们无法一次性完成所有的研究任务。

此外，在研究过程中我们不可能同时站在顶层和中下层层面，而抽象的宏大研究在理论层面也难以继续行进。我们应该在作为中层的国际话语权研究领域，看看西方大国如何以不同的方式构建起国际话语权，从而为其国家利益服务。这样，更多的话语权生成秘密就会被显露出来。

当世界话语格局因为更深地扎根于作为下面两层的技术层面和物质层面而变得更加波谲云诡的时候，我们应离开喧闹的领域，对位于国际话语权中层的权力、制度和话语的历史结构做一番探索。因此，本书的解释在某种程度上也是有限的和不完整的。不完整，是因为它只是寻求梳理历史上的资本主义国际话语权强国的话语权生成路径和反复出现的规律，并对其兴衰模式做某种尝试性探索。这个规律是从不同的生成路径中，按照世界权力结构和世界关系格局抽象出来的。不完整，还体现在对非英语国家媒体重视不够，特别是对中国周边"地缘政治圈"内国家国际话语权的研究。同样的，它在某种程度上也是有限的。顶层的逻辑和国际话语权生产路径只是相对独立于下面两层的逻辑，只有跟其他两种逻辑联系起来时才可能被充分理解。

虽然行文起初看起来只是在梳理不同历史时期话语格局上偶发的国际话语权构建路径，折射出一种线性逻辑，但是实际上资本主义国家国际话语权的兴衰是一个重叠和交叉发展的过程。中观的历史研究难免携带着历史线性前进的逻辑，很难兼顾上层和下层的演变，例如作为上层的国际话语权制度、组织结构的演变以及作为下层的具体话语实践等，这两者之间存在着张力，在我们的研究范围里是不可能完全解决的。要完全解决这种紧张关系——如果可能的话——我们必须运用对中层的梳理中带出的问题和知识，再去探索上层的演变与下层的具体话语实践。另外，国际话语权格局到底如何演变，其有着怎样的演变趋势？资本主义国家国际话语权是走向重建，还是像基欧汉曾经担忧的那样，在一个非西方的优越话语势力中逐渐兴起，又在反国际话语霸权中被新兴话语权主体代替而走向结束？这是我们将来需要进一步去探索的问题。

参考文献

一、中文文献

E. M. 罗杰斯，2012. 传播学史：一种传记式的方法［M］. 殷晓蓉，译. 上海：上海译文出版社.

G. R. 波特，1988. 新编剑桥世界近代史 第一卷 文艺复兴（1493—1520 年）［M］. 中国社会科学院世界历史研究所，组译. 北京：中国社会科学出版社.

阿尔文·托夫勒，2006. 权力的转移［M］. 吴迎春，傅凌，译. 北京：中信出版社.

阿弗纳·格雷夫，毛娜，秦海，2001. 后中世纪热那亚自我强制的政治体制与经济增长［J］. 经济社会体制比较（2）：26-36.

白海军，2011. 光荣希腊［M］. 上海：上海辞书出版社.

保罗·肯尼迪，1989. 大国的兴衰［M］. 蒋葆英，译. 北京：中国经济出版社.

彼得·伯克，2015. 制造路易十四［M］. 郝名玮，译. 北京：商务印书馆.

波梁斯基，1958. 外国经济史（封建主义时代）［M］. 北京：生活·读书·新知三联书店.

伯特兰·罗素，1989. 权力论：一个新的社会分析［M］. 靳建国，译. 北京：东方出版社.

柴尚金，2012. 对构建中国话语权的几点思考［J］. 当代世界（4）：36-38.

常健，2017. 以发展权为核心重构人权话语体系［J］. 前线（8）：111-112.

陈安国，2000. 论经济全球化中的跨国公司及其对民族国家的挑战［J］. 南京师大学报（社会科学版）(5)：36-41.

陈金龙，2016. 建构中国话语权的价值定位［J］. 新经济（13）：30-31.

陈曙光，2017. 中国话语：说什么？怎么说？［M］. 武汉：湖北人民出版社.

陈伟光，王燕，2016a. 全球经济治理制度性话语权：一个基本的理论分析框架［J］. 社会科学（10）：16-27.

陈伟光，王燕，2016b. 全球经济治理中制度性话语权的中国策［J］. 改革（7）：25-37.

陈伟光，王燕，2019. 全球经济治理制度博弈——基于制度性话语权的分析［J］. 经济学家（9）：35-43.

陈正良，周婕，李包庚，2014. 国际话语权本质析论——兼论中国在提升国际话语权上的应有作为［J］. 浙江社会科学（7）：78-83.

陈宗权，2009. 国际无政府状态的层次分析［J］. 理论界（9）：93-95.

成永付，2007. 新时期企业档案管理体制、模式的建构［D］. 合肥：安徽大学.

戴维·赫尔德，安东尼·麦克格鲁，戴维·戈尔德布莱特，等，2001. 全球大变革：全球化时代的政治、经济与文化［M］. 北京：社会科学文献出版社.

杜威·佛克马，弗朗斯·格里曾豪特，2007. 欧洲视野中的荷兰文化（1650—2000年）：阐释历史［M］. 王浩，张晓红，谢永祥，译. 桂林：广西师范大学出版社.

樊水科，2011. 从"传播的仪式观"到"仪式传播"：詹姆斯·凯瑞如何被误读［J］. 国际新闻界，33（11），32-36.

方兰欣，2016. 中国国际话语权提升的制约因素、战略机遇与核心路径［J］. 学术探索（9）：18-24.

方之寅，2011. 析美国对外资并购的审查和限制［J］. 东方法学（2）：131-141.

斐格莱，1937. 地理与世界霸权（上）［M］. 北京：商务印书馆.

费尔南·布罗代尔，1996. 15至18世纪的物质文明、经济和资本主义（第三卷）［M］. 顾良，施康强，译. 北京：生活·读书·新知三联书店.

费尔南·布罗代尔，2016. 地中海与菲利普二世时代的地中海世界（第一卷）［M］. 唐家龙，曾培耿，译. 北京：商务印书馆.

费利克斯·吉尔伯特，大卫·克莱·拉奇，2016. 现代欧洲史［M］. 夏宗凤，译. 北京：中信出版社.

弗雷德里克·詹明信，1997. 晚期资本主义的文化逻辑［M］. 陈清侨，译. 北京：生活·读书·新知三联书店.

弗里德里希·尼采，2007. 权力意志（上卷）［M］. 孙周兴，译. 北京：商务印书馆.

付竞卉，2011. 金融国家的形成与发展——对霸权国家兴衰的新思考［D］.

长春：吉林大学.

傅永军，2003. 哈贝马斯交往行为合理化理论述评［J］. 山东大学学报（哲学社会科学版）（3）：9－14.

盖伊·塔奇曼，2008. 做新闻［M］. 麻争旗，刘笑盈，徐扬，译. 北京：华夏出版社.

高奇琦，2016. 制度性话语权与指数评估学［J］. 探索（1）：145－148.

高宣扬，2005. 福柯的生存美学［M］. 北京：中国人民大学出版社.

郭可，2004. 国际传播学说［M］. 上海：复旦大学出版社.

郭品，2012. 软实力视域下的中国国际话语权提升对策研究［D］. 宁波：宁波大学.

郭璇，2017. 全球治理的"中国方案"与中国话语的建构［J］. 浙江社会科学（5）：121－126.

郭璇，2018. 全球治理中国方案的话语建构与国际认知［D］. 上海：上海外国语大学.

韩庆祥，2018. 话语建设的核心首要是理论建设［J］. 理论视野（10）：18－22.

韩雪晴，2019. 全球视野下的制度性话语权：内涵、类型与构建路径［J］. 新疆师范大学学报（哲学社会科学版），40（3）：18－29.

汉斯·贝尔廷，2014. 现代主义之后的艺术史［M］. 苏伟，译. 北京：金城出版社.

汉斯·摩根索，2006. 国家间政治：权力斗争与和平［M］. 徐昕，郝望，译. 北京：北京大学出版社.

郝思悌，1988. 国际政治分析架构［M］. 李伟成，谭溯明，译. 台北：幼师文化事业公司.

何帆，冯维江，徐进，2013. 全球治理机制面临的挑战及中国的对策［J］. 世界经济与政治（4）：19－39.

何兰，2009. 国际局势变化与中国话语权的提升［J］. 现代国际关系（11）：32－34.

赫伯特·席勒，2006. 大众传播与美利坚帝国［M］. 刘晓红，译. 上海：上海世纪出版集团.

赫尔弗里德·明克勒，2008. 统治世界的逻辑——从古罗马到美国［M］. 阎振江，译. 北京：中央编译出版社.

胡春阳，2005. 传播的话语分析理论［D］. 上海：复旦大学.

吉见俊哉，2013. 声的资本主义：电话留声机的社会史［M］. 李尚霖，译. 台北：群学出版有限公司.

贾文山，王婧雯，2017. 我国国际制度性话语权的现状与构建路径［J］. 国际新闻界，39（12）：6-21.

坚尼·布鲁克尔，1985. 文艺复兴时期的佛罗伦萨［M］. 朱龙华，译. 北京：生活·读书·新知三联书店.

江晓美，2009. 海上马车夫：荷兰金融战役史［M］. 北京：中国科学技术出版社.

卡尔·波兰尼，2007. 大转型：我们时代的政治与经济起源［M］. 刘阳，冯钢，译. 杭州：浙江人民出版社.

克里尚·库马尔，2019. 千年帝国史［M］. 石炜，译. 北京：中信出版社.

克利福德·格尔茨，2014. 文化的解释［M］. 韩莉，译. 南京：译林出版社.

肯尼思·华尔兹，2003. 国际政治理论［M］. 信强，译. 上海：上海人民出版社.

劳伦斯·詹姆斯，2018. 大英帝国的崛起与衰落［M］. 张子悦，解永春，等译. 北京：中国友谊出版公司.

李洪峰，2011. 大国崛起的文化准备［M］. 北京：文化艺术出版社.

李剑鸣，1994. 文化接触与美国印第安人社会文化的变迁［J］. 中国社会科学（3）：157-174.

李可宝，2019. 从"今日俄罗斯"看俄罗斯媒体国际传播策略［J］. 学术交流，(8)：177-186.

李来房，2020. 提高中国制度的国际话语权刍议［J］. 对外传播（2）：10-12.

李慎明，2016. 当今世界仍然处于金融帝国主义时代［J］. 毛泽东邓小平理论研究（8）：1-7.

李慎明，王立强，秦益成，2016. 时代与霸权：中国话语权研究之三［M］. 北京：社会科学文献出版社.

李伟，曾令勋，2013. 关于提升中国国际话语权的思考［J］. 经济研究导刊（12）：191-192.

李文明，刘婧如，2021. 论新世界主义与人类共同价值——理解人类命运共同体的逻辑理路［J］. 国际观察（6）：133-154.

李煜，2010. 提升中国国际话语权面临的问题及对策［J］. 当代世界（8）：56-58.

李正茂，王晓云，张同须，2019. 5G+：5G 如何改变社会［M］. 北京：中信出版社.

李子祥，2014. 新形势下讲好中国故事的路径探索［J］. 前沿（8）：53-56.

理查德·桑内特，2011. 肉体与石头：西方文明中的身体与城市［M］. 黄煜文，译. 上海：上海译文出版社.

梁怀新，2017. 论提升中国在全球经济治理中的制度性话语权［J］. 大连干部学刊，33（10）：53-56.

梁凯音，2015. 论中国在全球化进程中的国际话语权［J］. 广东社会科学（1）：85-91.

廖益清，2000. 批评话语分析综述［J］. 集美大学学报（哲学社会科学版）（1）：76-82.

凌胜利，王彦飞，2020. 特朗普政府为何"退群"？［J］. 国际政治科学，5（4）：74-114.

刘建飞，谢剑南，2018. 全球治理体系变革与中美新型大国关系建构［J］. 太平洋学报，26（1）：47-63.

刘靖华，1997. 霸权的兴衰［M］. 北京：中国经济出版社.

刘娟，赵永华，2018. 全球治理视角下中国制度性话语权构建的路径选择［J］. 国际传播（6）：48-56.

刘娜娜，2019. 构建中国特色哲学社会科学话语体系的能力维度探析——基于国际话语权视角［J］. 贵州社会科学（8）：11-16.

刘擎，2015. 重建全球想象：从"天下"理想走向新世界主义［J］. 学术月刊，47（8）：5-15.

刘笑盈，2013. 关于构建中国话语体系的思考［J］. 对外传播（6）：33-35.

刘永涛，2014. 话语政治：符号权力和美国对外政策［M］. 上海：复旦大学出版社.

刘志强，2018. 新时代中国人权话语体系的表达［J］. 法律科学（西北政法大学学报），36（5）：14-23.

龙耘，潘晓婷，2017. 新世界主义图景下的理论探索与现实回应——2017 年中国国际传播研究述评［J］. 对外传播（12）：10-12.

鲁鹏，2008. 实践与理论：制度变迁与主要流派［M］. 济南：山东人民出版社.

路易·阿尔都塞，2014. 意识形态和意识形态国家机器（节选）［M］//高建平，丁国旗. 西方文论经典（第六卷）：后现代与文化研究. 合肥：安徽文艺出版社.

罗伯特·基欧汉,2006. 霸权之后：世界政治经济中的合作与纷争[M]. 苏长和,信强,何曜,译. 上海：上海人民出版社.

罗岗,2019. 霸权更迭、俄国革命与"庶民"意涵的变迁——重返"五四"之一[J]. 上海大学学报（社会科学版）,36(2)：43—61.

罗荣渠,1992. 15 世纪中西航海发展取向的对比与思索[J]. 历史研究(1)：3—19.

马克·T. 胡克,2009. 荷兰史[M]. 黄毅翔,译. 上海：东方出版中心.

马克·马佐尔,2015. 谁将主宰世界：支配世界的思想和权力[M]. 胡晓娇,秦雅云,唐萌,译. 北京：中信出版社.

玛雅,2011. 美国的逻辑——意识形态与内政外交[M]. 北京：中国经济出版社.

麦克斯韦尔-麦考姆斯,郭镇之,邓理峰,2007. 议程设置理论概览：过去,现在与未来[J]. 新闻大学(3)：55—67.

曼纽尔·卡斯特,2009. 网络社会：跨文化的视角[M]. 周凯,译. 北京：社会科学文献出版社.

曼纽尔·卡斯特,2018. 传播力[M]. 汤景泰,星辰,译. 北京：社会科学文献出版社.

毛俊响,2017. 国际人权话语权的生成路径、实质与中国的应对[J]. 法商研究,34(1)：153—163.

毛跃,2013. 论社会主义核心价值观的国际话语权[J]. 浙江社会科学(7)：27—32.

米歇尔·艾伦·吉莱斯皮,2012. 现代性的神学起源[M]. 长沙：湖南科学技术出版社.

米歇尔·福柯,汪民安,2011. 生命政治的诞生[J]. 当代艺术与投资(9)：75—76.

莫雷,2015. 后政治时代的政治介入何以可能——以齐泽克为例[J]. 江海学刊(6)：68—73.

奈杰尔·克利夫,2017. 最后的十字军东征[M]. 朱邦芊,译. 北京：社会科学文献出版社.

南怀瑾,2015. 历史的经验[M]. 上海：复旦大学出版社.

尼尔·弗格森,2013. 帝国[M]. 雨珂,译. 北京：中信出版社.

诺曼·费尔克拉夫,2003. 话语与社会变迁[M]. 殷晓蓉,译. 北京：华夏出版社.

彭谦，杨明杰，徐德任，1996. 中国为什么说不［M］. 北京：新世界出版社.

皮埃尔·布尔迪厄，2007. 实践理性：关于行为理论［M］. 谭立德，译. 北京：生活·读书·新知三联书店.

皮埃尔·布尔迪厄，2015. 区分：判断力的社会批判［M］. 刘晖，译. 北京：商务印书馆.

齐格蒙特·鲍曼，2000. 立法者与阐释者：论现代性、后现代性与知识分子［M］. 洪涛，译. 上海：上海人民出版社.

齐格蒙特·鲍曼，2002. 流动的现代性［M］. 欧阳景根，译. 上海：上海三联书店.

齐格蒙特·鲍曼，2007. 共同体［M］. 欧阳景根，译. 2版. 南京：江苏人民出版社.

乔万尼·阿里吉，2022. 漫长的20世纪：金钱、权力与我们时代的起源［M］. 姚乃强，严维明，吴承义，译. 北京：社会科学文献出版社.

乔夏阳，鲁宽民，2010. 马克思主义中国化与中国国际话语权研究［J］. 齐齐哈尔大学学报（哲学社会科学版）（6）：30-32.

乔治·沃克·布什，2000. 重组的世界——1989—1991年世界重大事件的回忆［M］. 胡发贵，胡传胜，等译. 南京：江苏人民出版社.

秦亚青，2005. 权力、制度、文化：国际关系理论与方法研究文集［M］. 北京：北京大学出版社.

邱昌情，2018. 中国在国际人权领域话语权：现实困境与应对策略［J］. 人权（3）：63-77.

邱凌，2009. 软实力背景下的中国国际传播战略研究［D］. 上海：复旦大学.

让·鲍德里亚，2017. 为何一切尚未消失［M］. 张晓明，薛法蓝，译. 南京：南京大学出版社.

任丹红，张永和，2019. 论中国人权话语体系的建构与国际话语权的争取［J］. 西南政法大学学报，21（1）：64-73.

任东来，2000. 对国际体制和国际制度的理解和翻译［J］. 国际问题研究，（6）：49-54.

塞缪尔·亨廷顿，2010. 文明的冲突与世界秩序的重建（修订版）［M］. 周琪，刘绯，张立平，等译. 北京：新华出版社.

山口正太郎，1936. 意大利社会经济史［M］. 陈敦常，译. 上海：商务印书馆.

盛喜，毛俊响，2018. "构建新时代中国人权话语体系"理论研讨会综述 [J]. 人权（3）：145-155.

苏长和，2016. 探索提高我国制度性话语权的有效路径 [J]. 党建（4）：28-30.

苏长和，2022. 全球治理的危机与组织变革 [J]. 当代世界（10）：10-15.

苏仁先，2016. 讲好中国故事的路径选择 [J]. 中国广播电视学刊（2）：43-45.

苏珊·斯特兰奇，1990. 国际政治经济导论——国家与市场 [J]. 杨宇光，等译. 北京：经济科学出版社.

孙敬鑫，2016. 借"中国方案"提升国际话语权 [J]. 理论视野（4）：10-12.

孙莹，2011. 软权力视角下中国国际制度话语权的问题及出路 [D]. 济南：山东大学.

汤·麦克菲尔，万方，经晓晔，等，1990. 国际信息与传播新秩序 [J]. 国际新闻界（4）：43-52.

汤林森，1999. 文化帝国主义 [J]. 郭英剑，译. 上海：上海人民出版社.

汤姆·斯丹迪奇，2015. 从莎草纸到互联网：社交媒体2000年 [M]. 林华，译. 北京：中信出版社.

陶然，2011. 从话语分析到权力分析——论福柯《话语的秩序》[J]. 青年文学家（10）：151-152.

陶士贵，陈建宇，2016. 国际话语权分布、国家利益博弈与国际金融制裁 [J]. 上海经济研究（8）：28-36.

屠友祥，2014. 索绪尔话语理论诠解 [J]. 文学评论（4）：22-27.

万春利，2017. 提升国际话语权的实现途径探析 [J]. 哈尔滨市委党校学报（4）：26-29.

汪晖，2015. 两洋之间的文明（上）[J]. 经济导刊（8）：10-21.

汪津生，1999. 威尔逊"十四点"计划的背景及其影响 [J]. 甘肃社会科学（S1）：55-57.

汪民安，2018. 福柯的界线 [M]. 郑州：河南大学出版社.

王明国，2017. 全球治理转型与中国的制度性话语权提升 [J]. 当代世界（2）：60-63.

王威海，2012. 西方现代国家建构的理论逻辑与历史经验：从契约国家理论到国家建构理论 [J]. 人文杂志（5）：155-161.

王向阳，2019. 先发国家制度性话语权的塑造及其对中国的启示［D］. 北京：中共中央党校.

王啸，2010. 国际话语权与中国国际形象的塑造［J］. 国际关系学院学报（6）：58－65.

王星白，2003. 透析"半岛卫视"的异军突起［J］. 国际新闻界（1）：42－49.

王义桅，2014. 打造国际话语体系的困境与路径［J］. 对外传播（2）：13－15.

王越，王涛，2013. 文化软实力提升中国话语权探究［J］. 东北师大学报（哲学社会科学版）（5）：143－146.

吴凡，2018. 论新时代中国特色社会主义人权思想创新［J］. 理论月刊（12）：13－19.

吴国光，刘靖华，1996. "围堵中国"：神话与现实——兼析"中国威胁论"的战略企图［J］. 战略与管理（1）：52－61.

吴世文，朱剑虹，2010. 全球传播中我国媒体建构国际话语权的探究［J］. 新闻传播（11）：14－16.

吴贤军，2015. 中国和平发展背景下的国际话语权构建研究［D］. 福州：福建师范大学.

吴贤军，2017. 中国国际话语权构建：理论、现状和路径［M］. 上海：复旦大学出版社.

吴晓杰，2019. 提升我国在世界新秩序建构中的制度性话语权［J］. 新乡学院学报，36（8）：1－3.

吴兴勇，2015. 世界航海列传：哥伦布传［M］. 青岛：中国海洋大学出版社.

吴瑛，2010. 中国话语生产机制研究——对外交部新闻发言人与西方媒体的解读［D］. 上海：上海外国语大学.

吴瑛，2011. 信息传播视角下的话语权生产机制研究［J］. 四川大学学报（哲学社会科学版）（3）：49－56.

西格蒙·弗洛伊德，2003. 一种幻想的未来：文明及其不满［M］. 严志军，张沫，译. 石家庄：河北教育出版社.

悉达多·穆克吉，2013. 众病之王：癌症传［M］. 李虎，译. 北京：中信出版社.

邢广程，2015. 提高全球经济治理制度性话语权的思考［J］. 中共贵州省委党校学报（6）：12－18.

徐庆利，2005. 马基雅维利权力政治观述评［J］. 长春教育学院学报（1）：

12—15.

徐占忱，2014. 讲好中国故事的现实困难与破解之策[J]. 社会主义研究（3）：20—26.

雅各布·布克哈特，2007. 意大利文艺复兴时期的文化[M]. 何新，译. 北京：商务印书馆.

亚历山大·温特，2000. 国际政治的社会理论[M]. 秦亚青，译. 上海：上海人民出版社.

阳欣哲，2012. 对"媒介间议程设置"理论的思考——以《解放日报》、《新闻晚报》为例[J]. 新闻爱好者（1）：3—4.

杨洁勉，2016. 中国特色大国外交和话语权的使命与挑战[J]. 国际问题研究（5）：18—30.

杨林坡，2017. 国际关系中的国家话语研究[D]. 北京：中共中央党校.

姚登权，2004. 全球化与民族文化——一个马克思主义哲学视角的考察[D]. 上海：复旦大学.

姚中秋，2014. 中国之道与中国思想之创发[J]. 探索与争鸣（3）：48—53.

伊曼纽尔·沃勒斯坦，2008. 否思社会科学——19世纪范式的局限[M]. 刘琦岩，叶萌芽，译. 北京：生活·读书·新知三联书店.

尤尔根·哈贝马斯，1994. 交往行为理论[M]. 洪佩郁，蔺青，译. 上海：上海人民出版社.

于铁军，2000. 进攻性现实主义、防御性现实主义和新古典现实主义[J]. 世界经济与政治（5）：29—34.

于运全，王丹，孙敬鑫，等，2019. 2018年中国国家形象全球调查分析报告[J]. 对外传播（11）：28—30.

俞新天，2016. 集体认同：增强国际话语权的关键[J]. 国际展望，8（3）：1—16.

约翰·米尔斯海默，2003. 大国政治的悲剧[M]. 王义桅，唐小松，译. 上海：上海人民出版社.

约瑟夫·库利舍尔，1990. 欧洲近代经济史[M]. 石军，周莲，译. 北京：北京大学出版社.

约瑟夫·奈，2015. 论权力[M]. 王吉美，译. 北京：中信出版社.

詹姆斯·M. 罗素，2017. 从柏拉图到维尼熊：哲学经典导读[M]. 李贯峰，译. 北京：北京联合出版社.

张殿军，2011. 硬实力、软实力与中国话语权的建构[J]. 中共福建省委党校学报（7）：60-67.

张峰林，唐琼，2019. 提高中国新型政党制度国际话语权［J］. 上海市社会主义学院学报（6）：25-30.

张国祚，2009. 关于"话语权"的几点思考［J］. 求是（9）：43-46.

张焕萍，2015. 兴盛与挑战——美国话语权研究［M］. 北京：中国广播影视出版社.

张维为，2016. 关于理论创新、话语建构和新型智库建设的一些思考［J］. 新湘评论（11）：17.

张新华，1998. 信息时代国际政治的演变趋势［J］. 国际观察（3）：24-28.

张新平，庄宏韬，2017. 中国国际话语权：历程、挑战及提升策略［J］. 南开学报（哲学社会科学版）（6）：1-10.

张旭，2005. 论康德的政治哲学［J］. 世界哲学（1）：90-97.

张旭东，2005. 全球化时代的文化认同：西方普遍主义话语的历史批判［M］. 北京：北京大学出版社.

张意，2005. 文化与符号权力——布尔迪厄的文化社会学导论［M］. 北京：中国社会科学出版社.

张缨，2011. 从列宁、葛兰西到拉克劳、墨菲——论领导权理论的阐释场域［J］. 南京航空航天大学学报（社会科学版），13（2）：7-10.

张志洲，2012. 和平崛起与中国的国际话语权战略［J］. 当代世界（7）：12-17.

张志洲，2016-01-11. 加强国际政治话语权研究［N］. 人民日报，14.

张志洲，2017-02-07. 国际话语权建设中几大基础性理论问题［N］. 学习时报，2.

张志洲，2017. 增强中国在国际规则制定中的话语权［J］. 杭州（周刊）（6）：34-35.

张忠军，2012. 增强中国国际话语权的思考［J］. 理论视野（4）：56-59.

章远，2016-09-08. 话语权、国际规范和国家利益［N］. 中国社会科学报，5.

章远，2016. 中国制度性话语权的经济文化维度解读［J］. 探索（2）：143-148.

赵长峰，吕军，2018. 近年来国内学界关于中国国际话语权研究述评［J］. 社会主义研究，239（3）：158-166.

赵明昊，2012. 迈向"战略克制"？——"9·11"事件以来美国国内有关大战略的论争[J]. 国际政治研究,33(3):133-162.

赵明昊,2013. "权力与规则并非敌人"——《美利坚世界秩序的起源、危机与转型》读后[J]. 美国研究,27(1):138-144.

赵庆寺,2017. 中华传统文化与中国国际话语权的建构路径[J]. 探索(6):114-121.

赵永华,2019-01-24. 新闻媒体讲好中国人权故事的策略[N]. 中国社会科学报,3.

赵永华,刘娟,2018. 文化认同视角下"一带一路"跨文化传播路径选择[J]. 国际新闻界,40(12):67-82.

赵永华,王硕,2016. 全球治理视阈下"一带一路"的媒体合作:理论、框架与路径[J]. 国际新闻界,38(9):86-103.

赵月枝,胡智锋,张志华,2011. 价值重构:中国传播研究主体性探寻[J]. 现代传播(中国传媒大学学报)(2):13-21.

赵智兴,段鑫星,2019. 新中国成立以来政府与大学权责结构变迁的制度逻辑——历史制度主义的透视[J]. 中国高教研究(10):25-32.

珍妮特·L. 阿布-卢格霍德,2015. 欧洲霸权之前:1250—1350年的世界体系[M]. 杜宪兵,何美兰,武逸天,译. 北京:商务印书馆.

郑东升,刘晓杰,2008. 福柯的话语观[J]. 内蒙古民族大学学报(社会科学版)(3):83-86.

中国国际广播电台,2016. 俄罗斯媒体格局与融合发展——以"今日俄罗斯"为例[M]. 北京:世界知识出版社.

周平,2009. 对民族国家的再认识[J]. 政治学研究(4):89-99.

周强,2015. 浅析人权白皮书中的人权话语及其变迁[J]. 广州大学学报(社会科学版),14(3):26-31.

朱迪斯·戈尔茨坦,罗伯特·O. 基欧汉,2005. 观念与外交政策:信念、度与政治变迁[M]. 刘东国,于军,译. 北京:北京大学出版社.

朱海蓉,2018. 美国媒体中国人权形象批评话语分析[J]. 新闻研究导刊,9(11):17-18.

朱玉龙,2001. 试析美国的"制度霸权":从理论上的争论到外交中的揉和[D]. 西安:陕西师范大学.

左凤荣,2016. 中国国际话语权:实力与理念的协调并进[J]. 理论视野(4):5-7.

左凤荣,刘勇,2020. 发达国家在国际话语权建设方面的主要经验[J]. 中国浦东干部学院学报，14（1）：24-29.

二、英文文献

A. Stille, 2000. Emperor of the Air: Berlusconi Owns Italian Politics, but He Wants More [J]. The Nation, 24, 17-20.

Adler Larissa Lomnitz, 1988. Informal Exchange Networks in Formal Systems: A Theoretical Model [J]. American Anthropologist, 90 (1), 42-57.

Alan Bullock, Ernst Bevin, 1983. Foreign Secretary [M]. Oxford: Oxford University Press.

Alan S. Milward, 1970. The Economic Effects of the Two World Wars on Britain [M]. London: Palgrave Macmillan.

Alessandro Carlucci, 2013. Gramsci and Languages: Unification, Diversity, Hegemony [M]. Boston: Brill.

Amitav Acharya, 2017. After Liberal Hegemony: the Advent of a Multiplex World Order [J]. Ethics & International Affairs, 31 (3), 271-285.

Anne-Marie Slaughter, 2009. America's Edge: Power in the Networked Century [J]. Foreign Affairs, 88 (1), 94-113.

Annika Arnold, 2018. Climate Change and Storytelling: Narratives and Cultural Meaning in Environmental Communication [M]. Houndmills, Basingstoke: Palgrave Macmillan.

Anthony Giddens, 1987. The Nation-state and Violence [M]. California: California University Press.

Anthony Pagden, 2003. Peoples and Empires: a Short History of European Migration, Exploration, and Conquest, from Greece to the Present [M]. New York: A Modern Library Chronicles Book.

B. Anderson, 1991. Imagined Communities [M]. London: Verso.

Barrington Moore, 1966. Social Origins of Dictatorship and Democracy, Lord and Peasant it the Making of the Modern World [M]. Boston: Beacon Press.

Brain J. Hurn, Barry Tomalin, 2013. Cross-cultural Communication: Theory and Practice [M]. Houndmills, Basingstoke: Palgrave Macmillan.

C. Epstein, 2008. The Power of Words in International Relations: Birth of an Anti-whaling Discourse [M]. Massachusetts: MIT Press.

Carlo M. Cipolla, 1993. Before the Industrial Revolution: European Society and Economy (1000—1700) [M]. London: Routledge.

Chandrika Kaul, 2014. Communication, Media and the Imperial Experience: Britain and India in the Twentieth Century [M]. Basingstoke: Palgrave Macmillan.

Charles Beitz, 1979. Political Theory and International Relations [M]. Princeton: Princeton University Press.

Charles P. Kindleberger, 1973. The World in Depression, 1929—1939 [M]. Berkeley: University of California Press.

Charles Wilson, 1978. Profit and Power: a Study of England and the Dutch Wars [M]. London: Martinus Nijhoff.

Chris Brown, Kirsten Ainley, 2005. Understanding International Relations: New Normal Approaches [M]. New York: Palgrave Macmillan.

Christian R. Hoffmann, 2010. Narrative Revisited: Telling a Story in the Age of New Media [M]. Amsterdam: John Benjamins Publishing Company.

Christopher Hill, 1967. Reformation to Industrial Revolution, a Social and Economic History of Britain, 1530—1780 [M]. London: Weidenfeld & Nicolson.

Christopher Hill, 1974. The Century of Revolution: 1603—1714 [M]. London: Sphere Books.

Claus Offe, 1985. Disorganized Capitalism, Contemporary Transformations of Work and Politics [M]. Cambridge: MIT University press.

Clifford Geertz, 1973. The Interpretation of Cultures: Selected Essays [M]. New York: Basic Books.

D. Cardiff, 1980. The Serious and the Popular: Aspects of the Evolution of Style in the Radio Talk 1928—1939 [J]. Media Culture & Society, 2 (1), 29-47.

D. K. Thussu, 1998. Infotainment International: a View from the South [M] //D. K. Thussu. Electronic Empires: Global Media and Local Resistance. London: Arnold.

D. Lerner, 1963. Toward a Communication Theory of Modernization [M] //L. Pye. Communications and Political Development. Princeton: Princeton University Press.

David Calleo, 2009. Follies of Power: America's Unipolar Fantasy [M]. New York: Cambridge University Press.

David Cannadine, 2002. Ornamentalism: How the British Saw Their Empire [M]. Oxford: Oxford University Press.

David Harvey, 1990. The Conditions of Postmodernity: an Enquiry into the Origins of Cultural Change [M]. Oxford: Wiley Blackwell.

David Harvey, 2003. The New Imperialism [M]. New York: Oxford University Press.

Don Ihde, 2003. Heidegger's Philosophy of Technology [M] // Robert C. Scharff, Val Dusek (ed.). Philosophy of Technology: the Technological Condition. Oxford: Blackwell Publishing.

Douglass C. North, 1990. Institutions, Institutional Change and Economic Performance [M]. Cambridge: Cambridge University Press.

Doyle Michael, 1995. Liberalism and World Politics [M] //C. Kegley. Controversies in International Relations Theory: Realism and the Neoliberal Challenge. New York: St. Martin's Press.

E. Goffman, 1963. Stigma: Note on the Management of Spoiled Identity [M]. New York: Simon & Schuster.

E. Herman, R. McChesney, 1997. The Global Media: The New Missionaries of Corporate Capitalism [M]. Washington, DC: Cassell.

E. T. Hall, M. R. Hall, 1990. Understanding Cultural Differences — Germans, French and Americans [M]. Maine: Intercultural Press.

Echart Conze, 2004. States, International Systems and International Transfer: a Commentary [M] // C. E. Jessica, Gienow-Hecht, Frank Schumacher. Cultural and International History. New York: Berghahn Books.

Edward Carr, 1945. Nationalism and After [M]. London: Macmillan.

Edward W. Said, 1993. Culture and Imperialism [M]. New York: Knopf.

Emilie M. Hafner-Burton, Alexander H. Montgomery, 2006. Power Positions: International Organizations, Social Networks, and Conflict [J]. Journal of Conflict Resolution, 50 (1), 3—27.

Eric H. Mielants, 2007. The Origins of Capitalism and the Rise of the West [M]. Philadelphia: Temple University Press.

Eric Hobsbawm, 1979. The Age of Capital (1848—1875) [M]. New York: New American Library.

Eric Hobsbawm, 1996. The Age of Revolution (1789—1848) [M]. New York: Vintage Books.

Eric Hobsbawn, 1998. Industry and Empire [M]. London: Penguin Books.

Eric Klinenberg, 2005. Convergence: News Production in a Digital Age [J]. Annals of the American Academy of Political and Social Science, 597, 48—64.

F. de Saussure, 1983. Course in General Linguistics [M]. Roy Harris trans. London: Duckworth.

F. Fanon, 1986. Black Skin, White Masks [M]. London: Pluto Press.

F. Zakaria, 2011. The Post-American World (2.0) [M]. New York: W. W. Norton.

Fermand Braudel, 1976. The Mediterranean and the Mediterranean World in the Age of Philip II (2 vols) [M]. New York: Harper & Row.

Fernand Braudel, 1977. Afterthoughts on Material Civilization and Capitalism [M]. Balitimore: Johns Hoplins University Press.

Fernand Braudel, 1982. The Wheels of Commerce [M]. New York: Harper & Row.

Fernand Braudel, 1984. The Perspective of the World [M]. New York: Harper & Row.

Frank Ninkovivh, 2014. The Global Republic: America's Inadvertent Rise to World Power [M]. Chicago: Chicago Press.

Franz Schurmann, 1974. The Logic of World Power: an Inquiry into the Origins, Currents and Contradictions of World Politics [M]. New York: Pantheon.

G. Barnhisel, 2015. Cold War Modernists Art, Literature, and American Cultural Diplomacy (1948—1959) [M]. Columbia: Columbia University Press.

G. H. R. Parkinson, 1993. The Renaissance and 17th Century Rationalism [M]. New York: Routledge.

Galia Press-Banathan, 2003. Organizing the World: The United States and Regional Cooperation in Asia and Europe [M]. New York: Routledge.

Garrett Martingly, 1988. Renaissance Diplomacy [M]. New York: Dover.

Gary Goertz, 1995. Contexts of International Politics [M]. Cambridge: Cambridge University Press.

Geoffrey Ingham, 1984. Capitalism Divided? The City and Industry in British Social Development [M]. London: Macmillan.

George Nadel, Curtis Perry, 1964. Imperialism and Colonialism [M]. New York: Macmillan.

Geraldine A. Johnson, 2005. Renaissance Art: a Very Short Introduction [M]. New York: Oxford University Press.

Giovanni Arrighi, 1991. World Income Inequalities and the Future of Socialism [J]. New Left Review, 189, 39—64.

Graham Crow, 1997. The Proliferation of Capitalisms: Organized Capitalism, Disorganized Capitalism and Beyond [M] // Graham Crow, Comparative Sociology and Social Theory: Beyond the Three Worlds. London: Palgrave.

Grame P. Herd, 2010. Great Power and Strategic Stability in the 21st Century: Competing Visions of World Order [M]. New York: Routledge.

H. Bull, 2002. The Anarchical Society [M]. London: Palagrave.

H. R. Trevor-Roper, 1967. The General Crisis of the Seventeenth Century [M] // T. Aston. Crisis in Europe 1560—1660. New York: Doubleday Anchor.

Hamid Mowlana, 1993. Toward a NWICO for the Twenty-first Century [J]. Journal of International Affairs, 47 (1), 59.

Harold A. Innis, 1986. Empire and Communication [M]. Toronto: Press Porcepic.

Harry Magdoff, 1978. Imperialism: from the Colonial Age to the Present [M]. New York: Monthly Review.

Harry A. Miskimin, 1975. The Economy of Early Renaissance Europe 1300—1460 [M]. Cambridge: Cambridge University Press.

I. Asquith, 1975. Advertising and the Press in the Late Eighteenth and Early Nineteenth Centuries: James Perry and the Morning Chronicle 1790—1821 [J]. Historical Journal, 17 (4), 703.

Immanuel Wallerstein, 1974. The Modern World System I. Capitalist Agriculture and the Origins of the European World-economy in the Sixteenth

Century [M]. New York: Academic Press.

Immanuel Wallerstein, 1984. The Politics of the World-Economy: The States, the Movements and the Civilizations [M]. New York: Cambridge University Press.

J. B. Antony, 2002. Winning the War of Ideas [J]. The Washington Quarterly, 25 (2), 85-114.

J. C. Alexander, 2003. The Meanings of Social Life: a Cultural Sociology [M]. Oxford: Oxford University Press.

J. Galtung, 1971. A Structural Theory of Imperialism [J]. Journal of Peace Research, (2), 81-118.

J. H. Elliott, 1970. The Old World and the New: 1492—1650 [M]. Cambridge: Cambridge University Press.

J. Peter Hugill, 1993. World Trade Since 1431: Geography, Technology and Capitalism [M]. Baltimore: The Johns Hopkins University Press.

J. Pohle, T. Thiel, 2021. Digital Sovereignty [M]. Practicing Sovereignty: Digital Involvement in Times of Crises.

J. Shapard, 1993. Islands in the (Data) Stream: Language, Character Codes, and Electronic Isolation in Japan [M] // L. Harasim, Global Networks: Computers and International Communication. Cambridge: MIT Press.

J. Tunstall, M. Palmer, 1991. Media Moguls [M]. London: Routledge.

James Curran, 2002. Media and Power [M]. London: Routledge.

James Gee, James Paul Gee, 2008. Social Linguistics and Literacies: Ideology in Discourses [M]. Oxon: Routledge.

James N. Rosenau, Ernestotto Czenpie, 1992. Governance Without Government: Order and Change in World Politics [M]. Cambridge: Cambridge University Press.

Janet Abu-Lubhod, 1989. Before European Hegemony: the World System A. D. 1250—1350 [M]. New York: Oxford University press.

Janice Mattern, 2005. Ordering International Politics: Identity, Crisis, and Representational Force [M]. New York: Routledge.

Jerome Bruner, 1991. The Narrative Construction of Reality [J]. Critical Inquiry, 18 (1): 1-21.

Joan Hoff Wilson, 2008. American Business and Foreign Policy from Woodrow Wilson to George W. Bush: Dreams of Perfectibility [M]. Cambridge: Cambridge University Press.

Joh G. Rugge, 1993. Territoriality and Beyond: Problematizing Modernity in International Relations [J]. International Organization, 47 (1), 146−147.

John Addington Symonds, 2008. Renaissance in Italy [M]. South Carolina: BiblioLife.

John Darwin, 2009. The Empire Project: the Rise and Fall of the British World-System (1830—1970) [M]. New York: Cambridge University Press.

John Hobson, 2005. Imperialism: a Study [M]. New York: Cosimo Classics.

John P. Humphrey, 1984. Human Rights and the United States: a Great Adventure [M]. New York: Transnational Publishers.

John U. Nef, 1934. The Progress of Technology and the Growth of Large-Scale Industry in Great Britain (1540—1640) [J]. The Economic History Review, 5 (1), 11−17.

Jonathan Israel, 1989. Dutch Primacy in World Trade: 1585—1740 [M]. Oxford: Clarendon press.

Jonathan Israel, 1995. The Dutch Republic: Its Rise, Greatness, and Fall (1477—1806) [M]. New York: Oxford University Press.

Jonathan Sawday, 2007. Engines of the Imagination: Renaissance Culture and the Rise of the Machine [M]. London: Routledge.

Joseph Schumpeter, 1976. Capitalism, Socialism and Democracy [M]. London: George Allen & Unwin.

Lawrence James, 1997. The Rise and Fall of the British Empire [M]. New York: St. Martin's Griffin.

Lee Aetz, Yahya R. Kamalipour, 2003. The Globalization of Corporate Media Hegemony [M]. New York: State University of New York Press.

Leo Straus, 1996. The Political Philosophy of Hobbes: Its Basis and Its Genesis [M]. Elsa M. Sinclair trans. Chicago: The University of Chicago Press.

Lilian H. Zirpolo, 2008. Historical Dictionary of Renaissance Art [M].

Maryland: The Scarecrow Press.

Lisa L. Martin, Beth Simmons, 1998. Theories and Empirical Studies of International Institutions [J]. International Organization, 52 (4), 89—117.

M. Berger, D. Borer, 1997. The Rise of East Asia: Critical Visions of the Pacific Century [M]. London: Routledge.

M. C. Nisbet, 2009. Communicating Climate Change: Why Frames Matter for Public Engagement [J]. Environment: Science and Policy for Sustainable Development, 51 (2), 12—23.

M. D. Jones, M. K. McBeth, 2010. A Narrative Policy Framework: Clear Enough to be Wrong [J]. Policy Studies Journal, 38 (2), 329—353.

M. Foucault, 2000. Power [M]. Robert Hurley et al. trans. New York: New Press.

M. Fromson, 1996. Mexico's Struggle for a Free Press [M] // R. R. Cole (ed.). Communication in Latin America: Journalism, Mass Media, and Society. Washington, DC: Scholarly Resources.

M. J. Peterson, 2005. International Regimes for the Final Frontier [M]. New York: State University of New York Press.

M. John Stopford, H. John, 1983. Dunning, Multinationals: Company Performance and Global Trends [M]. London: Macmillan.

M. P. Lagon, T. Lou, 2018. The Dragon in Turtle Bay: the Impact of China's Rise in the UN on the United States and Global Governance [J]. World Affairs, 181 (3), 239—255.

M. Pendakur, 1991. A Political Economy of Television: State, Class, and Corporate Con-Fluence in India [M] // G. Sussman, J. A. Lent (eds.). Transnational Communica-Tions: Wiring the Third World. Newbury Park, CA: Sage.

M. Popplow, 2007. Protection and Promotion: Privileges for Inventions and Books for Machines in the Early Modern Period [M] // Jonathan Sawday. Engines of the Imagination: Renaissance Culture and the Rise of the Machine. London: Routledge.

M. Traber, K. Nordenstreng, 1992. Few Voices, Many Worlds: toward a Media Reform Movement [M]. London: World Association for Christian

Communication.

M. V. Elteren, 2003. US Cultural Imperialism: Today only a Chimera [J]. Sais Review, 23 (2), 169—188.

M. van Elteren, 2014. Reconceptualizing "Cultural Imperialism" in the Current Era of Globalization [M] // R. S. Fortner, P. M. Fackler. International Handbook of Media and Mass Communication Theory. Malden: Wiley-Blackwell.

Marco Mariano, 2010. Remapping America: Continentalism, Globalism, and the Rise of the Atlantic Community (1939—1949) [M] // Marco Marinao (ed.). Defining the Atlantic Community: Culture, Intellectuals, and Policies in the Mid-Twentieth Century. New York: Routledge.

Mark Rupert, 1995. Producing Hegemony: the Politics of Mass Production and American Global Power [M]. Cambridge: Cambridge University Press.

Maurice Dobb, 1963. Studies in the Development of Capitalism [M]. London: Routledge & Kegan Panl.

Max Weber, 1946. The Social Psychology of the World Religions [M] // H. H. Gerth, C. W. Mills. From Max Weber: Essays in Sociology. Oxford: Oxford University Press.

Max Weber, 1947. The Theory of Social and Economic Organization [M]. New York: Oxford University Press.

Max Weber, 1978. Economy and Society [M]. Berkeley: California University Press.

N. Jr, S. Joseph, 2008. Public Diplomacy and Soft Power [J]. Scholarly Articles, 616 (1), 94—109.

Nail Ferguson, 2004. Empire: the Rise and Demise of the British World Order and the Lessons for Global Power [M]. New York: Basic Books.

Nicholas Walton, 2015. Genoa, "la Superba": the Rise and Fall of a Merchant Pirate Superpower [M]. London: Hurst & Company.

Norman Fairclough, 1993. Discourse and Social Change [M]. Cambridge: Polity Press.

O. S. Oliveira, 1993. Brazilian Soaps Outshine Hollywood: Is Cultural Imperialism Fading Out [M] //K. Nordenstreng, H. I. Schiller (eds.). Beyond National Sovereignty: International Communication in the 1990s. Norwood: Ablex.

O. Young, 1989. International Regimes [M]. Ithaca: Cornell University press.

Oliver Cox, 1959. Foundations of Capitalism [M]. New York: Philosophical Library.

P. J. Hugill, 2009. Transitions in Hegemony: A Theory Based on State Type and Technology [M] // William R. Thomas. Systemic Transition, Past, Present and Future. New York: Palgrave Macmillan.

P. S. Lee, 2016. The Rise of China and Its Contest for Discursive Power [J]. Global Media & China, 1 (1-2), 102-120.

Paul Bairoch, 1993. Economics and World History: Myths and Paradoxes [M]. Chicago: The University of Chicago Press.

Paul Kennedy, 1987. The Rise and Fall of the Great Powers: Economic Change and Military Conflict from 1500 to 2000 [M]. New York: Random House.

Perry Anderson, 1974. Lineages of the Absolutist State [M]. London: New Left Books.

Perry Anderson, 1987. The Figures of Descent [J]. New Left Review, 161, 33.

Perry Anderson, 1998. Origins of Postmodernity [M]. London: Verso.

Peter F. Drucker, 1993. Post-capitalist Society [M]. New York: Harper & Row.

Peter J. Hugill, 2009. Transitions in Hegemony: a Theory Based on State Type and Technology [M] // William R. Thomas. Systemic Transition, Past, Present and Future. New York: Palgrave Macmillan.

Philip Taylor, 1997. Global Communication, International Affairs and the Media Since 1945 [M]. New York: Routledge.

Pierre Vilar, 1976. A History of Gold and Money 1450—1920 [M]. London: Verso.

Quintin Hoare, Geoffrey Smith, 1999. Selections from the Prison Notebooks of Antonio Gramsci [M]. New York: International Publishers.

R. Burbach, 2001. Globalization and Postmodern Politics: from Zapatistas to High-tech Robber Barons [M]. Sterling: Pluto Press.

R. Foot, 2000. Rights Beyond Borders: the Global Community and the Struggle Over Human Rights in China [M]. Oxford: Oxford University Press.

R. J. Leiteritz, 2005. Michael Barnett, Raymond Duvall (hg.): Power in Global Governance [J]. Politische Vierteljahresschrift, 46 (1), 184 – 186.

R. Langhorne, 1986. Reflections on the Significance of the Congress of Vienna [J]. Review of International Studies, 12 (4), 313–324.

R. N. Jacobs, 1996. Producing the News, Producing the Crisis: Narrativity, Television and News Work [J]. Media, Culture & Society, 18 (3), 373–397.

R. Williams, 1975. Television: Technology and Cultural Form [M]. New York: Schocken Books.

Raymond de Roover, 1963. The Rise and Decline of the Medici Bank: 1397—1494 [M]. Massachusetts: Harvard University Press.

Reuveny Rafael, William R. Thompson, 1997. The Timing of Protectionism [J]. Review of International Political Economy, 4 (1), 179–213.

Rober Cox, 1981. Social Forces, States and World Orders: Beyond International Relations Theory [J]. Millennium, Journal of International Studies, 10 (2), 126–155.

Rober O. Keohan, 1988. Internationl Institutions: Two Approaches [J]. International Studies Quarterly, 32, 379–396.

Robert E. Goodin, 1998. The Theory of Institutional Design [M]. Cambridge: Cambridge University Press.

Robert O. Keohane, 1941. After Hegemony: Cooperation and Discord in the World Political Economy [M]. New Jersey: Princeton University Press.

Robert O. Keohane, 1990. International Liberalism Reconsidered [M] // J. Dunn. The Economic Limits to Modern Politics (Murphy Institute Studies in Political Economy). Cambridge: Cambridge University Press.

Robert O. Keohane, 2002. Power and Governance in a Partially Globalized World [M]. New York: Routledge.

Robert O. Keohane, Joseph S. Nye Jr., 2011. Power and Interdependence

[M]. Glenview: Pearson.

Robert Reich, 1992. The Work of Nations: Preparing Ourselves for 21st Century Capitalism [M]. New York: Random House.

S. R. Barley, P. S. Tolbert, 1997. Institutionalization and Structuration: Studying the Links Between Action and Institution [J]. Organization Studies, 18 (1), 93—117.

S. T. K. Boafo, 1991. Communication Technology and Dependent Development in Sub-Saharan Africa [M] // Gerald Sussman, John A. Lent (eds.). Transnational Communications: Wiring the Third World. Newbury Park: Sage.

Scott Lash, John Urry, 1987. The End of Organized Capitalism [M]. Madison: University of Wisconsin Press.

Stanley Hoffman, 1981. Duties Beyond Borders [M]. Syracuse: Syracuse University Press.

Stephen Krasner, 1983. International Regimes [M]. Ithaca: Cornell University Press.

Stephen Krasner, 1988. A Trade Strategy for the United States [J]. Ethics and International Affairs, 2, 17—35.

Stephen Krasner, 1995a. Power Politics, Institutions, and Transnational Realtions [M] // Thomas Risse-Kappen. Bringing Transnational Relations Back in: Non-state Actors, Domestic Structures and International Institutions. Cambridge: Cambridge University Press.

Stephen Krasner, 1995b. Compromising Westphalia [J]. International Security, 20 (3), 115—151.

Stephen Krasner, 1999. Sovereignty: Organized Hypocrisy [M]. New Jersey: Princeton University Press.

Steven A. Epstein, 1952. Genoa and the Genoese (958—1528) [M]. London: The University of North Carolina Press.

Susan Strange, 1996. The Retreat of the State: the Diffusion of Power in the World Economy [M]. Cambridge: Cambridge University Press.

T. G. Weiss, 2013. Global Governance: Why? What? Whither? [M]. Cambridge: Polity Press.

T. Gillespie, 2010. The Politics of "Platforms" [J]. New Media & Society, 12 (3), 347—364.

T. K. Hopkins, 1990. Note on the Concept of Hegemony [J]. Review, 13 (3), 409—411.

T. Risse-Kappen, S. C. Ropp, K. Sikkink, 1999. The Power of Human Rights: International Norms and Domestic Change [M]. Cambridge: Cambridge University Press.

T. Smith, 2010. Discourse and Narrative [M] // R. Hall, L. Grindstaff, M. C. Lo (eds.). Handbook of Cultural Sociology. London: Routledge, 129—138.

Tetsura Sakai, 2008. The Political Discourse of International Order in Modern Japan: 1868—1945 [J]. Japanese Journal of Political Science, 9 (2), 233—249.

Theodore J. Lowi, Benjamin Ginsberg, Kenneth A. Shepsle, Stephen Ansolabeher, 2010. American Government: Power and Purpose [M]. New York: W. W. Norton & Company.

Thomas Risse-Kappen, 1995. Bringing Transnational Relations Back in Non-state Actors, Domestic Structures and International Institutions [M]. Cambridge: Cambridge University Press.

Thomas Rixen, Lora Anne Viola, Michael Zurn, 2016. Historical Institutionalism and International Relations: Explain Institutional Development in World Politics [M]. Oxford: Oxford University Press.

Tim Jordan, 1999. Cyberpower: the Culture and Politics of Cyberspace and the Internet [M]. New York: Routledge.

V. A. Schmidt, 2008. Discursive Institutionalism: the Explanatory Power of Ideas and Discourse [J]. Annual Review of Political Science, (11), 303—326.

V. N. Peter, 2000. Rights Beyond Borders: The Global Community and the Struggle over Human Rights in China [M]. Oxford: Oxford University Press.

Volker Depkat, 2004. Cultural Approaches to International Relations: a Challenge [M] // C. E. Jessica, Gienow-Hecht, Frank Schumacher. Cultural and International History. New York: Berghahn Books.

W. Labov, J. Waletzky, 1997. Narrative Analysis: Oral Versions of Personal Experience [J]. Journal of Narrative & Life History, 7 (1—4),

3—38.

William R. Thomas, 2009. Systemic Transition, Past, Present and Future [M]. New York: Palgrave Macmillan.

William McNeill, 1984. The Pursuit of Power: Technology, Armed Force, and Society since A. D. 1000 [M]. Chicago: University of Chicago Press.

Wolfram Kaiser, 2004. The Great Derby Race: Strategies of Cultural Representation at Nineteenth-Century World Exhibitions [M] // C. E. Jessica, Gienow-Hecht, Frank Schumacher. Cultural and International History. New York: Berghahn Books.

Y. Hong, G. T. Goodnight, 2020. How to Think About Cyber Sovereignty: the Case of China [J]. Chinese Journal of Communication, 13 (1): 8—26.

Zacher Mark, Richard Matthews, 1995. Liberal International Theory: Common Threads, Divergent Strands [M] // C. Kegley. Controversies in International Relations Theory: Realism and the Neoliberal Challenge. New York: St. Martin's Press.